Légendes celtiques de Bretagne

Chez le même éditeur :

- *Arthur de Bretagne (1187-1203),* Eric Borgnis-Desbordes, 2012.
- *Collecteur de contes en Basse-Bretagne,* Yann-Fañch Kemener, 2014.
- *Enquêtes sur les prophéties de Merlin,* Jean-Pierre Le Mat, 2011.
- *Grimoire des fêtes fantastiques,* Laure et Stéphane Calé, 2009.
- *Histoire de Bretagne, le point de vue breton,* Jean-Pierre Le Mat, 2014.
- *Histoire des Templiers en Bretagne,* Louis-Christian Gautier, 2008.
- *La légende de la mort,* Anatole Le Braz, 2011.
- *Légendes d'Alsace,* Roger Maudhuy, à paraître.
- *Légendes du diable chez les Bretons,* Claude Trividic, 2013.
- *Légendes de Flandre au fil de l'histoire,* Eric Vanneufville, 2012.
- *Le lion des Flandres, la bataille des éperons d'or,* Hendrik Conscience, 2007.
- *Le loup blanc,* Paul Féval, 2009.
- *Les messagers du duc de Bretagne,* Pierre-Emmanuel Marais, 2011.
- *Petite histoire des duchesses de Bretagne,* Etienne Gasche, 2011.
- *Petite histoire des rois et ducs de Bretagne,* Etienne Gasche, 2008.
- *Pierre 1er de Bretagne (1213-1237),* Eric Borgnis-Desbordes, 2013.
- *Le rêve d'Ossian,* Michel Cazenave, 2012.
- *Sur les chemins de l'Ankou,* Daniel Giraudon, 2012.
- *Les Templiers en Bretagne,* Guillotin de Corson, 2011.
- *Tristan et Iseult,* Joseph Bédier, 2008.

yoran-embanner.com

71 hent Mespiolet - 29170 Fouesnant
(+33) 02 98 56 10 11 - yoran.embanner@gmail.com

Illustration de couverture : Genkis - www.genkis.fr
(Le roi Gradlon et sa fille Dahud fuyant la ville d'Is envahie par les flots)

Mise en pages et couverture : Jean-Eric Balnoas
balnoas.blogspot.fr

ISBN 978-2-916579-89-4

Légendes celtiques de Bretagne

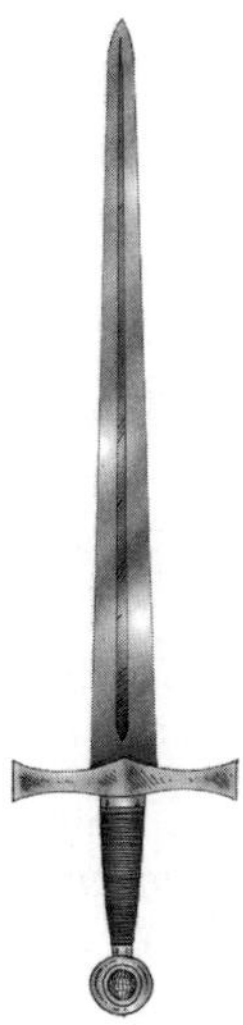

Yoran embanner

Trugarez da / Remerciements à

Yann-Erig Balnoas

Mikael Bodlore-Penlaez (Carte page 10)

Erig Borgnis Desbordes

Christiane Bourgeais

Magazine « Bretons »

Michel Cazenave

Jean-Claude Charbonnel & Suzelle

Alan Le Cloarec

Dominique Coëtmen

Lylianne Couvreur (*La Fée Scribouille*)

Jérôme Cretté

Ronan Delacour

Julien Derout

Patrik Ewen

Etienne Gasche

Ken George

Myriam & Yann Goasdoué

Alain Goutal (Illustration page 422)

Michel Humann

Thierry Jigourel

Serge Kergoat (page 421)

Famille de Langlais (Bois gravés de Xavier de Langlais, pages 27, 45, 54, 57, 65, 141)

Nicolas Mezzalira (*Centre de l'imaginaire arthurien*)

Jean-Pierre Le Mat

Mark Mosnier (Illustrations pages 7, 31, 33, 43, 44, 81, 87, 88, 221, 347, 355)

Martial Menard

Maiwenn Raynaudon

Claude Seignolle

Michel Tréguer

Si vous croisez au loin, en mer occidentale
La proue d'un vaisseau couleur de sang
N'oubliez jamais que le noir de la voile
Salue tous nos morts au large d'Ouessant

Si vous croisez au loin, en terre occidentale
Les fantômes d'un passé qui fut grand
Gardez-vous bien d'en rire, tous reviennent
En morte Bretagne chasser le Franc

Glenmor *Récit bardique*

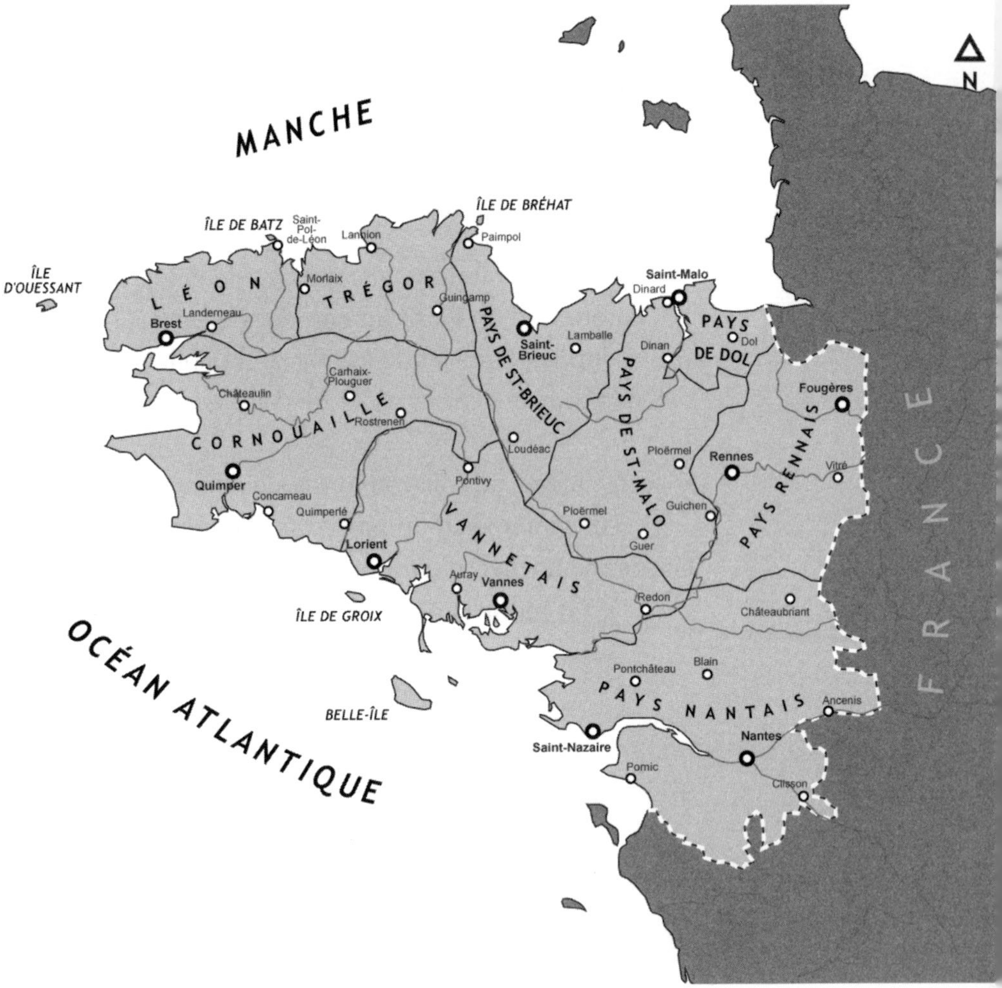
MANCHE
OCÉAN ATLANTIQUE
FRANCE
N
ÎLE D'OUESSANT
ÎLE DE BATZ
ÎLE DE BRÉHAT
ÎLE DE GROIX
BELLE-ÎLE
LÉON
TRÉGOR
PAYS DE ST-BRIEUC
PAYS DE ST-MALO
PAYS DE DOL
CORNOUAILLE
VANNETAIS
PAYS RENNAIS
PAYS NANTAIS
Saint-Pol-de-Léon
Lannion
Paimpol
Morlaix
Guingamp
Landerneau
Brest
Saint-Brieuc
Lamballe
Saint-Malo
Dinard
Dinan
Dol
Carhaix-Plouguer
Châteaulin
Rostrenen
Loudéac
Quimper
Concarneau
Quimperlé
Pontivy
Lorient
Auray
Vannes
Ploërmel
Guer
Guichen
Rennes
Fougères
Vitré
Redon
Châteaubriant
Pontchâteau
Blain
Saint-Nazaire
Nantes
Ancenis
Pornic
Clisson

En guise de liminaire

Un livre de plus sur les légendes bretonnes me direz-vous, soit !

Mais la Bretagne, comme tous les pays celtiques[1], est une terre de légendes. **C'est un pays où le mythe et la réalité se confondent, sans que l'on puisse discerner lequel est prépondérant.**

Ce livre se veut un florilège des légendes bretonnes. On y trouvera les textes fondateurs de la nation bretonne :

– Conan Meriadeg et l'arrivée des Bretons en Armorique.

– Le roi Arthur et le royaume des deux Bretagnes.

– Le roi Gradlon et la ville d'Is.

– La légende de l'hermine.

Puis tous les personnages clés du légendaire populaire breton : l'Ankou, les lavandières de la nuit, les korrigans, les morganes, etc, mais aussi les intersignes ou la barque fantôme.

Nous aurions tort de prendre ces légendes trop à la légère. Les anciens l'avaient compris, en latin, *legenda* signifie « ce qui doit être lu ».

Les légendes nous parlent d'endroits où les histoires nous envahissent et livrent nos cœurs à des charmes sans nom. Et

---

1. 6 nations sont reconnues comme telles car elles ont conservé leur propre langue celtique. (Bretagne, Cornouailles britannique, Ecosse, Île de Man, Irlande et Pays de Galles).

puis, dans le jour qui tombe, le rêve prend le dessus, alors brille l'invisible, et l'enchantement libère nos âmes. Là, laissons-nous aller à l'extase.

Il y a en Bretagne tout un peuple de fantômes qui nous interpellent.

Si vous croisez au loin, en terre occidentale
Les fantômes d'un passé qui fut grand
Gardez-vous bien d'en rire, tous reviennent
En morte Bretagne chasser le Franc[2]

Il faut s'enivrer en forêt de Brocéliande au printemps à la tombée de la nuit, contempler le Yeun Elez au pied des Monts d'Arrée, une soirée de pleine lune en novembre quand la brume a tout envahi, qu'il ne reste de visible que le faîte des grands arbres et le clocher de la Feuillée, ou encore vivre le lever du jour dans les marais de Brière.

Les fantômes nous happent et nous entraînent et, au loin, par-delà les tumultes du XXIe siècle, nous entendons la chevauchée du roi Arthur et de ses guerriers.

La Bretagne, c'est le pays des fées et des enchantements, c'est le pays où tout est sacré, c'est le pays où tout est païen ! C'est le pays où se déversent en nous les siècles passés.

Le légendaire breton a influencé la culture européenne :

– Merlin, le roi Arthur et les chevaliers de la Table Ronde.

– Tristan et Iseult.

Mais aussi

– La fée Carabosse.

– Gilles de Rais qui a inspiré Barbe-Bleue.

---

2. Glenmor, *Récit bardique*.

On ne s'en plaindra pas.

Mais le système scolaire français ne nous enseigne rien à ce sujet, préférant nous apprendre *l'Iliade* et *l'Odyssée* ou encore *la chanson de Roland.*

Néanmoins, il n'est jamais plaisant de se voir détourner ses légendes et en occulter le caractère spécifique breton. Ainsi pour Walt Disney, dans le film animé *Merlin l'enchanteur* sorti en 1963, le roi Arthur devient « Roi d'Angleterre », ce qui est quand même un comble quand on sait qu'Arthur a passé la moitié de sa vie à défendre la Bretagne, précisément contre les Angles et les Saxons. Certes, Walt Disney n'est pas le seul, loin s'en faut, à affubler Arthur du titre de roi d'Angleterre, mais quand, en 1985, la même compagnie sort un autre film d'animation : *Taram et le Chaudron magique* qui se passe au royaume de Prydain, on est quand même en droit de se demander pourquoi cette firme a camouflé Bretagne en Prydain ?

Quoiqu'il en soit, ces légendes font partie de l'âme bretonne, elles sont la porte d'entrée de l'imaginaire breton.

Table des matières

Les origines du peuple breton
chez Geoffroy de Monmouth

Dans son récit largement légendaire l'*Histoire des rois de Bretagne*, écrit vers 1135, Geoffroy de Monmouth (un clerc gallois originaire de Bretagne armoricaine) attribue aux premiers habitants de l'île de Bretagne (la Grande Bretagne actuelle sans l'Ecosse) une origine troyenne. En effet, ceux-ci étaient d'après lui des descendants de Brutus, petit-fils du héros troyen Énée. Cet Énée était le fils de la déesse Aphrodite et d'un mortel, Anchise. Homère en avait fait une des grandes figures de la guerre de Troie dans l'*Iliade*, et même le principal défenseur de la ville après la mort d'Hector.

Plusieurs siècles après Homère, le poète latin Virgile (70 av. J.-C.-19 av. J.-C.), raconte dans son poème l'*Énéide* qu'après la prise de Troie par les Grecs grâce à la ruse d'Ulysse, Énée était parvenu à s'enfuir. Il avait abordé en Italie dans le Latium, dont il était devenu le roi après avoir combattu victorieusement les chefs qui voulaient l'empêcher de s'y établir. Ses succès militaires lui permirent d'épouser Lavinia, la fille du roi Latinus et de fonder Lavinium (Albe) d'où partirent les fondateurs de la ville éternelle, Rome. Énée est donc à l'origine de la fondation de la future capitale du monde antique. Un tel prestige ne pouvait manquer de rejaillir sur ses descendants. Précisément, l'*Énéide* était « considéré au Moyen Âge comme la seule référence historique en matière d'origine des nations[1] ». C'est ainsi que se réclamer de l'ascendance troyenne constitua au Moyen Âge le nec plus ultra en matière d'origines. Tout souverain qui prétendait avoir Énée pour ancêtre pouvait prétendre à la royauté et à n'être soumis à aucun autre. En Bretagne, cette première théorie des origines troyennes des Bretons fut revendiquée du IXe au XVIe siècle. D'abord au service du duc, elle est transformée au XVIIIe siècle par ceux qui voulurent désormais prouver « les origines celtiques des Bretons et célébrer ce « peuple » que certains virent comme l'héritier privilégié de la langue et de la culture des Celtes[2] ». Comment la fusion entre des origines revendiquées si différentes a-t-elle pu se produire ?

L'*Énéide* raconte que le petit-fils d'Énée, Brutus, avait dû s'exiler d'Italie après avoir accidentellement tué son père à la chasse. Reprenant ce mythe, Geoffroy de Monmouth raconte qu'au cours de cet exil, Brutus libéra les Troyens de l'esclavage en écrasant l'armée du roi Grec Pandrasus, dont il épousa la fille Innogen avant de repartir sur les mers à la recherche d'une terre d'accueil.

Arrivé sur l'île de Loegetia la déesse Diane lui apparut pendant son sommeil, et lui révéla qu'au-delà de la Gaule se trouvait une île déserte :

> « Cherche à atteindre cette île qui sera votre séjour à jamais ; tes descendants y trouveront une nouvelle Troie,

---

1. Joseph Rio, *Entre Orient et Occident : Le mythe des origines dans les textes bretons*, Annales de Bretagne et des pays de l'Ouest, tome 115, n°2, 2008, p. 23.
2. *Ibid.*, p. 21.

> une race royale y naîtra de ton lignage, race qui soumettra toute la terre[3]. »

Suivant les conseils de la déesse, Brutus aborde sur l'île de Bretagne appelée alors Albion. Il y fonde son royaume auquel il donne son nom et sa langue :

> « Brutus, pour perpétuer sa mémoire, donna alors son nom à l'île de Bretagne et appela ses compagnons les Bretons. Un peu plus tard, la langue de ce peuple, primitivement appelée langue troyenne ou langue grecque dérivée, devint la langue bretonne[4]. »

Rattacher la langue bretonne à la langue troyenne ou grecque (en raison du séjour prolongé que firent en Grèce les compagnons de Brutus) permettait là encore d' accroître le prestige des Bretons[5].

Selon Joseph Rio, les Bretons du IXe siècle ont pu choisir ce mythe d'origine pour leur peuple, en raison de l'homonymie existant entre « Breton » et « Brutus » :

> « Au Moyen Âge, l'éponymie était censée dire l'origine d'un peuple ; le jeu de mots entre le nom du héros *Brito, Britus* ou *Brutus* et le nom du peuple des Bretons, *Brito, Britones* dut influencer cette construction imaginaire[6]. »

---

3. Geoffroy de Monmouth, *Histoire des rois de Bretagne,* traduction Laurence Mathey-Maille, Les Belles Lettres, Paris, 2004, p. 42.
4. *Ibid.,* p. 49.
5. Joseph Rio, *Entre Orient et Occident, ...opus cité,* p. 25.
6. *Ibid.,* p. 23.

Brutus est donc le premier roi de l'île de Bretagne et en raison de l'étroitesse des relations entre les deux côtés de la Manche au IXe siècle, la légende du petit-fils d'Enée n'eut aucun mal à la traverser.

Cependant, il restait encore aux lettrés du Haut Moyen Âge breton à permettre aux souverains de Bretagne armoricaine de se l'approprier. C'est ici qu'intervient dans l'*Histoire des rois de Bretagne* le personnage de Conan Mériadec, le premier roi (légendaire) de Bretagne armoricaine. Ce Conan donna son prénom à plusieurs ducs bretons, certainement pas par hasard. Un tel choix de la part de la noblesse bretonne signifiait non seulement qu'elle revendiquait ce personnage comme son ancêtre, mais aussi sa volonté de restaurer la royauté perdue à la suite de l'occupation de la Bretagne par les Vikings au Xe siècle.

Geoffroy de Monmouth attribue la conquête de l'Armorique à l'empereur romain Maximien qui avait été fait roi de Bretagne insulaire par son mariage avec la fille du roi de l'île vers 306, Octavius. En effet, celui-ci était désireux de placer son royaume et sa fille sous la protection de Rome. Ce projet avait été facilité par les origines de Maximien, breton par son père Joelinus. Mais Conan Mériadec, le neveu d'Octavius, désireux de succéder à son oncle, en avait conçu une rancœur tenace. Après plusieurs guerres, Maximien était parvenu à amadouer Conan en lui faisant miroiter la conquête de l'Armorique :

> « Si nous pouvions prendre possession de ce royaume (l'Armorique), je ne doute pas que nous pourrions réduire toute la Gaule à notre pouvoir. Ne sois donc pas attristé de m'avoir laissé le trône de l'île de Bretagne, malgré les espoirs que tu as pu avoir de le posséder : je te promets que tout ce que tu n'as pas eu en Bretagne, je te le remet-

trai dans ce pays. Car mon but est de t'en faire roi. Il sera une seconde Bretagne que nous peuplerons des nôtres après en avoir chassé les occupants actuels. Dans ce pays on trouve des champs fertiles, les fleuves y sont poissonneux, ses bois offrent de belles perspectives, et les forêts sont partout splendides ; à mon avis, il n'en existe pas de plus agréable. » A ces mots, Conan baissa la tête, remercia Maximien, et lui promit de le servir loyalement toute sa vie.

Après cet entretien, les deux hommes rassemblèrent leur armée, et marchèrent sur la ville de Rennes qu'ils prirent le même jour[7]. »

Plus loin, après que la plupart des habitants de la contrée aient été massacrés, Geoffroy fait de Maximien l'organisateur du peuplement breton de la péninsule armoricaine. Il y transfère trente mille guerriers, soixante-et-onze mille filles et cent mille personnes parmi les meilleures, vidant l'île de ses forces vives. Puis, il donne la péninsule à Conan Mériadec[8] qui y fonde son royaume. Cependant au cours de la conquête, les femmes armoricaines avaient été épargnées et un manuscrit raconte que Conan Mériadec leur fit couper

7. Geoffroy de Monmouth, *opus cité,* p. 125.

8. Geoffroy fait également du légendaire roi Arthur un descendant de Conan Mériadec.

la langue « de peur que, par elles, la langue bretonne ne fût changée[9] ».

Ce passage, s'il relève de la légende, montre la fierté des Bretons à posséder une langue[10], et, déjà, leur volonté de la conserver, en tant qu'élément fondamental de leur identité.

Le rôle central de Conan Mériadec, dans les légendes relatives au peuplement de la Bretagne, mérite que l'on s'attarde sur ce personnage mythique, aujourd'hui oublié. Pourtant, il fut longtemps considéré, ainsi que nous venons de le voir, comme le fondateur du royaume breton armoricain à la fin du IVe siècle, et celui qui assura le peuplement breton de la péninsule en faisant traverser la Manche à ses compatriotes de l'île de Bretagne. Il fut également considéré comme l'introducteur du christianisme en Bretagne armoricaine[11]. D'autre part, au Moyen Âge, personne ne remettait en cause son existence.

Il apparaît pour la première fois dans les textes vers le XIe siècle. Cependant son « invention » se situe à une date antérieure dont il ne subsiste rien, ce qui rend difficile la reconstitution du processus d'élaboration de l'histoire d'un tel personnage. Celui-ci répondait à des préoccupations d'ordre politique puisque la pseudo-existence de Conan Mériadec permettait de rattacher l'Histoire bretonne à celle de Troie et de Rome, ce qui ne pouvait être dû au hasard. C'était au contraire le but recherché.

---

9. *Historia Brittonum*, manuscrit de Cambridge (voir Pierre-Roland Giot, Philippe Guignot, Bernard Merdrignac, *Les premiers Bretons d'Armorique*, Presse Universitaires de Rennes, 2003, p. 12).

10. Précisons qu'à l'époque de Geoffroy de Monmouth (Ière moitié du XIIe siècle), les Gallois et les Bretons se comprennent parfaitement, et que les Gallois se considèrent comme Bretons jusqu'au XIIIe siècle.

11. Joseph RIO, *Mythes fondateurs de la Bretagne, Aux origines de la Celtomanie*, Ouest-France, Rennes, 2000, p. 19.

Cette prétention à vouloir rattacher le passé breton à Rome et à Troie trouvait sa justification dans le fait que les Bretons, chrétiens, contrairement aux Francs avant Clovis, étaient particulièrement bien placés pour se présenter comme les véritables héritiers de l'Empire romain dont ils avaient fait partie. Cette posture leur permettait de rejeter avec des arguments historico-juridiques, la prétention de tout peuple à vouloir les assujettir, en particulier les Francs bien entendu, ces barbares même pas christianisés lorsqu'ils étaient entrés en Gaule. Elle leur fournissait (comme plus tard le roi Arthur, tout aussi mythique que Conan), une référence prestigieuse à laquelle se raccrocher, susceptible de galvaniser leur résistance face aux envahisseurs. Elle légitimait leurs prétentions à vouloir faire de la Bretagne un royaume. Conan Mériadec, le premier roi de Bretagne, même mythique, était celui vers lequel convergeaient toutes les aspirations des Bretons à la liberté. Il leur fournissait le prestige de celui qui avait reçu son royaume de Maximien, le romain aux origines bretonnes. Le pouvoir sur la petite Bretagne étant passé de Maximien au tellement breton Conan Mériadec, personne ne pouvait prétendre régner sur la péninsule en dehors d'un souverain issu de sa lignée, gage d'indépendance face aux menaces extérieures. Le pouvoir d'un Breton et uniquement d'un Breton sur la Bretagne était définitivement légitimé. L'idée qu'il ne pouvait en aller autrement était verrouillée, cadenassée. A charge aux successeurs de ce Conan, dont plusieurs ducs seront prénommés comme lui, de se montrer dignes de l'héritage légué par leur prestigieux ancêtre et de toujours tout faire pour préserver l'indépendance de la nation bretonne et la liberté de son peuple.

Mais comme les origines les plus prestigieuses au Moyen Âge réclamaient d'avoir des ancêtres troyens, avant d'en arriver à Conan Mériadec, il fallait d'abord établir un lien entre la Bretagne et Énée, en se référant au livre du poète Virgile : l'*Énéide*. Les Romains avaient été les premiers à se glorifier de leur ascendance troyenne. La légende de l'origine troyenne des Bretons est évoquée par des textes datant des IXe et Xe siècles, mais il en existait probablement des plus anciens. Ils furent écrits dans les *scriptoria* (ateliers d'écriture) des monastères tels que Landévennec, Redon, Dol, Laniltud, Alet..., à partir de la légende d'Énée, bien connue de ces moines, et à la suite des contacts incessants entre les communautés monastiques des deux côtés de la Manche. Ces échanges culturels nourrirent l'imaginaire britto-romain de ces moines qui se mirent à écrire des histoires, certes éloignées de la vérité historique, mais suffisamment belles et valorisantes pour qu'ils succombent à la tentation sinon d'y croire, du moins de les faire croire. Les textes conservés sont malheureusement très peu nombreux puisqu'il n'en subsiste que deux, écrits plusieurs siècles après les événements qu'ils sont censés décrire.

Eric Borgnis Desbordes

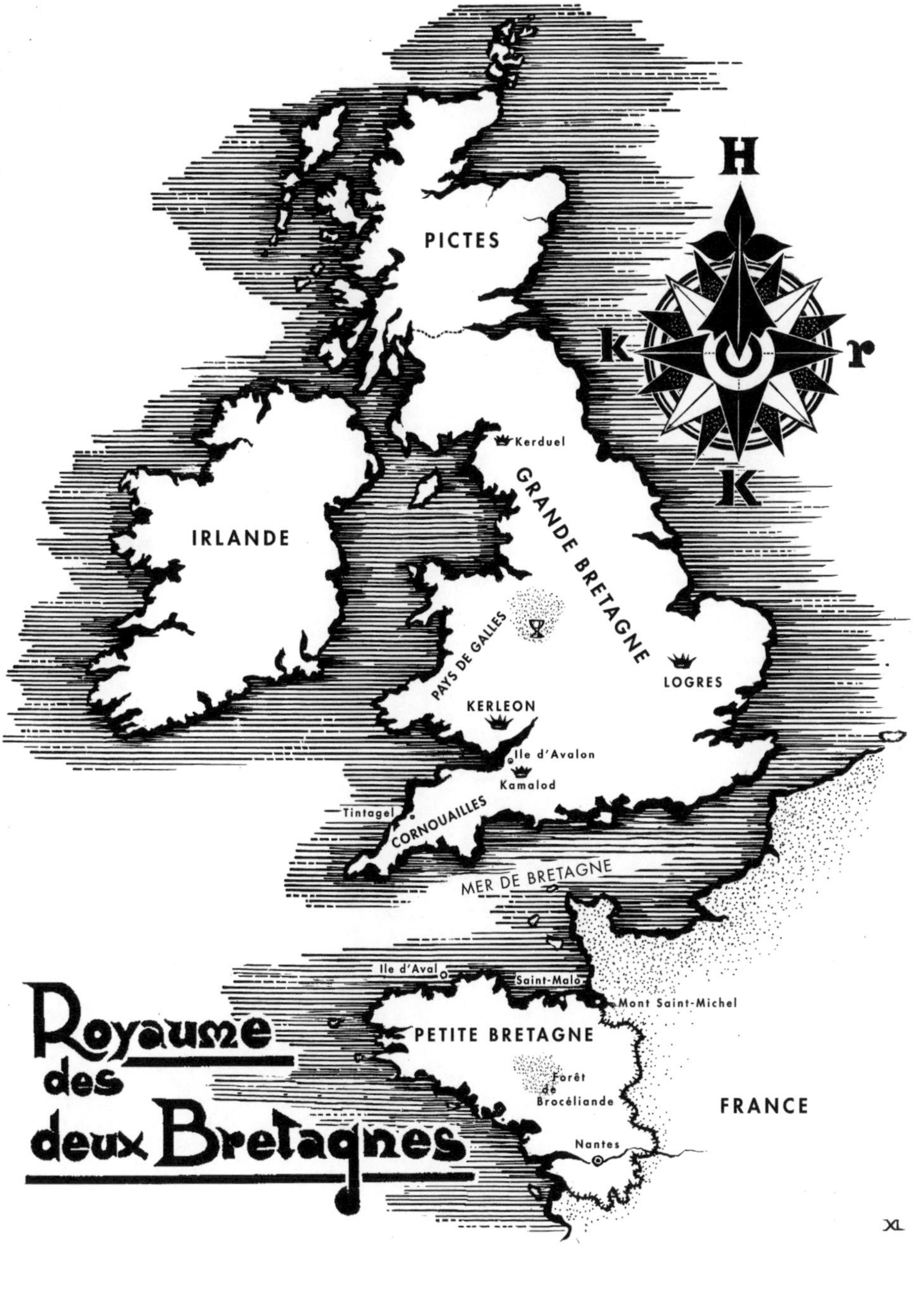
H
K
r
K
PICTES
IRLANDE
Kerduel
GRANDE BRETAGNE
PAYS DE GALLES
LOGRES
KERLEON
Ile d'Avalon
Kamalod
Tintagel
CORNOUAILLES
MER DE BRETAGNE
Ile d'Aval
Saint-Malo
Mont Saint-Michel
PETITE BRETAGNE
Forêt de Brocéliande
FRANCE
Nantes
Royaume des deux Bretagnes

Le Roi Arthur, Merlin, et le royaume des deux Bretagnes

L'histoire qui suit est celle du roi Arthur. Il est impossible en quelques pages de parler de la geste d'Arthur car elle est un ensemble de récits bouillonnants, parfois contradictoires, mélangeant l'historique, le symbolique et le prophétique. Ce qui est écrit ici ne représente qu'une infime partie, un tri personnel dans une matière foisonnante. La geste d'Arthur est un récit sauvage, impossible à apprivoiser.

Un texte aussi court sur Arthur sera forcément considéré comme infidèle, mais dans le cadre de ce petit livre, nous n'avons d'autre ambition que de vous inciter à chercher plus loin et à vous ouvrir sur le rêve breton. Ce rêve, par sa constance au fil des siècles, est devenue une culture, c'est-à-dire une réalité supérieure, collective : ducs de Bretagne baptisés « Conan » ou « Arthur », réactions populaires, révoltes bretonnes, textes en moyen-breton se référant aux prophéties de Merlin, retour avec le romantisme ou l'indépendantisme contemporain.

Jean-Pierre Le Mat

Vers la fin du Ve siècle, Vortigern était le Haut-Roi du royaume des deux Bretagnes. Il régnait sur un territoire comprenant l'actuelle Grande Bretagne et la Petite Bretagne, l'actuelle Bretagne continentale. Temps béni des dieux où de part et d'autre de la mer de Bretagne[1] il n'y avait que des Bretons. Vortigern avait un fils, Uther Pendragon, qui vivait en terre étrangère. A l'adolescence, son père décida qu'il était temps de parfaire son éducation, celle d'un guerrier et d'un souverain.

Pour plus de sécurité, le roi Vortigern entreprit de construire, au centre de son château, un imposant donjon. Dès le début de la construction, les murs, sitôt qu'ils atteignaient 6 ou 7 pieds de hauteur, s'écroulaient, et ceci à trois reprises.

Le Roi décida donc de faire appel à un druide pour trouver une solution. En fait de druide, c'est un jeune garçon de sept ans qui se présenta à Vortigern. Il lui tint ce langage :

— Roi Vortigern, tu veux savoir pourquoi le donjon s'écroule alors que les travaux ont à peine commencé ? Fais creuser à l'emplacement des fondations. Tu y trouveras deux grandes pierres et, sous ces pierres, tu trouveras deux dragons, l'un rouge et l'autre blanc.

Ce qui fut dit, fut fait, mais, à peine les deux pierres furent-elles retirées que le dragon rouge bondit sur le dragon blanc. S'en suivit un combat titanesque entre les deux monstres qui dura un jour et une nuit. A la fin, le dragon blanc vainquit son rival, mais celui-ci, dans un dernier râle, vomit, tel un chalumeau, une si longue flamme, qu'elle consuma entièrement le dragon blanc.

Encore impressionné par ce qu'il avait vu, Vortigern s'adressa au garçon :

---

1. Mor Breizh = la Manche pour les Français.

— Qui es-tu pour connaître tant de choses à ton âge ?

— L'on me nomme Merlin.

— Et, peux-tu m'expliquer ce qui vient de se passer ?

— Si fait ! Mais ne me tiens en rien rigueur si ce que je vais te dire ne te plaisait pas.

— Vas-y.

— Le dragon blanc, c'est toi et le rouge, c'est ton fils Uther. Il va débarquer d'ici trois jours avec une armée. Il te livrera bataille, assiègera ton château, le brûlera et toi avec.

Tout se passa exactement comme Merlin l'avait prédit. Sa mission accomplie, Merlin s'en retourna dans sa forêt du Northemberland. Le nouveau Roi Uther fit rechercher Merlin pour en faire son conseiller. Averti, Merlin lui fit savoir que c'était au Roi de se déplacer et de venir à lui. Uther Pendragon se mit donc en route et rencontra Merlin. Celui-ci accepta de devenir son conseiller, mais refusa catégoriquement de vivre à la cour.

Il promit au Haut-Roi de l'aider toujours, de tous les pouvoirs dont il était capable.

Quelques mois plus tard, Uther eut l'occasion de vérifier la promesse de Merlin. A Stonehenge, livrant bataille aux envahisseurs saxons, les Bretons étaient en fâcheuse posture. Merlin leur apporta la victoire en faisant pleuvoir sur l'armée ennemie d'énormes pierres. Elles y sont toujours...

La paix régnait depuis 3 ans et Uther invita tous les grands du royaume à se réunir à Karduel. Vint à ce rassemblement Gorlois, le duc de Cornouailles, et son épouse Ygerne. Ils avaient une fille nommée Morgane. Le Roi Uther, en voyant cette femme, tomba éperdument amoureux d'elle. Mais Ygerne l'éconduisit, affirmant sa fidélité à son mari.

Uther, longtemps, se languissait et dans sa peine il perdait tout goût à la vie. Il ne cessait d'envoyer mille présents à Ygerne, mais celle-ci, toujours, refusa et déclina ses avances. Uther se mourait d'amour. N'y tenant plus, il fit appel à Merlin, son druide, son conseiller, son ami. Bien sûr, Merlin connaissait déjà ce qui tourmentait Uther. Il accéda à la requête du Roi mais surtout il le somma de lui faire un don, en échange de quoi il lui donnerait l'amour d'Ygerne. Les jours passèrent et Uther fit la guerre au Duc de Cornouailles. Uther assiégea Tintagel, le château du duc, mais le siège s'éternisa. Un soir le Duc sortit du château pour aller guerroyer. Cette nuit-là, le druide usa de sa magie et donna à Uther l'apparence de Gorlois. Les portes du château s'ouvrirent, aussitôt qu'il se présenta. L'apparence était si parfaite que tout le monde fut trompé et Uther rejoignit Ygerne qui, n'y voyant que du feu, lui ouvrit son lit. Au même moment Gorlois était mortellement blessé lors d'une bataille avec les troupes royales.

Au petit jour le Roi Uther quitta le château de Tintagel, mais voilà que survint Merlin qui lui dit :

— De tes amours de cette nuit te naîtra un fils. Tu m'avais promis un don ! Voilà, confie-moi ce fils dès sa petite enfance !

L'enfant naquit. On lui donna le nom d'Arthur, ce qui signifie à la fois ours et guerrier. Merlin confia le bébé à un vavasseur, Antor, de petite, mais de bonne noblesse. Antor avait déjà un fils Kay, de deux ans l'aîné d'Arthur. Les deux

Ygerne

enfants furent donc élevés ensemble. Ils étaient comme deux frères.

Quant à Ygerne, veuve, elle consacra le reste de sa vie à élever sa fille Morgane à qui elle transmettra le don car elle était fée.

En l'an de grâce 509, Arthur était un jeune homme instruit, vigoureux et rompu au métier des armes.

C'est cette même année qu'Uther mourut. Tout le monde ignorait l'existence d'Arthur. Le trône était vacant et Uther n'ayant officiellement pas de descendant, se posait le problème de la succession.

A la fin de l'année tous les grands chevaliers bretons se trouvèrent réunis pour trouver une solution. Sur la place, non loin des festivités, on aperçut un rocher. Un énorme bloc de pierre dans lequel était plantée une épée. Sur le rocher étaient gravé, en lettres d'or :

Neb a zic'houino ar c'hleze-mañ, dre volontez Doue, a vo Roue Breizh ![2]

Tous les chevaliers, tous sans exception, tentèrent de tirer cette épée. Mais pour tous ce fut en vain. L'épée désespérément resta figée dans la pierre.

Arthur, après que tous furent déjà partis, s'approcha. Timidement il tira sur l'épée et, miracle ! Elle se dégagea sans aucune résistance. Certains, en voyant ce prodige, en furent si étonnés qu'ils ameutèrent les autres. Tous accoururent et exigèrent qu'Arthur recommençât plusieurs fois. Là, pour que

2. « Quiconque tirera cette épée, par la volonté de Dieu, sera roi de Bretagne ».

le destin s'accomplît enfin, Merlin révéla à l'assemblée le nom du père et de la mère d'Arthur…

Aussitôt la colère gronda chez certains :

— Jamais de roi bâtard !

Un clan se forma qui s'éleva contre Arthur et ce dernier dut fuir avec ses partisans et se réfugier à Kerleon. Durant quinze jours ils furent assiégés et harcelés par les rebelles quand, sur les conseils de Merlin, Arthur tenta une sortie et du coup tua bon nombre d'ennemis. Il devint ainsi Haut-Roi incontesté des deux Bretagnes.

Mais voilà qu'une fois de plus la paix précaire fut menacée par les barbares.

Gauvain, le cousin d'Arthur, analysa la situation et convainquit le Roi d'aller combattre les envahisseurs. En effet, une armée saxonne avait débarqué et envahissait le pays. Arthur décida de l'arrêter et engagea la bataille sur le pont du fleuve Glen. Mettant en pratique les conseils de Merlin et les tactiques des anciens Romains, Arthur fut vainqueur. A chaque bataille le Roi assit son autorité un peu plus.

Un matin à l'heure où le soleil point, Merlin expliqua à Arthur qu'il aurait des alliés venant de petite Bretagne. Effectivement, dans la journée, arrivèrent Ban de Benoïc et Bohor de Gannes. Ils furent accueillis par une population en liesse et le lendemain ils suivirent de bonne grâce Arthur dans son expédition en Carmélide. Arthur et tous ceux qui l'entouraient furent reçus en grande pompe par Léodagan en son château-fort de Karohaez. Cependant, presque aussitôt s'annonça une puissante armée de Saxons et de Jutes, leurs alliés.

Arthur et les siens, bien que peu nombreux, firent une sortie. Merlin, usant de sa magie, fit se lever des tourbillons de poussière qui cachèrent les Bretons et aveuglèrent leurs ennemis. Dans la mêlée qui s'en suivit, Arthur tua d'un coup le chef des Saxons. Il fit de même avec le chef des Jutes et le roi des Angles et, le soir, il s'avéra que la journée avait été favorable aux Bretons. La bataille était gagnée.

Léodagan, le roi de Carmélide, fêta cette victoire en servant un festin somptueux. C'est sa fille unique, Guenièvre, qui servit personnellement les invités. Arthur tomba en amour sur le champ. Il en perdit même l'appétit. Ses sentiments prirent une telle ampleur que dès le lendemain, il demanda à Léodagan la main de sa fille.

On prépara les fiançailles. Mais une fois de plus des félons mirent l'autorité d'Arthur en doute et, s'étant alliés au Pictes[3], ils mirent à feu et à sang toute une partie du Royaume. Arthur les vainquit au bout de trois jours de combats.

Enfin quelque temps après on célébra le mariage d'Arthur et de Guenièvre. Tout le monde participa aux réjouissances sauf Merlin. Il resta dans son coin, maussade et prédit, à qui voulait l'entendre, de grands malheurs. Une fois le mariage scellé, Arthur fit de Kerleon sa capitale.

Merlin devint conseiller du Haut-Roi. Il prédit le cours des batailles, influa sur leur déroulement. Un jour qu'Arthur était dans la forêt de Brocéliande, poursuivant un cerf blanc, celui-ci le mena à l'étang de Comper, puis disparut comme par enchantement. S'approchant de la rive pour s'y désaltérer et y faire boire son cheval, quelque chose d'extraordinaire s'y produisit. A quelques pieds de la rive une épée jaillit de l'eau, brandie par une main de femme. Cette épée c'était Excalibur que la Dame du Lac donnait à Arthur. L'épée de la sou-

---

3. Pictes : Peuple de l'ancienne Calédonie, l'actuelle Ecosse.

Merlin

Mais qui est donc ce druide, ce Merlin, qui un jour enchante et le lendemain joue les oiseaux de mauvais augures ?

Il était né dit-on d'une jeune orpheline chrétienne qui fut pieuse et chaste fille. Le grand druide des Bretons, farouchement opposé à la nouvelle religion, la voyant se transforma en beau jeune homme, la séduisit et ainsi naquit l'enfant. Pour tout le monde, un bébé sans père était forcément un enfant du Diable. Ne pouvant révéler le nom du père à personne, la jeune maman fut mise au ban et traitée d'infâme.

L'enfant naquit chevelu et barbu et, dès la naissance, parla avec aisance. Une nourrice malveillante révéla ces faits à un magistrat qui ordonna que l'on brûlât sur-le-champ mère et fils comme gens démoniaques. Mais à la fin du procès, le nouveau-né prit la parole sous le regard ahuri des témoins. Il s'adressa au juge en ces mots :

— S'il fallait brûler tous les gens dont le père est inconnu, vous devriez nous précéder sur le bûcher.

La remarque fit mouche...

Homme un peu sauvage, Merlin se retire régulièrement en forêt pour y rencontrer son scribe, conseiller et confident Blaise (probablement son père, le grand druide).

veraineté bretonne. Uther n'en avait pas été digne. Qu'Arthur par sa loyauté et son courage le soit ! La Dame du Lac lui fit promettre de lui rendre Excalibur quand il serait à l'article de la mort.

C'est encore en Brocéliande que Ban de Benoïc, trahi et vendu par un de ses lieutenants, mourut tristement. Désarçonné par son cheval, son corps fut brisé. Son fils Lancelot, encore bébé, gisait à ses côtés. Emue, Viviane qui n'avait rien perdu de la scène, s'empara du nourrisson. La Dame du Lac l'emmena dans son château merveilleux au fond du Lac de Comper et l'éleva comme son propre fils jusqu'à sa majorité. Lancelot devint un beau jeune homme. Chaque jour il faisait preuve de bonté, de générosité et de grande noblesse. Il reçut de sa mère adoptive, toute l'éducation pour faire de lui un preux chevalier.

Un jour Viviane le convoqua et lui dit :

— Voici que je pleure, tu dois rejoindre le Roi Arthur, de grandes aventures t'y attendent.

Lancelot du Lac partit donc, jeta un dernier regard vers le château du Lac, sachant bien qu'il ne le reverrait jamais plus.

Il s'en alla retrouver le Haut-Roi. Il se mit d'emblée à son service, devint un de ses familiers et c'est même le Roi lui-même qui l'adouba chevalier. Lancelot avait beaucoup de succès, il était fidèle à toutes les jouvencelles qu'il rencontrait en route, mais dès qu'il vit la Reine Guenièvre, Lancelot en tomba irrémédiablement amoureux, ce ne fut pas le moindre de ses tourments. Comment concilier son amour pour la Reine et sa fidélité au Roi ? D'autant que l'amour était partagé, la passion de la Reine pour Lancelot était toute aussi forte.

Merlin, avant de se retirer du monde des hommes, lança les chevaliers bretons dans une quête mystique, il fit apparaître

une immense table ronde dans la grande salle du château de Kerleon. Il expliqua que cette table était ronde pour que chaque chevalier, y compris le roi Arthur, soient sur le même pied d'égalité. Il y avait autant de sièges que de chevaliers et leur nom était inscrit sur chacun des sièges. Seul un siège devait rester vide, c'était le siège périlleux. Celui réservé au meilleur chevalier du monde, lequel ramènerait le Graal[4]. Ainsi fut créé l'ordre des Chevaliers de la Table Ronde.

---

4. Dans la version primitive, préchrétienne il s'agissait du chaudron du Dieu-Druide Dagda, chaudron à la fois d'abondance et d'immortalité. Dans la version chrétienne, il s'agit du calice qui a recueilli le sang du Christ.

C'est à cette époque que Merlin conta l'histoire du Saint Graal à Arthur. Il lui raconta l'histoire de Joseph d'Arimathie qui s'échoua sur une plage de Bretagne. La légende disait du Graal qu'il était l'œuvre des fées et de korrigans-forgerons et qu'il apportait joie et plénitude. Il avait été prédit que son huitième descendant serait le meilleur chevalier du monde et qu'il trouverait enfin le Graal. Sous son impulsion, les quelque 150 chevaliers de la Table Ronde se mirent en quête du Graal. La quête durera des années. Beaucoup de chevaliers y laisseront leur vie. Les plus chanceux l'ont approché. C'est Gauvain qui, le premier, découvrira le château du Graal. Lancelot y pénétra. Pellès, le roi pêcheur, maître du château et gardien du Graal, avait le don. Il connaissait l'amour que portait Lancelot à la reine Guenièvre, ce faisant, à ses yeux, Lancelot ne pouvait être l'élu, le meilleur chevalier du monde. C'est pourquoi il donna à sa fille Elaine les traits de Guenièvre. Evidemment Lancelot succombera aux charmes de la fille du roi Pellès. La quête de Lancelot s'arrêta là, ce n'est donc pas lui qui sera le meilleur chevalier du monde. C'est de cette union fugace que naîtra un fils, Galaad.

Hector des Mares trouvera lui aussi le fameux château, mais il fut éconduit. Finalement Perceval le Gallois, Bohor de Gannes et Galaad furent accueillis par le roi Pellès et Galaad ramènera le Graal. C'est donc lui qui prendra place sur le siège périlleux avant de monter au ciel dans une apothéose mystique. Perceval, à la mort de Pellès, restera au château et prendra la suite du roi pêcheur, devenant ainsi le nouveau gardien du Graal.

Merlin, quant à lui, il avait pris l'habitude de se retirer régulièrement dans la forêt de Brocéliande, en petite Bretagne.

C'est là qu'il rencontra, à la fontaine de Barenton, la fée Viviane, jolie comme un cœur. Il tomba sous le charme et n'eut de cesse de la revoir. Il lui fit don d'un château, invisible aux yeux des mortels. Ce château est au fond du Lac de Comper, ce qui valut à Viviane le nom de Dame du Lac. Passionnément amoureux, à sa demande, il lui enseigna ses secrets de magie. Mais, que pouvait-il refuser à Viviane ? Celle-ci, prise d'un amour possessif, finit par l'enfermer à jamais dans un cercle invisible en usant de l'un des sortilèges de son amant.

Les années n'avaient en rien altéré l'amour que portait Lancelot et la Reine. Un jour de chasse dans la forêt de Brocéliande, ce qui devait arriver arriva. A l'insu de tous, Lancelot et Guenièvre, n'y tenant plus, s'aimèrent charnellement au lieu-dit le Pont du Secret[5]. C'est le début d'une relation tumultueuse qui, bien sûr, malgré toutes les précautions, fut

5. Pont du secret, actuellement au niveau de Beignon, sur la départementale 724.

découverte par la demi-sœur d'Arthur, Morgane qui ne se priva pas d'en informer le Roi. De là s'en suivit de longues luttes fratricides entre ceux qui avaient pris le parti du Haut-Roi et ceux qui défendaient Lancelot par amitié ou par lien du sang.

Une fois de plus Arthur dut combattre les Saxons. La bataille fit rage et la victoire fut difficile. Cela se passa sur les bords du fleuve Tribuit.

Non loin de cet endroit se trouvait le château de Lot, roi d'Orcanie qui avait épousé la propre sœur d'Arthur, Morgane. Ce couple haïssait le roi, jaloux de sa réussite et de son pouvoir. Et fidèle à la religion celtique, Morgane était opposée à la nouvelle religion chrétienne et elle ne cessa d'intriguer contre son demi-frère, cet Arthur qui l'avait si royalement acceptée. Une nuit des feux de Beltan, usant de ses sortilèges, elle s'accoupla à Arthur. Neuf mois plus tard, Morgane accoucha d'un fils, Mordred.

Traître né, Mordred se souleva contre le Roi Arthur, s'allia aux pires ennemis des Bretons, les Angles et les Saxons. Combattant avec les envahisseurs, il affronta le roi à Kamlann en l'an 537. Mordred porta un coup mortel à Arthur, mais à son tour il fut tué net.

Partout gisaient des morts. Kamlann scelle la fin du royaume des deux Bretagnes. Arthur disparu, les Anglo-Saxons, qui avaient déjà conquis une partie de la Bretagne insulaire vont faire main basse sur presque tout le pays. Ils vont même changer le nom du territoire conquis, l'appelant Angleterre, la terre des Angles. Les Bretons se réfugieront en Cornouailles, au Pays de Galles et bien sûr en Armorique. Dès le Xe siècle, la Cornouailles sera un pays vassal de l'Angleterre, définitivement annexée au XVIIe siècle. Le Pays de Galles perdra son indépendance en 1282.

Viviane
La dame du Lac

Quant à la petite Bretagne, ce sont les Français qui, après une bataille perdue par les Bretons[6], l'annexeront en 1532.

Pourtant, nous Bretons, Cornouaillais et Gallois, avons survécu à toutes les tentatives de nous faire disparaître en tant que peuples. Nous connaissons la vérité sur Arthur, mourant il demanda à son écuyer Bédiver de jeter Excalibur dans un lac tout proche. Il s'exécuta à regret... mais avant même que l'épée touchât l'onde, une main de femme en sortit, la saisit, la brandit trois fois, avant de l'emporter au plus profond des eaux.

Arthur attendit devant le lac un secours dont il n'avait pas la moindre idée. Ce fut la Dame du Lac en effet qui vint le chercher à la tête d'une barque où se trouvaient trois femmes,

6. Saint-Aubin du Cormier 1488 (6000 morts côté breton).

sa mère Ygerne, Viviane et sa sœur Morgane qui avait abandonné ses rancœurs.

Elles l'emmenèrent vers le royaume d'Avalon, la terre de l'éternelle jeunesse où poussent les pommes d'immortalité et qui se trouvent sous la suzeraineté des femmes-fées. La Dame du Lac s'était ainsi détriplée comme le fait la Lune sous ses aspects ascendants et descendants après avoir été la pleine Lune, ou comme le fait le Soleil, quand il se lève à l'aurore, qu'il resplendit de tous ses feux à midi avant de se coucher au crépuscule.

Mais prenons garde toutefois ! Car si, selon les normes qui sont en vigueur chez vous, Arthur semble être à jamais défunt, pour nous autres, il est seulement en dormition en Avalon. Il se réveillera un jour pour regagner sa patrie, Merlin l'a prédit[7].

---

7. *Enquêtes sur les prophéties de Merlin*, Jean-Pierre Le Mat et *Arthur de Bretagne (1187-1203), l'espoir breton assassiné*, Eric Borgnis Desbordes chez Yoran embanner.

Et nous le savons bien, nous Bretons, non, Arthur n'est pas mort ! Nous le pressentons, l'heure est proche où il reviendra libérer les Bretons du joug de l'étranger. Il quittera Avalon, passera récupérer Excalibur qui gît depuis si longtemps au fond du Lac de Viviane, et brandissant haut et fort son épée, le roi Arthur chevauchera à la tête de son armée la crête des Monts d'Arrée. Aucune armée au monde ne lui résistera. Ce jour-là, tous les Bretons, ceux d'Armorique, ceux de Cornouailles, ceux de Galles, retrouveront la fierté et la liberté.

Ainsi s'achève l'histoire du roi Arthur. Mais tant de choses restent à dire...

Nous n'allons pas clore ce petit récit sans y adjoindre un court récapitulatif des faits marquants du règne de ce roi que portent tant de légendes :

En l'an 494 : Uther s'unit à Ygerne et il en naquit Arthur, futur roi.

En l'an 509 : Uther Pendragon meurt. Arthur devient chef des Bretons.

En l'an 513 : Bataille victorieuse contre les Saxons.

En l'an 514 : Arthur défait les Saxons à 3 reprises.

En l'an 516 : Bataille du Fleuve Tribuit. Naissance de Mordred, fils d'Arthur et de Morgane.

En l'an 537 : Bataille de Kamlann. Les traîtres, alliés aux Anglo-Saxons, sont conduits par Mordred. Mort d'Arthur et de Mordred.

Michel Cazenave
Yoran Delacour
Michel Humann

Un deiz e vo lorc'hus ha taer.
Distro Arzhur war e marc'h ruz.
Poent eo stagañ Bretoned
Gant stourm meur ar Vro !

Un jour sera fier et impétueux
Le retour d'Arthur sur son cheval rouge.
Bretons, il est temps de commencer
Le grand combat pour le Pays !

(Kan-bale an ARB, Glenmor)

Blason d'Arthur
3 couronnes d'or
sur fond d'azur,
symbolisant
la petite Bretagne,
la grande Bretagne
et le futur royaume
à construire.

Pour en savoir plus :
Centre de l'imaginaire arthurien, « centre-arthurien-broceliande.com »
et lire *Les romans du Roi Arthur,* 2 vol., Xavier de Langlais, Ed. Coop Breizh.

Tristan et Iseult

En ces temps anciens, régnait en Cornouailles le roi Marc'h. Bien souvent il était obligé de guerroyer. Ainsi, un jour, alors qu'une armée saxonne envahissait la Cornouailles, le roi de Loonois, Riwalen, franchit la mer pour lui porter secours. Quand il vit Bleunwenn, la sœur du roi Marc'h, il fut saisi d'amour et peu de temps après il la prit pour femme à Tintagel, la cité royale de Cornouailles.

Mais voilà que le royaume de Riwalen est, lui aussi, sauvagement attaqué par le duc Morgan, son ennemi. Le roi de Loonois rentre en toute hâte dans son pays lointain avec Bleunwenn sa jeune épouse. Enceinte, elle fut confiée au maréchal Roald, le Foi-Tenant, tandis que Riwalen partit en guerre.

Longtemps Bleunwenn attendit son homme, longtemps. Elle attendit jusqu'au jour où elle apprit que Morgan l'avait tué. Son âme alors voulut rejoindre celle de son mari. Mais Bleunwenn dut se raisonner. Il fallait qu'elle restât en vie pour mettre au monde son fils.

Elle prit un navire et au large naquit un garçon.

— J'ai attendu que tu naisses ! Te voilà donc arrivé lors d'un jour de tristesse immense. Triste je fus en accouchant, triste je suis de devoir te laisser… je t'appellerai donc Tristan.

Quand elle eut dit ces mots, elle l'embrassa et, sitôt qu'elle l'eut embrassé, elle mourut.

Mais de crainte que Morgan ne tue le fils de Riwalen, Roald le fit passer pour son propre enfant et l'éleva parmi ses fils. Après sept ans accomplis, le maréchal confia Tristan à un druide, Gorvenal. Celui-ci lui enseigna en quelques années les arts qui conviennent aux barons. Tristan apprit ainsi à manier la lance, l'épée, l'arc, à lancer des disques de pierre. Il apprit l'art des veneurs. Il apprit à franchir d'un bond les plus larges fossés. Il apprit à détester tout mensonge et toute félonie, à secourir les faibles, à tenir la foi donnée. Il apprit à jouer de la harpe, diverses manières de chant et toutes choses qui éloignent l'âme de la médiocrité.

Mais un jour, des marchands de Norvège, ayant attiré Tristan sur leur nef, l'emportèrent avec eux. Lors d'une tempête on le fit accoster sur la grève. Aussitôt les flots cessèrent leur tumulte et les Norvégiens disparurent à l'horizon.

Tristan, une fois à terre, entendit au loin les clameurs d'une chasse et il eut le cœur en joie. Un cerf s'épuisa juste devant ses pieds. Un veneur se servit de l'épieu et, rangés en cercle, les chasseurs cornaient la prise. Tristan étonné, vit le maître veneur entailler largement la gorge du cerf, comme pour la trancher. Il s'écria :

— Que faites-vous, seigneur à vouloir découper si noble bête comme un vulgaire porc ? Est-ce donc la coutume de ce pays ?

Eut-il comme réponse :

— Ainsi, on a toujours fait en Cornouailles. Si pourtant tu connais quelque coutume plus louable, montre-nous !

Tristan se mit à genoux et dépouilla le cerf avant de le défaire.

— On m'appelle Tristan et j'appris ces coutumes en mon pays de Loonois.

On lui posa des questions en demandant s'il était quelque fils de seigneur, mais Tristan, répondit que son père était un marchand.

— Beau Tristan, lui répondit le seigneur, viens avec nous et sois le bienvenu ! Nous te conduirons auprès du roi Marc'h, notre seigneur.

Ils se mirent en route joyeusement et arrivèrent devant une tour et des enceintes. Tristan demanda le nom de ce château.

— Beau valet, on le nomme Tintagel.

— Tintagel ! s'écria Tristan.

Quand ils parvinrent au pied du donjon, le roi Marc'h admira le bel ordre de cette chevauchée, mais surtout il admirait le bel enfant étranger, et ses yeux ne pouvaient se détacher de lui. Le soir, après qu'ils firent bonne chère, quand les tables furent levées, un jongleur gallois chanta des lais en s'accompagnant de la harpe. Comme le harpeur préludait à une nouvelle mélodie, Tristan lui parla ainsi :

— Maître, ce lai est beau entre tous. L'air en est doux, et douces sont les paroles. Ta voix est habile, harpe-le bien !

— Enfant, que sais-tu donc de l'art des instruments ? Prends cette harpe et montre ton adresse.

Tristan prit la harpe et chanta si bien que les barons en furent émus. Marc'h admirait le harpeur venu de ce pays de Loonois où jadis Riwalen avait emporté Bleunwenn.

Quand Tristan eut fini sa prestation le roi le bénit et lui demanda de rester auprès de lui.

Il dit :

— Tu es venu en cette demeure pour notre joie. Reste, ami !

Dès lors Tristan resta auprès du roi et le suivit partout et, la nuit, quand le roi était triste, Tristan le réconforta avec sa harpe. Et bien que le roi l'aimât, Tristan fut dolent d'avoir laissé Roald son père adoptif au pays de Loonois.

Un jour Roald débarqua en Cornouailles. Voyant Tristan, il dit au roi Marc'h :

— Mon Roi ! Celui-ci est Tristan, fils de votre sœur Bleunwenn et de Riwalen.

Tristan ne pouvait laisser son pays de Loonois aux mains du meurtrier de son père. Le roi Marc'h lui fournit soldats et navires. Tristan libéra son royaume et alla occire Morgan. Il laissa à Roald le soin de gouverner son royaume et s'en retourna en Cornouailles.

Le temps passa et voilà qu'un matin une flotte du roi d'Irlande vint ravager le pays de Cornouailles. Les Irlandais demandèrent des tributs plus lourds d'année en année. Ainsi de trois cents livres d'argent, puis d'or, ils exigèrent dorénavant trois cents jeunes filles et trois cents jeunes garçons pour être esclaves.

Morc'holt, un géant, gendre du roi irlandais, était chargé, cette année, de ramener les jeunes enfants. Il était si fort que jamais personne ne put le battre.

Le roi Marc'h avait convoqué son conseil et on délibéra sur les attitudes et les décisions à prendre. Hélas aucun des barons n'osa affronter Morc'holt et déjà les enfants semblaient perdus. Mais Tristan s'avança et dit au roi :

— Seigneur, mon Roi, accordez-moi la faveur d'affronter Morc'holt et de livrer bataille.

Le roi protesta, mais rien n'y fit, Tristan resta ferme en sa décision.

Hommes, femmes, vieillards, enfants, tout le monde accompagna Tristan jusqu'à la barque qui l'emmène sur l'île Saint-Samson où l'attend le géant.

En arrivant Tristan descend de sa barque et la pousse vers le large. Morc'holt lui en demande la raison.

— A quoi bon deux barques dit-il, seul le survivant de notre duel repartira.

Nul ne vit le combat. D'aucuns disent que parfois on entendait les cris qui fusaient au loin. L'angoisse grandissait quand vers le soir, enfin, une barque dériva vers la terre ferme. Reconnaissant la barque du géant, une clameur d'effroi s'empara du peuple. Mais, comme la barque se rapprochait, l'on vit le batelier brandir une épée dans chaque main. C'était Tristan !

Il ruisselait de sang et une de ses épées était ébréchée. Un bout de la lame était restée dans le crâne de Morc'holt. Partout s'élevèrent des cris d'allégresse, les cloches sonnèrent à la volée. Enfin Tristan arriva au château.

Cependant, Morc'holt, gisant mort fut ramené par ses compagnons en cette île d'Irlande au port de Loch Garman. On conta l'histoire de la mort de l'oncle de la princesse, la belle Iseult la Blonde dont la beauté était éclatante comme un lever de soleil. Mais Iseult, de ce jour, se mit haïr le nom de Tristan.

Les blessures de Tristan s'infectèrent et son corps dégageait une puanteur insupportable. On l'installa sur une barque et se laissa dériver durant sept jours et sept nuits. Il échoua ainsi dans le port de Loch Garman, la ville de Morc'holt, mais heureusement personne ne le reconnut. Il était si mal en point qu'Iseult le Blonde décida de le soigner. Quand, après bien des onguents, après bien des décoctions, il fut de nouveau sur pied, Tristan s'enfuit tout simplement et rejoignit le roi Marc'h.

Or, en ce temps, les barons de Tintagel, dont certains étaient jaloux des prouesses de Tristan, pressèrent le roi de prendre femme, et si possible une fille de roi. Ils firent même du chantage en disant que s'il refusait, ils allaient le guerroyer.

Un matin que le roi songeait à toutes ces choses, deux hirondelles entrèrent et déposèrent sur son épaule un cheveu blond plus fin et éclatant qu'un fil de soie.

Le roi dès lors il avait pris sa décision.

— Qu'on m'amène la fille à qui appartient ce cheveu ! J'en ferai mon épouse.

Tristan avait deviné d'où venait ce cheveu. Il promit au roi de ramener la future reine. Il gréa un bateau et partit, une fois de plus, vers le pays d'Iseult.

Tout Cornouaillais était en danger en Irlande, donc Tristan et ses compagnons se firent passer pour des marchands. Un matin à l'aube, ils entendirent des cris épouvantables. Ils demandèrent ce qui se passait. Une femme leur répondit :

— Il y a une bête féroce qui ravage le pays. C'est la plus hideuse qu'on ait jamais vue. Elle bloque la porte de la ville et ne repart que si on lui a livré une jeune fille qu'il dévore aussitôt. Et notre roi a promis, à quiconque pourrait l'occire, sa fille Iseult comme épouse.

Tristan se fit montrer le chemin de la porte et décida d'attaquer le monstre. Une fois hors de l'enceinte, le héros vit la bête. Elle avait les yeux rouges comme des charbons ardents, des cornes au front, des oreilles velues, une queue de serpent et des écailles de griffon.

Tristan attaque avec tant de violences que sa lance se brise sur les écailles. Tirant l'épée, il assène un coup terrible sur la tête du dragon, hélas encore en vain. Le monstre attaque et fait vaciller Tristan qui tape toujours et toujours. Mais le dragon se croyant déjà vainqueur relâche sa garde et Tristan enfonce son épée au fond de sa gueule. Il pousse l'épée si loin qu'il lui atteint le cœur. Le dragon s'affaisse et Tristan coupe la langue du monstre mort et la met dans sa chausse. Epuisé, il tombe inanimé, mais il a le temps de voir encore quelqu'un qui avait observé la scène et qui maintenant fuyait.

Le fuyard était Aguynguerran, le sénéchal du roi d'Irlande. Il convoitait depuis longtemps Iseult. Quand il avait vu Tristan tomber inanimé, il s'en fut découper la tête du dragon et se promit de l'exhiber devant la cour.

Personne ne crut vraiment à ses prouesses. Iseult redoutant d'être livrée à ce couard alla avec sa servante Brangwenn vers l'antre du dragon. Elles trouvèrent le dragon mort et Tristan gisant dans les herbes. Ramené dans les appartements de la princesse, Tristan fut soigné et s'en remit très vite. Il vit les cheveux d'Iseult, leur blondeur et leur éclat et esquissa un sourire.

Intriguée, cette dernière fouilla les vêtements de Tristan et, en voyant l'épée, elle reconnut l'ébréchure.

— Tu es Tristan de Loonois ! cria-t-elle, meurs pour avoir tué Morc'holt mon oncle !

Tristan dut plaider sa cause longtemps. Il lui raconta la venue des deux hirondelles, expliquant ainsi sa présence. Iseult mena Tristan au château de son père. Le roi d'Irlande s'assit sous son dais pour accueillir Tristan.

C'est ce moment que choisit Aguynguerran pour soutenir et prouver que c'était lui qui avait tué le dragon. Mais Iseult dit au roi :

— Mon roi, un homme est là qui peut prouver le mensonge de votre sénéchal. Ne laissez pas votre fille tomber entre les

mains d'un couard, mais comme moi, à Tristan, le vainqueur du dragon, vous ferez le baiser de paix !

Tristan montra la langue et lança un défi à Aguynguerran. Mais ce dernier refusa le combat. Tristan prit la parole :

— Seigneur ! Oui, j'ai tué Morc'holt, mais en venant ici je vous ai délivré du monstre! Et je suis venu pour emmener la belle Iseult, car le roi de Cornouailles veut en faire sa reine.

Le roi lui fit le baiser de paix et peu de temps après Tristan vogua avec sa nef en direction de son pays avec à son bord la future reine Iseult.

Avant qu'Iseult s'embarquât pour la Cornouailles, sa mère avait préparé un philtre. Elle remit ce breuvage puissant à la servante Brangwenn, lui recommandant, qu'à l'insu de tous, elle en versât dans une coupe que boiront ensemble le roi Marc'h et Iseult.

Or, la traversée de la mer fut calamiteuse. Les vents s'apaisèrent et la nef dériva jusqu'à échouer sur les rives d'une île. Cherchant quelque chose à boire, Iseult trouva une fiole et s'écria :

— J'ai trouvé du vin !

Elle en versa dans une coupe et la partagea avec Tristan. Les malheureux venaient de boire le philtre d'amour.

Le cœur de deux futurs amants est houleux comme est houleuse la mer. Ils luttent pour faire taire leurs cœurs, mais quand Tristan demande :

— Mon amie, qu'est-ce donc qui vous tourmente ?

Iseult répond :

— L'amour de vous !

Brangwenn les surprend en train de s'embrasser. Elle comprend qu'ils sont possédés par le vin magique. Elle se sent responsable et prête à payer le prix de sa faute.

Mais les deux amants, tout à leur désir, ignorent Brangwenn. Et les voilà qui s'abandonnent à l'amour.

Le roi Marc'h était sur le quai pour recevoir Iseult la Blonde. Il la mena au château en grande pompe et le château fut illuminé par la beauté d'Iseult.

Dix huit jours plus tard, le roi Marc'h prit pour femme Iseult. Mais Brangwenn, craignant pour sa maîtresse, prit sa place dans le lit nuptial, sacrifiant ainsi sa pureté. Dans la nuit le roi ne se rendit compte de rien.

Mais les jours passent. Iseult est reine, mais Iseult est triste. Malgré les joyaux, les chambres richement décorées et les draps de pourpre, Iseult est triste et craint pour son amant. L'amour attire nos deux amants plus fort que toute autre force.

A la cour il y a quatre félons qui haïssent Tristan. Ils craignent Tristan, mais leur lâcheté cependant l'emporte et ils dirent au roi :

— Tristan aime votre reine. On le sait, on les a vus ! C'est chose prouvée ! Toute la Cornouailles le sait !

Le roi chancelle de douleur. Les félons confirment leurs dires, puis ils se retirent. Ils savent que leur poison fait son effet.

Le roi donc épia sa femme et le chevalier. Brangwenn, encore elle, s'aperçut de la chose et avertit les amants en recommandant à Tristan de quitter momentanément Tintagel.

Mais Tristan ne put partir. Il prit pension dans une maison avec Gornneval, son écuyer et ami près de Tintagel, mais loin de la reine la fièvre le rongeait.

En son château, Iseult se languit aussi. Elle ne peut fuir. Voyant ce désespoir, ces douleurs, Brangwenn décide d'agir. Elle agit tant et si bien que les deux amants se retrouvent enfin dans un jardin dérobé, dans la nuit, sous un grand pin.

Mais déjà l'aube dessine ses premiers feux au ciel. Personne n'a remarqué la ruse et les félons en sont tout marris. Cependant ils se disent :

— Allons voir Frocin le nain ! Il est roué en magie, ils nous aidera.

Quelque temps après, le nain leur raconta la ruse des deux amants, alors les félons dirent au roi Marc'h :

— Noble seigneur, annoncez à tous que durant sept jours vous vivrez dans la forêt à chasser. Vous aurez ainsi la preuve de la tromperie de la reine.

Contre son gré, le roi ordonna ces choses. Or au lieu de partir, le roi épia le jardin. Quand Tristan vint, il se pencha sur la fontaine et vit le reflet du roi... il s'en fut dans un arbre. Iseult de même vit le reflet et resta coite sur un banc. Puis soudain elle parla :

— Tristan ! Pourquoi m'avez- vous fait venir ici ? Qu'attendez-vous de moi ?

Tristan descend de son arbre et répond :

— Depuis mon départ de Tintagel, je ne vois plus personne, je ne sais pourquoi le roi est distant avec moi, mais si quelqu'un peut plaider ma cause, c'est vous. Vous êtes la seule en qui notre roi a confiance.

Iseult réplique :

— Sire Tristan, des félons lui ont dit pis que pendre à notre endroit. Mais seuls les méchants peuvent concevoir des méchancetés. Il est des gens qui veulent écarter du roi tous ceux qui l'aiment.

Le roi renouvela sa confiance à Tristan. Frocin, quant à lui, il interrogea les étoiles et sentit la menace peser. Il s'enfuit aussitôt en terre de Galles.

Ce soir Tristan couche dans la chambre du roi. Celui-ci, magnanime, pardonne à tous. Mais devant cette bonté, les félons redoublent de haine. Le nain Frocin revint. Comme Tristan dormait dans la même chambre que le roi, Frocin sema de la farine entre les lits. Ainsi furent découverts les pas allant d'un lit à l'autre.

Pris sur le fait, Tristan s'humilie et demande grâce au roi, moins pour lui que pour Iseult.

Les amants sont ligotés et tous pleurent, le roi veut faire périr les deux amants. Les gens se souviennent. Le Morc'holt, c'est Tristan qui les en a sauvés, et de partout fusent des cris et des pleurs. Mais la colère du roi est grande. Il fait dresser un bûcher et il s'adresse ainsi au peuple :

— Ce bûcher est pour Tristan et Iseult, ils doivent payer leur forfaiture.

Nombre de barons sont outrés, tuer sans juger c'est un crime.

On entraîne Tristan vers le bûcher. Il souffre. Soudain un cheval arrive au grand galop. C'est Gorneval. Il libère Tristan, le prend en croupe et s'enfuit.

Quand le roi apprend la fuite de Tristan il est fort en courroux. On entraîne Iseult vers le bûcher. C'est là qu'un baron, ami de Tristan, s'adresse au roi :

— Je t'ai servi longtemps et en tout honneur sans jamais faillir. Alors je te demande la grâce de la reine. Et tu sais que Tristan est vaillant. Il n'aura de cesse de la venger.

Mais le roi est intraitable. La reine sera brûlée.

Partout les gens se révoltent et crient leur fureur et maudissent le roi. Or voici que cent lépreux traînent devant le bûcher. Yvain le plus hideux d'entre eux s'adresse ainsi au roi :

— Sire pourquoi brûler Iseult, ce serait une mort rapide et douce. Fais-la souffrir !

Le roi le regarde puis l'autre continue :

— Livre-nous la reine. Nous sommes cent, elle sera femme commune. Livre-la donc aux lépreux, il ne pourrait y avoir pire fin pour elle.

Entendant cela Iseult supplie qu'on la brûle.

Mais le cortège des lépreux se met en route. Entre leurs mains Iseult est malade de douleur. Yvain est joyeux, ils tiennent une proie. Voici l'orée de la forêt et Tristan et Gorneval en sortent. Les lépreux tentent de se battre, mais ils voient Gorneval abattre le vil Yvain. Pris de peur, les autres livrent Iseult à Tristan. Tout le monde s'éparpille et Tristan et Iseult s'enfoncent dans la forêt.

Ils vivent ainsi de forêt en forêt. La vie est dure, mais ils s'aiment. Un jour ils arrivent, par aventure, à l'ermitage d'Ogrin.

Le vieil homme, appuyé sur ses béquilles, d'emblée reconnaît Tristan et lui dit:

— Le Roi a fait dire en toutes les paroisses qu'il offrait une récompense de cent marcs à qui vous livrerait. Tous les barons sont à vos trousses. Alors rendez la reine à son roi !

Tristan répliqua qu'Iseult n'appartenait plus au roi puisqu'il l'avait livrée aux lépreux. Il estimait qu'elle était sienne dorénavant. Puis ils quittèrent Ogrin et s'enfoncèrent dans la forêt.

Naguère Tristan avait un chien du nom de Husdent. Les barons le lâchèrent espérant qu'il irait chercher son maître et les mener aux deux amants. Le chien trouva Tristan, mais les barons nenni !

Les mois coulent et l'hiver est là. Le couple vit dans le creux d'un rocher pour se protéger du froid. Leur amour est si fort que les deux amants n'en souffrent pas.

Le printemps de nouveau éclaire le monde et les amants se font une hutte pour s'abriter. Gorneval le fidèle était toujours là.

Une meute de chiens et quantité de veneurs s'approchent de la cabane, ils sont à quelques pas. Gorneval, reconnaissant le traître Guenelon le tue et le décapite. Lorsque l'on trouve le corps de Guenelon sans tête, personne n'ose plus s'aventurer en cette forêt.

Pendant que Gorneval accomplissait toutes ces choses, Tristan et Iseult dormaient dans leur hutte. Au réveil, il fut content, son ennemi était occis.

Un forestier trouva des traces dans l'herbe des bois. Il suivit ces traces et finit par trouver le refuge de Tristan. Il s'en fut à Tintagel. Il raconte au roi :

— Sire ! J'ai vu Tristan et la reine dans leur hutte, ils dormaient.

Le roi lui demande de l'attendre à l'entrée de la forêt. Il fait seller son cheval, ceint son épée et suit le forestier jusqu'à la hutte. Enfin ils arrivent. Le roi attache son cheval et entre dans la hutte. Il voit Tristan et Iseult allongés sur une couche. Ils dorment et entre eux, comme pour les séparer, l'épée de Tristan. Le roi glisse une bague au doigt d'Iseult et couche sa propre épée au milieu d'eux, et prend celle de Tristan. Le roi doucement se retire. Iseult eut un cauchemar et se réveille en criant... Tristan aussi est debout et se rend compte que le roi était là. La peur les prend et ils s'enfuient aux confins de la forêt, vers la terre de Galles.

Tous deux songent à leur destin, l'un plaignant le sort de l'autre. Ils parlent longtemps de la venue du roi. Ils décident donc de retourner voir l'ermite Ogrin pour qu'il aille intervenir au près du Roi.

— Dis au roi que moi Tristan, je veux lui rendre la reine. Je m'en irai ensuite de par le monde, en Frise peut-être. Mais si un jour le roi voulait de mon aide, assure-le de mon service loyal.

Ils mirent tout par écrit et Ogrin se proposa de transmettre ces mots au roi. Mais Tristan voulut les porter lui-même. Ainsi fit-il en cette nuit où la lune ne laissait voir que des ombres. Tristan s'approche du château et, ayant repéré la chambre du roi, il s'en approche et murmure :

— Sire ! Je suis Tristan ! Je vous apporte un message.

Le roi l'appelle, mais déjà Tristan avait fui.

Marc'h se fait lire le billet. Tristan avait écrit entre autres :

— A peine Iseult fut-elle votre épouse que vous avez cru tous les félons et menteurs. Quand vous avez livré Iseult aux malades, c'est là que je l'ai prise avec moi. Mais je veux venger mon honneur et le sien. Ordonnez un combat entre ces félons et moi ! Je veux laver ces calomnies.

Le roi répond, sur les conseils de ses barons :

— Que la reine revienne, quant à vous Tristan, allez guerroyer en Gavoie ou en Frise !

Avant d'aller rejoindre le roi, Iseult demanda à Tristan de lui laisser la bague et surtout Husdent le chien. Ogrin dépensa toutes ses économies pour offrir à Iseult des habits décents.

Le roi et ses barons attendent devant Tintagel. Tristan remet solennellement la reine entre les mains du roi. Il propose une fois encore un duel pour laver son honneur, mais personne n'ose le défier. Cependant il se dit qu'il restera caché un moment dans les environs pour savoir quel sort on réserverait à Iseult.

Que les félons prennent garde.

Mais la félonie est inscrite dans le cœur à jamais. Aussi trois des félons reprochent-ils au roi sa magnanimité à l'égard d'Iseult. Ils tentent de le pousser à juger Iseult, de la faire juger de son innocence sur des reliques saintes. Le roi cette fois-ci se

met en grande colère et ordonne aux traîtres de déguerpir, et que jamais ils ne remettent les pieds à Tintagel.

Le roi rentre en son château-fort courroucé. Iseult dit :

— Sire, je veux jurer de la chose. Je veux me justifier par serment. Que cela soit fait dans dix jours mais non pas seulement devant vos barons à vous, mais devant le roi Arthur et tous ses pairs.

Perenis, le valet d'Iseult couru dans la forêt avertir Tristan de ces choses. Il lui dit en plus :

— La reine vous mande de venir au lieu du serment, déguisé en pèlerin, car elle aura besoin de vous.

Au jour décidé pour le serment, les deux rois se font face, chacun sur une des rives. Un pèlerin en haillons, qui n'est autre que Tristan en guenilles, demandait l'aumône en tendant sa sébile. Les barques traversent la rivière, mais ne purent accoster directement, la vase était haute et gênait les canots. Iseult dit :

— Comment puis-je arriver à terre sans maculer mes longs vêtements. Il faudrait que l'on m'aide.

Un chevalier, ne voulant se mouiller, héla le pèlerin et lui ordonna de porter la reine à terre. La reine murmura :

— Une fois sur le terre ferme, ami, laissez-vous choir à terre.

Tristan fit ainsi. Un baron voulut rosser le pèlerin, mais Iseult le pria de le laisser tranquille.

La reine prie un moment, puis elle apostrophe les nobles ainsi :

— Sires, barons ! Je jure devant Dieu que nul homme sur cette terre ne m'a jamais tenue entre ses bras, hormis le roi Marc'h et le pauvre pèlerin qui, tout à l'heure, me fit gagner la terre ferme.

Elle s'approche du brasier, saisit la barre de fer incandescente à deux mains et la porte sur neuf pas. En la jetant, elle ouvrit ses mains et l'on vit qu'elles étaient nettes et pures et sans la moindre trace de brûlure.

Alors un cri de louange monte au ciel.

Tristan voyant tout cela se dit qu'il était temps de tenir sa promesse et de partir. Mais comment partir quand son cœur est accroché à celui d'Iseult. Alors une nuit, ne pouvant se résoudre à partir, il rôde autour du château du roi Marc'h. Il espère voir Iseult et il imite le chant du rossignol. Iseult entend ce chant et reconnaît Tristan. Alors, défiant le roi, défiant les gardes, elle descend dans le jardin. Tristan la voyant saute la palissade et ils se retrouvent ensemble.

Le hasard voulut que le roi dût aller à Saint-Lubin. Pendant plusieurs jours donc Tristan se glissa dans le parc et rejoignit

Iseult. Mais un autre hasard voulut qu'un des valets aperçût les deux amants. Il alla aussitôt raconter ce qu'il avait vu aux félons qui haïssaient Tristan. Il en reçut trente marcs d'argent.

Les trois félons Andret, Gondoïne et Denoalen, décidèrent de prendre Tristan sur le fait. Aussi se rendirent-ils près du château. Tristan avait quitté la cabane d'Ogrin où il se terrait et se faufila entre les fourrés épineux. C'est à cet instant qu'il aperçut Andret. Il se tassa derrière une haie attendant le traître. Celui-ci passa sans voir notre amant. A peine voulut-il se lever que voilà Denoalen qui apparaît, flanqué de deux lévriers. Tristan bondit, brandit son épée et sans hésiter coupa la tête du félon.

Gondoïne, cependant, avait précédé Tristan au château. Ce dernier fut reçu par Iseult dans une des salles. Sans broncher elle avertit Tristan de la présence de Gondoïne derrière les tentures.

Elle parla ainsi :

— Seigneur, prenez cet arc et bandez-le bien, je vois chose qui me déplaît. Vise bien Tristan !

Tristan vit la tête de Gondoïne tout en haut de la courtine. Il banda son arc et la flèche siffla et traversa la tête du traître qui s'abattit et tomba sur un pieu.

Les amants s'enlacent puis vient l'heure de se séparer pour de bon.

— Adieu ! se dirent-ils en pleurs.

Tristan erra de par les pays, cherchant l'aventure et essayant vainement de penser à autre chose qu'à Iseult. Il alla ainsi durant deux longues années sans avoir de Cornouailles ni message, ni nouvelle. Il se fit une raison et crut que son amante l'avait oublié.

Avec pour seul ami Gorneval, fidèle toujours, il arrive un jour en terre de Bretagne. Ensemble ils chevauchent sans rien voir que la désolation. Au troisième jour, enfin ils croisent la cabane d'un ermite. Ce dernier sans rien demander leur offre un peu de pain d'orge et de l'eau de source. Le soir Tristan demande quelle était cette contrée ruinée. L'ermite explique :

— Vous êtes sur les terres du duc Hoël. Cette contrée fut naguère riche et belle. Hélas le comte Riol de Nantes dévasta le pays par haine.

Il regarda le feu, puis releva les yeux vers Tristan :

— Riol, était vassal de Hoël. Ce dernier a une fille d'une beauté divine. Riol la voulait pour femme, mais le duc refusa. C'est ainsi que se déclencha la guerre. Il reste une ville non prise, c'est Carhaix, mais pour combien de temps ?

Le lendemain Tristan se met en route vers Carhaix. Au pied des murailles il hèle Hoël et lui offre le secours de son épée. Hésitant d'abord, Hoël finit par accepter, en le prévenant cependant qu'il n'y avait plus de vivres. C'est Kaerdin, le fils du duc qui accueille Tristan et Gorneval. Il leur fait visiter le château et les présente à sa mère et à sa sœur. Les deux femmes ornaient des étoles et des chasubles et chantaient une ancienne complainte d'amour.

Quand Tristan entend que la sœur s'appelle Iseult, il en fut tout remué. Plusieurs fois il répète :

— Iseult aux Blanches Mains.

Or le comte Riol avait planté son camp devant Carhaix. La crainte a saisi les gens de la ville. Alors Tristan réunit douze chevaliers des plus ardents. Par ruse ils s'approchent du camp ennemi et s'emparent de victuailles, d'armes et de toutes choses utiles. A force de batailler et de faire prouesse, Tristan et Kaerdin se portent estime et amitié.

Un matin il fallut courir à la bataille, Riol attaquait la ville. Il s'en suivit une bataille farouche et formidable. Tristan affronta Riol. Les lances se rompirent, les heaumes sautèrent, les écus se fendirent. Riol est à genoux, blessé et épuisé. Tristan le harangue et l'invite à se lever, à se battre encore. Riol se lève, mais Tristan abat son épée, fend le heaume et découvre le crâne.

Vaincu Riol se plie et jure de rendre hommage au duc Hoël. Carhaix est vainqueur, Carhaix est sauvée.

Hoël sait que si la bataille lui revient, c'est grâce à Tristan, aussi lui dit-il :

— Mon ami, je sais que je te dois ma terre. J'ai une fille belle, elle est fille de ducs et de rois, je te la donne comme épouse.

Peu de jours après Tristan épouse Iseult aux Blanches Mains.

Le soir venu, après la fête, Tristan, en retirant son bliaud, fait tomber l'anneau de jaspe, le cadeau d'Iseult la Blonde. Tristan reconnaît sa trahison et les souvenirs l'envahissent et le torturent. Il ne peut toucher son épouse... il lui raconte qu'il avait fait vœu de ne toucher une femme avant un an révolu.

Un jour le duc Hoël et tous ses hommes, Tristan fut des leurs, allèrent chasser dans les forêts à l'entour. Kaerdin menait le palefroi de sa sœur Iseult aux Blanches Mains. Mais voilà que son cheval bute dans une flaque d'eau et l'eau monte en gerbes et trempe les cuisses d'Iseult. Celle-ci éclate de rire et s'adresse à son frère:

— Mon frère, je ris car l'eau est plus hardie que ne le fut jamais mon époux Tristan.

Kaerdin va voir Tristan et lui dit :

— Je connais la vérité. Vous méprisez ma parenté. Sachez que je vous défierai.

Tristan rétorque :

— Je te dirai ma misère, je te dirai mon malheur ! Viens retirons-nous de cette chasse !

Ainsi firent-ils. Tristan longtemps lui raconte ses aventures, ses batailles, ses amours. Il confie son cœur et révèle ses secrets. Kaerdin sent sa colère tomber et se met à plaindre son pauvre ami.

Pendant ce temps, loin de là, Iseult la Blonde dépérit d'amour. Elle attend son Tristan jour et nuit. Or un jour arrive à la cour de Tintagel un riche comte, Keriado. Il est venu offrir ses services à la reine, car il aimait Iseult, bien que celle-ci rejetât ses avances. Keriado lui répète qu'il meurt d'amour pour elle et ajoute :

— Tristan votre ami a pris femme dans un autre pays. Il vous a oublié, dédaignant votre amour. Il est époux d'Iseult aux Blanches Mains, la fille du duc de Bretagne.

En Bretagne, Kaerdin comprit les tourments de Tristan et, après de longues discussions, il lui dit :

— J'ai pris conseil en mon cœur, je sais, mon ami que vous dites vrai. Je voguerai avec vous, pour aller retrouver votre Iseult la Blonde. Je suis votre pair et votre compagnon.

Tous les deux, accompagnés toujours par Gorneval, équipèrent une nef et voguèrent vers la Cornouailles. Arrivé à terre Tristan aperçut Dinas de Lidan, le sénéchal. S'étant reconnus tous les deux, Tristan ne manqua pas de demander des nouvelles de la reine. Dinas lui tint ses propos :

— J'ai des nouvelles rudes pour toi. Le roi aime et chérit son épouse. Alors pourquoi reviens-tu faire des misères à la reine. Laisse-la en paix !

Dinas les hébergea puis, muni de l'anneau de jaspe, il s'en fut au château du roi.

Ginas retrouve la reine à Tintagel. Elle aperçoit l'anneau et le prie de venir dans sa chambre.

Elle lui demande d'emblée :

— Vous avez vu Tristan ? Est-il vrai qu'il a pris femme en Bretagne ?

Il répondit :

— Hélas, on vous a dit vrai. Mais cependant il vous chérit plus que toute autre femme. Dans deux jours, en quittant Tintagel, il vous attendra dans un fourré d'épines.

Elle songea un moment puis dit :

— Rien, ni tour, ni château, ni défense ne pourront m'empêcher de voir mon ami.

Deux jours plus tard Tristan et ses amis se postent sur le chemin où doit passer le convoi du roi. Passent donc d'abord les chevaliers du roi, les gardes et enfin le convoi des femmes.

Enfin arrive Iseult la Blonde sur sa haquenée... mais diantre ! Il y a le félon Andret qui surveille les faits et gestes d'Iseult.

Tristan lance vers le ciel des chants d'oiseaux et de suite la reine reconnaît ce signal. Elle s'isole un peu et arrête son cheval. Elle caresse le chien près d'elle puis elle dit tout haut, afin que tout le monde entende :

— Oiseaux de ce bois, vous me réjouissez le cœur. Ce soir je resterai en mon château de Saint Lubin et si vous me suivez, je vous récompenserai richement ?

Quand passa le cortège royal, un chevalier, Bleheri reconnut les armes de Tristan au loin. Mais Tristan n'était pas là, seuls étaient présents Gorneval et l'écuyer de Kaherdin. A la vue de Bleheri ils s'enfuirent malgré les appels. Bleheri criait :

— Tristan, je te conjure, arrête ! Par le nom d'Iseult la Blonde.

Bleheri retrouva la reine à Saint Lubin et lui narra l'histoire, mais celle-ci le rabroua, arguant qu'il était impossible que Tristan fût présent en ces lieux. Voyant le courroux de la reine, Bleheri se retira avec tristesse, car il aimait beaucoup Tristan.

Iseult la Blonde en fut grandement malheureuse. Elle appela Perenis le Fidèle. Elle lui confie le récit de Bleheri et le charge d'aller trouver Tristan :

— Va trouver Tristan ! Tu lui diras que je ne le salue pas. Tu lui diras qu'il ne doit pas m'approcher, sans quoi je le ferai chasser.

Perenis se met en quête, trouve Tristan et lui délivre le message.

Tristan en fut tout marri et voulut s'expliquer. C'est à ce moment qu'apparaissent Gorneval et l'écuyer, ils racontèrent leur aventure. Tristan aussitôt chargea Perenis du message suivant :

— Retourne vite auprès de la reine et dis-lui que Tristan n'a pas failli à l'amour, ni à la loyauté. Je lui envoie mon salut et mon amour.

Dépitée cependant, Iseult ne croit pas le moindre mot et elle chasse Perenis. Elle lui reproche de s'être laissé charmé par Tristan et que tous les deux la trahissent.

Alors Tristan se déguise en lépreux et erre dans les rues de Saint Lubin, essayant de voir Iseult. Enfin elle quitte le château, nombre de gens l'accompagnent. Tristan, en lépreux, suit les gens, fait sonner sa crécelle et demande l'aumône.

La reine reconnaît Tristan. Avant que celui-ci ait pu dire le moindre mot elle ordonne à ses gens de chasser ce ladre. Tristan implore cependant :

— Reine, ayez pitié !

Iseult éclate de rire et s'enfonce dans le moutier. Mais tout à coup mal lui prend et elle s'effondre sur le sol. Elle apprit le lendemain que Tristan est parti, mort de douleur. Qu'il ne lui avait pas menti, qu'il la tenait pour unique amour en son cœur.

Dès lors elle porta un cilice en guise de repentir.

Tristan revint en Bretagne. Il fut accueilli dans la joie, mais l'amour et le dépit le rongeaient.

Tristan voulut mourir. Souffrir autant qu'il souffrait était déjà être mort. Alors un matin, sans prévenir qui que ce soit, il partit. Il se vêtit misérablement pour n'attirer l'attention de personne et il chemina jusqu'à la mer.

Une nef appareille. Les matelots déjà halent les voiles quand Tristan les interpelle pour demander leur destination.

— Nous allons à Tintagel ! lui cria-t-on.

Six jours plus tard la nef accoste à Tintagel. Tristan apprend que le roi Marc'h est au château et qu'Iseult, elle aussi, est présente, mais qu'elle est triste à mourir.

Il retourne, plus triste que jamais à Carhaix. Or en arrivant c'est la guerre qu'il rencontre. Bidalis et ses frères avaient attaqué Kaerdin. Tristan se jeta dans la bataille, tua les 7 frères, mais il fut blessé par une lance empoisonnée.

Le poison fait son effet. Personne ne peut guérir Tristan, tous les médecins sont impuissants. Il sentait la vie le quitter, il se lamente, il pleure. Mais Tristan se lève, il rassemble ses forces et dit à Kaerdin :

— Il faut que je revoie Iseult la Blonde. Il faudrait la prévenir et la faire venir. Mon ami, voudrais-tu te charger de cette mission ? Tu lui donneras cet anneau. Tu lui rappelleras le breuvage que nous avons bu sur le bateau. Assure-lui que je n'ai aimé qu'elle.

Mon ami, si au retour Iseult est avec toi sur la nef, hisse la voile blanche, dans le cas contraire, si tu étais seul, hisse la voile noire.

Kaherdin prit la mer au premier vent.

Cependant, Iseult aux Mains Blanches avait tout entendu. Elle devint furieuse et jalouse outrancièrement. Elle servit cependant Tristan comme si de rien n'était, mais elle était décidée à se venger un jour.

Kaerdin arrive chez la reine. Il déballe ses cadeaux et attire l'attention de la reine sur l'anneau de jaspe. Elle se crispe et semble en colère alors Kaerdin dit :

— Dame ! Tristan est blessé. Du poison le tue. Il va mourir. Il vous rappelle les grandes peines et les grandes douleurs vécues. Il vous remet cet anneau. Gardez-le !

Iseult pâlit. Elle dit avec les larmes aux yeux :

— Ami, je vous suivrai. Que votre nef appareille dès demain matin !

Or le félon Andret guettait toujours. Le lendemain matin, quand Iseult sort il se joint à elle. Arrivé au port Iseult demande innocemment quel est ce navire étranger qu'elle voit pour la première fois. Andret lui répond que c'est un marchand breton. Kaerdin s'approche de la reine et dit :

— Ne voulez-vous pas voir mes riches marchandises ? Montez donc à bord de ma nef !

Elle passe la planche et monte à bord. Andret veut la suivre, mais Kaerdin le frappe violemment de son aviron. Puis il frappe encore et crie:

— Voilà pour toi traître ! C'est le seul salaire que tu mérites !

L'ancre est levée, la nef bondit sur les vagues. A Carhaix Tristan attend avec fièvre. A tous les instants il envoie des gens guetter la nef... enfin, n'y tenant plus il se fait porter sur les falaises de Penmarc'h.

Tout à coup un orage se lève. Le vent fait rage, les vagues sont profondes. La nef est comme fétu de paille sur l'eau. Les marins baissent la voile et louvoient au gré de l'onde. Tout le monde panique, surtout Iseult qui craint de ne plus revoir Tristan. Elle gémit et se lamente et voudrait mourir si vraiment Dieu le veut. Elle espère seulement que Tristan se remettra de sa blessure. Ou alors qu'il meure et qu'elle meure avec lui.

Enfin, après quatre jours la tempête se calme. Tristan pourtant est dolent et sans force. Il retourne en son lit et attend des nouvelles. Iseult aux Blanches Mains arrive et lui dit :

— Kaerdin votre ami arrive, j'ai aperçu sa nef au loin.

Tristan pose mille questions pour être sûr que c'est Kaerdin.

Iseult aux Blanches Mains persiste et lui dit :

— Je l'ai vue la nef ! La voile était gonflée et le bateau cinglait vers le port.

— Et quelle était la couleur de la voile ?

— Elle est gonflée au vent, grande de taille et toute noire de couleur.

Tristan suffoque...trois fois il répète le nom de Iseult, à la troisième fois il rend l'âme.

Les gens apprenant la nouvelle pleurent toutes les larmes de leur corps. Iseult la Blonde avait débarqué et entendait dans les rues les plaintes et le glas qui sonnait. un vieillard lui dit :

— Dame ! Nous avons grand malheur. Tristan le preux est mort.

Iseult la Blonde en reste pétrifiée. Elle court en la demeure de Tristan et voit Iseult aux Mains Blanches qui pousse de grands cris auprès du cadavre. La Blonde s'approche. Elle invoque Dieu, puis elle s'allonge à côté de Tristan, elle colle sa bouche à la sienne et elle meurt aussitôt.

Le roi Marc'h apprit leur mort. Il vint en Bretagne et récupéra leurs corps qu'il enterra l'un à gauche, l'autre à droite d'une chapelle près de Tintagel. Durant la nuit, une ronce jaillit de la tombe de Tristan, passa au-dessus de la chapelle et s'enfonça dans la tombe d'Iseult la Blonde.

On eut beau couper cette ronce, elle repoussa toujours et Marc'h interdit de la couper.

Michel Cazenave

COMMENTAIRE EXPLICATIF

Tristan est le « héros » celtique par excellence. Il l'est au-delà même des limites géographiques, et c'est évident si l'on prend en compte les éléments mythologiques qui sous-tendent son aventure.

Le roi Marc'h doit son nom à *marc'h*, autrement dit, cheval en breton.

Bleunwenn (Blanchefleur en français) tout comme Brangwenn, la suivante et « double » d'Iseult, renvoie à la femme blanche (blanc se dit *gwenn* en breton).

Comment mieux indiquer, à travers cette blancheur de leur peau, qu'il s'agit en fait de créatures de l'Autre monde. Encore mieux : Marc'h et Bleunwenn sont frère et sœur.

Dans toutes les sociétés matrilinéaires, l'enfant n'est pas tant élevé par son père que par le frère de sa mère, et c'est à la cour de son oncle, après sept ans passés auprès de Roald-le-Foi-Tenant, que Tristan va trouver sa juste place.

Toujours est-il que, à la mort de Riwalen, et enceinte de lui, cette Bleunwenn va prendre la mer pour regagner son royaume. C'est en pleine mer qu'elle va accoucher de son fils, ce qui marque les rapports étroits de Tristan avec la mer. Orphelin de père et de mère, Tristan est élevé par le sénéchal de son père, Roald.

Au delà d'un celtisme évident, l'histoire de Tristan et d'Iseult est profondément ancrée dans l'imaginaire breton. Est-ce par hasard que l'on trouve une île Tristan au large de Douarnenez ?

Tristan est donc le fils de Bleunwenn, la sœur du roi Marc'h et de Riwalen, le roi de Loonois. Or, qu'est-ce que ce Loonois ? Traditionnellement, on a voulu y trouver un pays du sud de l'Ecosse, arguant que le nom de Tristan viendrait du picte Drystan. Dans son Lai du Chèvrefeuille, Marie de France prétend que notre héros aurait vu le jour en Galles du sud, ainsi de toute manière, Tristan est toujours d'origine celte. Mais aussi, Riwalen doit gagner Tintagel, par la voie maritime, alors que, s'il venait de l'Ecosse la voie de terre eût largement suffi. De même que Bleunwenn après la mort de son mari regagne son royaume par bateau. Ne serait-ce pas l'indication qu'il faut traverser la mer, et que le Loonois n'est autre que le Léon, l'une des neuf provinces bretonnes, au nord-ouest de la péninsule armoricaine ? Qu'il relève de cette Bretagne continentale où Tristan va finir par mourir, comme si, de sa naissance à sa mort, notre héros était allé de Bretagne en Bretagne ?

Tristan est un héros, aussi est-il le seul à pouvoir affronter Morc'holt et le vaincre, non sans en être blessé à mort. Et le voilà pantelant sur la grève, attendant que la camarde s'empare de lui. A sa demande, on le lâche sur les flots, dans une embarcation sans rames ni voile, accompagné de sa seule harpe. Après sept jours de « navigation à l'aventure » il échoue sur les côtes... de l'Irlande où il sera soigné et guéri par la jeune Iseult, toute ignorante de qui elle s'occupe de la sorte.

C'est en bateau que Tristan amène Iseult à Tintagel , et sur cette nef va se produire la trop célèbre scène du « philtre ». Tristan et Iseult boivent en effet un « philtre », c'est-à-dire une boisson qui subjugue leur volonté, alors que, dans les textes que nous possédons, il s'agit en fait d'un vin herbé, c'est à dire un vin mélangé de ces herbes que la mère d'Iseult est allée cueillir et qui doit révéler toute la force de l'amour qu'il porte en lui, à celui qui en aura bu.

Suite à une méprise, Tristan et Iseult en boivent tous les deux à la suite et se retirent incontinent sous la tente où ils vont, sans attendre, se connaître très... bibliquement.

C'est bien là que gît désormais tout le ressort de l'histoire : comment Tristan et Iseult vont-ils pouvoir mener leur amour « coupable » sans éveiller les soupçons ? On connaît à ce sujet la manière dont ils trompent le roi caché dans son pin, mais que, à la faveur de l'eau qui le reflétait, Iseult a bien aperçu, jusqu'au jour où le nain Frocin les piège grâce à de la fleur de farine, et où Marc'h doit se rendre à l'évidence : son neveu si chéri et sa femme le trompent dans son dos.

Alors, puisqu'il ne peut décemment pas faire autrement aux yeux du monde, le roi condamne les « adultères » – et singulièrement Iseult. Il la livre à une troupe de lépreux, et la lèpre, à l'époque, est tenue pour un « mal sacré » qui signe l'état de péché grave. Là-dessus,

Tristan peut s'échapper et délivre son amante, et ils vont se réfugier dans la forêt du Morois où ils vivront trois ans en harmonie avec la nature.

Iseult est revenue chez le roi. Toutefois, à l'instigation des barons jaloux, ces nobles détracteurs, le roi Marc'h ne se trouve jamais en paix, les doutes le rongent et il a beau « exiler » Tristan, il pense bien que son neveu mène toujours sa joie avec la Reine, jusqu'à ce qu'Iseult, s'engage dans un serment qui devrait définitivement la disculper.

Ce que l'on dénomme le « serment ambigu »... Prononcé, comme le veut le siècle, sur les plus saintes reliques, et auquel on va « convoquer » Arthur, le Haut-Roi des deux Bretagnes, pour le rendre encore plus solennel – et du coup, d'autant plus convaincant !

Le serment ambigu... Pour accéder à la terre où doit avoir lieu « l'épreuve de Dieu », il faut traverser en effet une tourbière si nauséabonde que seul Tristan déguisé en lépreux, et secrètement appelé en renfort par Iseult, est volontaire pour porter la reine d'une rive à l'autre. Iseult jure sur les reliques les plus sacrées que nul homme ne l'a jamais tenue entre ses bras hormis mon mari le roi Marc'h... et ce pauvre lépreux qui lui a fait passer la fange. Le roi Arthur authentifie le serment d'Iseult de son approbation muette.

On comprend qu'on le nomme le « serment ambigu ».

Blason de Tristan
De sinople au lion d'or,
armé et lampassé
de gueules.

Devise : Evit Isold eo
(C'est pour Iseult)

Dahut, la ville d'Is et la malédiction

Au Ve siècle la Bretagne était divisée en trois royaumes : la Domnonée (approximativement la moitié nord de la Bretagne, de la pointe Saint Mathieu à Saint Malo), le Bro-Ereg (pays vannetais) et la Cornouaille. Le roi Gradlon règne sur la Cornouaille. Il possède une flotte hautement efficace qui lui permet de mener riche négoce et de se défaire de tous ses ennemis, jusqu'au jour où il se met en tête de conquérir les terres du Nord.

Après divers combats, Gradlon s'en vient mettre le siège devant la plus importante ville du Septentrion, défendue par une énorme forteresse tout au fond d'un fjord. Devant l'inutilité de ses efforts, et les saisons s'écoulant, ses marins décident un beau jour de l'abandonner et de retourner en Bretagne.

C'est alors que Gradlon rencontre un soir, serrée dans une armure qui resplendit aux rayons de la lune, la reine Malgwenn. Elle est aussi rousse qu'un feu du solstice. Elle l'attend au pied des remparts de la cité, et lui déclare d'emblée son amour.

Gradlon tombe aussitôt amoureux de la reine[1]. Celle-ci lui propose un étrange marché : comme son mari est vieux et que

1. Comme dans nombre d'histoires celtes, chez Diarmait et Grainne par exemple, ou comme dans les tragiques amours de Deirdre pour Noise, c'est la femme qui a l'initiative, c'est elle qui se déclare et jette son dévolu sur celui qu'elle élit et l'homme ne fait rien que lui répondre.

son épée est toute rouillée, et comme Gradlon est courageux et fort, pourquoi le roi breton ne tuerait-il pas l'époux sénile en mettant fin du même coup à toute résistance de la part de la cité ?

Gradlon s'exécute, il s'empare du trésor de l'ancien roi et Malgwenn lui « appartient » désormais, selon les lois de ce monde. C'est alors que tous deux enfourchent Morvarc'h, le « cheval de la mer ».

Morvarc'h, à travers les embruns, et par-dessus la tête de ces vagues qu'effleurent tout juste ses sabots, emmène les deux amants vers la flotte royale qui n'est pas encore si loin – et leur permet de se retrouver sur le « navire amiral » où ils vont désormais mener leur courtise et leur joie. Des mois et des mois de navigation et arriva ce qui devait arriver : Malgwenn met au monde un enfant.

Le destin ne prévient pas et pèse sur les vies. Ainsi Malgwenn ne se relèvera pas de son accouchement. Un mal étrange la ronge et elle meurt peu de temps après dans les bras de Gradlon.

Celui-ci ne s'en remettra jamais. Il va jusqu'à prier l'Océan pour la résurrection de sa femme, mais en vain.

Dahut, ou Ahès[2], fille aux « cheveux d'or » va peu à peu grandir « en usage et raison ». Elle ressemble à sa mère dont, à part les cheveux, elle est le portrait fidèle ce qui explique pourquoi son père le roi tient tant à elle et lui est si attaché, jusqu'au fond de sa peine et de sa tristesse… Ne nous est-il pas rapporté que Gradlon avait l'habitude de jouer avec les longues boucles des cheveux blonds de sa fille.

2. Ainsi a-t-elle donné son nom à Carhaix/Karaez : Ker-Ahes, la ville d'Ahès.

Dahut arrive lentement à sa majorité. Consciente de ses origines, hantée par le souvenir du « pays » où elle a vu le jour, la ramenant ainsi à sa propre lumière et affirmant ce qu'elle est en réalité, confrontée à la prédication prosélyte des représentants de la nouvelle religion chrétienne[3], Dahut demande à son père, qui ne sait rien lui refuser, de bâtir dans la baie de Douarnenez une cité marine, défendue par de fortes murailles contre l'envahissement de l'océan, où elle pourra désormais mener sa vie comme elle l'entend[4].

Dahut va se « fiancer » avec cet océan qui, dans sa force et sa brutalité, est comme la partie masculine de son pouvoir d'origine. Ne raconte-t-on pas que, le soir, les pêcheurs de la baie apercevaient sur la plage une jeune femme qui chantait tout en peignant ses longs cheveux blonds ?

Et que chantait-elle ? Elle chantait son désir de connaître enfin l'amour, corps et âme dans une submersion des vagues qui traduirait cette étreinte qu'elle appelait de ses vœux.

Cette chanson, la voici :

« Océan, mon océan,
Roule-moi sur le sable
Puisque je te suis promise.
Océan, mon océan,
Je suis née sur la mer,
Je suis fille des embruns
Et de l'écume des flots.
Océan, bel océan,
Fais accoster chez moi

3. Particulièrement de celui qui deviendra plus tard saint Gwenolé, abbé du monastère de Landévennec.

4. La ville d'Is , en breton Ker Is, vient de Ker Izel, qui veut dire la « ville basse ».

De beaux marins que je te rendrai un à un.
Océan, mon bel océan,
Roule-moi sur le sable,
Je te suis promise ! »

Gwenolé, moine missionnaire dont la tolérance et l'esprit d'ouverture vis-à-vis de la religion celtique n'était pas la vertu première, ne peut supporter tout cela. Il menace la princesse et sa ville qu'il considère comme un lieu de toutes les perditions. Dahut, va demander conseil et renfort aux « vierges de l'île de Sein », prêtresses de la religion celtique.

Dahut est libre de ses mœurs. Chaque nuit elle s'égaie avec un nouvel amant, quitte à le faire mourir au matin sous l'effet d'un masque magique qui, en se rétrécissant l'étouffait peu à peu en attendant qu'un cavalier vienne charger le corps pour s'en débarrasser dans l'océan, au-delà de la baie des Trépassés.

Ainsi l'océan ne pouvait être jaloux, on lui faisait l'hommage de ceux qu'il avait emmenés dans la ville, et Dahut tenait sa promesse de lui « rendre un à un les beaux marins » qu'il avait dirigés vers elle .

Un beau jour, l'un des amants de la belle Dahut, se trouva être le Diable en personne – tout de rouge vêtu comme il se devait, et tout crochu de ses doigts pour pouvoir encore mieux s'emparer de ses futures proies.

Dahut ne s'en aperçut pas, aussi n'en fut-elle pas effrayée. Mais, dans le courant de la nuit, alors qu'une tempête s'était levée et faisait rage sur les toits de la ville, son amant lui réclama la clé de l'écluse qui protégeait Is des tourmentes de l'océan. Dahut répondit que, hélas ! c'était son père le roi Gradlon qui la possédait, et qu'on ne pouvait la lui enlever puisqu'il la portait au bout d'une chaîne qui entourait son cou.

Le Diable lui murmura :« Eh bien ! le roi dort en ce moment. Il suffit que tu te glisses auprès de lui, et ce sera un jeu d'enfant pour toi que de lui dérober cette clé sans qu'il s'en aperçoive, et de m'en faire présent. »

Dahut obéit et se rend dans la chambre de Gradlon, lui subtilise la fameuse clé qu'elle remet à son amant qui n'a rien de plus pressé que d'ouvrir l'écluse qui protège la ville du raz de marée et de l'énorme vague qui menace de l'emporter : Is est la proie de cette entreprise démoniaque, et Dahut doit s'enfuir avec son père soudain réveillé.

Et ils s'enfuient sur le dos de Morvarc'h, le cheval qui court sur les flots. Morvarc'h qui les prend en croupe comme il avait enlevé autrefois Gradlon et la mère de Dahut pour leur faire parcourir la mer. Mais, en ce moment, Morvarc'h est d'un noir absolu, n'est-ce pas le signe qu'il est lié au Royaume des Ténèbres ? et s'il souffle le feu par ses naseaux, ne serait-ce pas la preuve de son intime parenté avec le feu de l'Enfer ?

Gwenolé ne peut supporter le sauvetage conjoint du père et de la fille[5], de cette Dahut qui porte avec elle la résistance à ses sermons, et que, s'il est prêt à pardonner au père, il lui faut à tout prix se défaire de la jeune femme[6] : d'un coup de crosse il abat cette dernière et la fait tomber à jamais dans les remous déchaînés de la mer.

---

5. Gradlon survit à la disparition de sa cité et va fonder la ville de Quimper/Kemper où il intronisera saint-Corentin, le premier évêque de Cornouaille. On peut toujours admirer dans cette ville la statue du roi Gradlon entre les deux flèches de la cathédrale qui regarde avec nostalgie du côté de Douarnenez.

6. On peut admirer au musée de Quimper le tableau d'Evariste Vital Luminais où l'on voit Gradlon et sa fille détaler sur les flots, juste avant que Gwenolé ne repousse la princesse.

Dahut échappe à la noyade et se rend dans les bois qui couvrent les monts d'Arrée, dans la région de Carhaix. Elle y consulte le Diable, facilement reconnaissable à ses cornes[7].

Il lui promet son intervention, mais à peine Dahut est-elle rentrée chez elle que l'océan en furie a fini par submerger la ville qui, grâce à la protection dont elle jouit, ne peut pourtant pas disparaître. D'aucuns prétendent que l'on aperçoit encore de nos jours, parfois, tout au fond de l'eau, le clocher de la ville submergée conservé intact malgré les années qui passent.

Happée par les flots, la princesse d'Is se transforme en Marie Morgane, c'est-à-dire en une sirène qui n'a de cesse d'attirer les pauvres hommes et spécifiquement les marins de Douarnenez, dans ses demeures maritimes.

Et certains soirs, en vous promenant sur les grèves, vous verrez Dahut, peignant ses cheveux blonds en invoquant l'océan dont elle est l'éternelle fiancée…

Si vous écoutez bien vous entendrez ainsi :

« Gwelet teus morverc'h, pesketour,
O kribañ he blev melen aour
Dre an heol splann, e ribl an dour ?

Gwelout a ri ar morverc'h wenn,
Me c'hlevis o kanañ zoken
Klemvanus ton ha kanaouenn…

As-tu vu la fille de la mer, pêcheur,
Qui peignait ses cheveux blonds
En plein soleil, sur le bord de l'eau ?

---

7. On peut supposer qu'il s'agit du dieu celtique Cernunnos, dont les bois de cerf se prêtaient si facilement à ce genre d'interprétation.

J'ai vu la blanche fille de la mer,
Je l'ai même entendue entonner
Des chants d'une mélodie mélancolique »

Grâce aux sortilèges du dieu cornu, Is n'est certainement pas « morte », et si un jour quelqu'un l'apercevait et arrivait à s'y rendre, la cité réapparaîtrait en libérant du même coup toutes les âmes de l'Anaon, le pays des défunts.

Et parfois, lorsque le temps le permet, on peut entendre le bruit des cloches qui monte de la ville engloutie.

À la fin du XIXe siècle, une aventure insolite est arrivée à l'équipage d'un bateau de pêche. Des marins de Douarnenez péchaient la nuit dans la baie, au mouillage.

La pêche terminée, ils voulurent lever l'ancre. Mais tous leurs efforts réunis ne purent la ramener. Elle était accrochée quelque part. Pour la dégager, l'un d'eux, hardi plongeur, se laissa couler le long de la chaîne. Quand il remonta, il dit à ses compagnons :

— Devinez en quoi était engagée notre ancre ?

— Hé ! Fidandoue ! Dans quelque roche.

— Non. Dans les barreaux d'une fenêtre.

Les pêcheurs crurent qu'il était devenu fou.

— Oui, poursuivit-il, et cette fenêtre était une fenêtre d'église. Elle était illuminée. La lumière qui venait d'elle éclairait au loin la mer profonde. J'ai regardé par le vitrail. Il y avait foule dans l'église. Beaucoup d'hommes et de femmes avec de riches costumes. Un prêtre se tenait à l'autel. J'ai entendu qu'il demandait un enfant de chœur pour lui répondre la messe.

— Ce n'est pas possible ! s'écrièrent ses camarades.

— Je vous le jure sur mon âme !

MOSNIER

Il fut convenu qu'on irait conter la chose au recteur (curé).

Ils y allèrent en effet.

Le recteur dit au marin qui avait plongé.

— Vous avez vu la cathédrale d'Is. Si vous vous étiez proposé au prêtre pour lui répondre sa messe, la ville d'Is toute entière serait réssucitée des flôts et Paris aurait été détruite[8].

Delenda est Lutecia ?

Et non loin de Douarnenez, on trouve toujours un lieu qui s'appelle Pouldavid, ce qui n'est évidemment qu'une déformation de Poull Dahud – la « Marre de Dahut ». Et ne prétend-t-on pas, parfois, que l'île Tristan ne serait rien d'autre que la partie émergée de la ville d'Is.

Michel Cazenave

8. Paris, en breton « par Is » signifie « semblable à Is ».

La légende de l'Hermine

Le 22 février 1327 restera pour les Bretons une date mémorable, non pas qu'il y eût un événement important, mais l'histoire eût été oubliée depuis longtemps si le duc Jean III n'en avait fait cas. L'hiver avait été particulièrement rude. La campagne bretonne était enneigée depuis plus d'une semaine. Or ce jour-là, en l'an de grâce 1327, le duc était à la chasse avec sa cour. Tout ce beau monde avait passé la nuit, et donc la soirée, au château du seigneur de Bruc. Les cavaliers, enhardis par le froid matinal, débouchèrent des bois sur une prairie en pente, au lieu-dit : le Tahun en Guénouvry[1]. Au bas coulait un petit ruisseau, affluent du Don et là, spectacle étonnant, un groupe de paysans, armés de fourches et de piques, acculaient une hermine qui leur faisait face, le dos au ruisseau boueux. Ce faisant, le duc accourut pour s'enquérir de la situation.

— Hola, braves gens, que se passe-t-il donc ? Est-ce cette hermine qui provoque votre courroux ?

— Assurément mon seigneur ! On tient à nos poules et à nos lapins, et cette belette en fait grand carnage.

— Et vous l'avez surprise égorgeant vos lapins ?

— Dame non, mon seigneur ! Mais on préfère prendre les devants.

---

1. Actuellement, dans la commune de Guéméné-Penfao (44).

— Autrement dit, elle ne vous a rien fait ?

— Pas encore, c'est vrai.

— C'est bien ce que je pensais et cette bête est une hermine, non pas une belette. Les deux se ressemblent, certes. Mais voyez vous-mêmes, elle est toute blanche et le bout de sa queue est noir. Je vous le demande, laissez-lui la vie sauve.

Les Bretons, peuple rebelle par nature, respectaient leur souverain, non pour son titre, mais pour ce qu'il était, courageux, honnête et juste. D'ailleurs Jean III n'était-il pas surnommé Jean III le Bon ? Comme le duc leur avait demandé, les paysans laissèrent partir l'hermine, trop heureuse de s'en tirer à si bon compte.

Sur le chemin du retour, le duc était songeur, une hermine sait très bien nager, il lui aurait suffi de traverser le ruisseau et d'atteindre l'orée de la forêt à 300 toises tout au plus (environ 150 mètres). Pourtant, elle ne l'a pas fait, préférant faire face aux paysans alors qu'elle n'avait aucune chance. La seule explication plausible, c'est que l'hermine ne voulait surtout pas salir sa fourrure blanche immaculée. Elle préférait mourir.

Suite à ce petit événement, l'hermine devint le symbole de la Bretagne, le blason un champ d'hermines plain qu'on trouve en quartier sur le gwenn ha du, le drapeau breton actuel. La Bretagne y trouva aussi sa fière devise : *Kentoc'h mervel eget bezañ saotret,* plutôt la mort que la souillure[2]. On y verra, par extension le refus de toute soumission.

Les Allemands avaient leur aigle, les Flamands leur lion, les Français leur lys, les Gallois leur dragon rouge. L'hermine de

2. En latin : « potius mori quam foedari ».

Bretagne prenait ses quartiers de noblesse dans le concert des nations européennes.

Témoignage recueilli auprès
de Christiane Culo-Orain
le 19 août 1972.

COMMENTAIRE EXPLICATIF

Ce témoignage nous a semblé très intéressant car il a été transmis de génération en génération et surtout, il correspond à l'Histoire, en effet, c'est bien le Duc Jean III dit « Le Bon » qui a adopté le champ d'hermines plain comme armoiries du duché. Sa mort sans héritier déclencha la guerre de succession de Bretagne (1341-1364), les deux camps arboraient la bannière herminée, notamment à la bataille d'Auray (1364). Défaite des Bretons pro-français, Charles de Blois y est tué et du Guesclin y est capturé.

Dans la plupart des textes cette légende est attribuée à la Duchesse Anne, or celle-ci est née en 1477, soit 150 ans après l'utilisation du blason herminé, choisi comme symbole pour la Bretagne.

Le Combat des Trente

La Bretagne vit des moments noirs et douloureux. Le 30 avril 1351, duc Jean III meurt sans désigner de successeur. Deux de ses proches parents s'affrontent comme prétendants au trône ducal : Jeanne de Penthièvre, épouse de Charles de Blois appuyée par la France, et Jean de Bretagne, comte de Montfort, marié à Jeanne de Flandre, soutenu par l'Angleterre. La Bretagne était donc divisée en deux camps.

Dans le pays de Ploërmel, dominé par les partisans de Charles de Blois, on signa une trêve dite de Malestroit, mais cependant les Anglais, sous le prétexte de soutenir le comte de Montfort rançonnaient et pillaient la région. Les villages qui ne pouvaient pas les payer étaient détruits, incendiés et saccagés.

Le Roi de France, Philippe de Valois, mourut en 1350. C'est le duc de Normandie qui lui succéda sous le nom de Jean II dit le Bon, laissant, comme son père, les deux partis de Blois et de Montfort ensanglanter la Bretagne.

C'est alors qu'eut lieu le fameux combat des Trente, qu'on peut regarder comme le résumé de toutes ces guerres héroïques.

Compatissant pour les hommes de paix au milieu des brutalités de la guerre, Thomas d'Agworth avait convenu avec les principaux chefs franco-bretons qu'on respecterait de part et d'autre les travaux, les maisons et les personnes des laboureurs et des commerçants, mesure nécessitée, d'ailleurs, par la famine, qui menaçait de devenir permanente en Bretagne. Mais d'Agworth fut tué par le transfuge Cahours. Aussitôt le capitaine anglais Bembroug, commandant au nom du Roi d'Angleterre Edouard III et de Jean de Montfort, vengea la mort de son compatriote en portant, au mépris des conventions et des trêves, le fer et le feu dans tout le pays. Le maréchal Robert de Beaumanoir, gouverneur de Josselin pour Charles de Blois, et qui joue dans toute cette histoire le plus noble rôle, demanda un sauf-conduit à Bembroug pour aller parlementer avec lui. Il l'obtint et se rendit à Ploërmel. Sur la route, il rencontra des paysans traînés par des soldats anglais, les fers aux mains et les entraves aux pieds, attachés par deux ou par trois comme des bêtes de somme. Ému de pitié et d'indignation, Beaumanoir reprocha vivement à Bembroug cette violation des traités. Bembroug lui répondit en le sommant de se taire et le menaça de voir bientôt Montfort maître de toute la Bretagne, et les Anglais maîtres de toute la France.

— Bercez-vous d'un autre rêve, reprit fièrement Beaumanoir, et délivrez d'abord ces prisonniers.

— Pour commander ainsi aux Anglais, s'écria Bembroug, il faudrait d'autres hommes que des Bretons.

— Eh bien, dit Beaumanoir, choisissez un lieu et un jour afin que les guerriers seuls portent le poids de la guerre, prenez trente Anglais, je prendrai trente Bretons, et nous verrons qui a meilleur cœur et meilleure cause.

Bembroug accepta le défi. Rendez-vous fut pris pour le samedi suivant au chêne de la Mi-Voie, dans les landes de La Croix-Helléan, entre Ploërmel et Josselin, et chaque capitaine s'occupa de choisir ses compagnons.

Ceux de Beaumanoir furent les chevaliers de Tinténiac, Guy de Rochefort, Yves Charruel, « homme de très grande stature, excédant la commune proportion des hommes », Robin Raguenel, Huon de Saint-Yvon, Caro de Bodegat, Olivier Arrel, Geoffroi du Bois, Jehan Rousselot, et les écuyers Guillaume de Montauban, Alain de Tinténiac, Tristan de Pestivien, Alain de Keranrais, Olivier de Keranrais, son oncle, Louis Goyon, Geoffroi de La Roche, Guyon de Pontblanc, Geoffroi de Beaucorps, Maurice du Parc, Jehan de Serent, de Fontenay, Hugues Capus, Geoffroi Poulard, Maurice et Geslin de Trésiguidy, Guillaume de La Lande, Olivier de Monteville, Simon Richard, Guillaume de La Marche et Geoffroi Mellon.

Bembroug ne put trouver dans sa troupe que vingt Anglais dignes de sa confiance, il y joignit six Allemands ou Flamands, et, selon Dom Morice et Dom Lobineau[1], quatre Bretons du camp des Montforts.

Voici les noms de ces trente guerriers :

Chevaliers : Robert Knoles, Hervé de Lexualen, Richard de La Lande, Thomelin Billefort, Thomelin Walton, Hue ou Hugues de Caverley.

Écuyers : Jean Plesanton, Richard le Gaillard, Hugues son frère, Hucheton de Clamaban, Repefort, Hennequin de Guenchamp, Hennequin Herouard, Hennequin Le Maréchal, Boutet d'Aspremont.

Gens d'armes : Croquart, le célèbre aventurier, Gauthier l'Allemand, Bobinet Melipars, Ysannet, Jean Roussel d'Agworth, neveu de Thomas d'Agworth, Hulbitée, Helcoq, Helichon le Musard, Troussel, Robin Adès, Perrot de Gannelon, Guillemin le Gaillard, Raoul Prévot et d'Ardaine.

---

1. Moines bénédictins du XVIIIe et historiens de la Bretagne.

Le jour venu, chefs et champions entendirent la messe et se rendirent au rendez-vous. Ils étaient armés de lances, d'épées, de poignards, de haches, de fauchards (ou sabres recourbés), de brancs d'acier et de maillets de fer. Le maillet de Billefort pesait, dit-on, vingt-cinq livres. Clamaban portait une faux, tranchante d'un côté et garnie de crochets de fer de l'autre. On voit que la plupart de ces armes étaient faites pour un combat à pied, combat que les chevaliers de ce temps préféraient d'ailleurs, particulièrement en champ clos. Aussi tous, et d'un même accord, descendirent-ils de cheval en arrivant sur le pré. Il est à présumer, cependant, que chacun demeura libre de reprendre sa monture, car on va voir un des Bretons user de ce droit, et personne ne lui en a fait un reproche.

— Une infinité de noblesse était venue là, dit d'Argentré[3], exprès, sous sauf-conduits, pour assister à ce grand spectacle. Les acteurs défendirent aux spectateurs d'intervenir en aucune façon, ni pour ni contre qui que ce fût. Et les deux bataillons se mirent en ligne.

Les harangues faites de part et d'autre, Bembroug eut un scrupule, malgré la prophétie de Merlin[2] qui lui promettait la victoire. Il proposa à Beaumanoir de remettre la partie, pour obtenir l'autorisation de leurs princes respectifs. Mais les Bretons répondirent tous d'une voix que ce serait prêter à rire aux assistants, et le signal du combat fut donné.

Au premier choc, les Bretons eurent le désavantage. Yves Charruel fut pris, Geoffroi Mellon mordit la poussière,Bodegat, Rousselot et Pestivien reçurent des blessures graves.

---

2. Lire à ce sujet *Enquêtes sur les prophéties de Merlin* de J.P. Le Mat chez le même éditeur.

3. Bertrand d'Argentré (1519-1590), historien breton.

Loin de perdre courage, Beaumanoir et les siens multiplièrent leurs coups. Les armes jettent des éclairs. La terre tremble sous les pieds des combattants. La sueur et le sang coulent à longs flots. Chaque tourbillon de poussière cache un duel à mort. Exténués enfin, à bout de force et d'haleine, les deux partis s'arrêtent pour se reposer et se rafraîchir.

Les Bretons n'étaient plus que vingt-cinq contre trente. Beaumanoir les ranime du geste et de la voix…

— Je me battrais mieux si j'étais chevalier, dit Geoffroi de La Roche.

— Eh bien ! tu vas l'être, répond le maréchal.

L'écuyer dépose les armes et se met à genoux. Son parrain lui rappelle les hauts faits de ses aïeux, surtout de Budes de La Roche, son père, fléau des Sarrasins d'Orient. Puis il lui donne l'accolade et lui remet ses armes. Geoffroi se relève chevalier. Le combat recommence.

Bembroug fond sur Beaumanoir, le saisit à bras-le-corps et lui crie :

— Rends-toi, Robert ! Je ne te tuerai pas. Je te donnerai en présent à ma mie.

— C'est ta mie qui sera mienne ce soir, répartit le maréchal en se défendant avec vigueur.

Aussitôt Alain de Keranrais et Geoffroi du Bois viennent à son aide. D'un coup de lance, le premier renverse Bembroug. Le second lui passe son épée au travers du corps. L'intrépide Croquart devint du coup le chef de la troupe anglaise.

— Tenez ferme, compagnons ! s'écrie-t-il, c'est moi qui vous commande à présent. Nos épées valent mieux que les prophéties de Merlin.

Les rangs se resserrent, et la mêlée redevient furieuse. Délivrés par la mort de Bembroug, les prisonniers bretons rentrent dans la lice. D'Agworth et deux Allemands tombent sous leurs coups. Croquart, Caverley, Knoles et Belifort vengent leurs camarades en blessant Beaumanoir. Vaincu par la chaleur, la fatigue et l'inanition (le maréchal avait pieusement jeûné), couvert de sueur, de poussière et de sang, Beaumanoir éperdu demande à boire.

— Si tu as soif, bois ton sang, Beaumanoir ! lui répond une voix bretonne (Voix de Tinténiac selon les uns, de Geoffroi du Bois selon les autres).

A ce mot sublime, le maréchal retrouve son énergie et retombe comme la foudre sur les Anglais. Cependant rien ne pouvait ouvrir les rangs de ceux-ci, serrés comme une côte de mailles de fer, lorsque Guillaume de Montauban, qui respirait à l'écart, chausse ses éperons, s'élance sur son cheval et fait semblant de fuir.

— Ah ! Mauvais écuyer, lui crie Beaumanoir, cette lâcheté déshonore à jamais ton nom.

— Tiens bon de ton côté, répond Montauban, je vais besogner du mien.

Et, lançant son cheval au plus fort des ennemis, il rompt leur bataillon, les culbute les uns sur les autres, et assure la victoire à ses compatriotes.

La meilleure partie des Anglais resta sur le champ de bataille, avec quatre Bretons du camp Monfort. Knoles, Caverley, Belifort, Croquart rendirent les armes. Ce dernier fut proclamé le meilleur combattant parmi les vaincus. Tinténiac le fut de même parmi les vainqueurs. « Beaumanoir, bois ton sang ! » resta le cri de guerre des Beaumanoir. Célébré par les poètes, chanté par les ménestrels, représenté sur les tapisseries, le combat de la Mi-Voie devint si fameux qu'on disait un siè-

cle après, en parlant des plus belles batailles : « On s'y battit comme au combat des Trente. »

Attesté par les historiens bretons et français, le combat des Trente a acquis l'immortalité de l'histoire par les deux monuments que nous allons religieusement transcrire.

Non ! le sévère et pieux Beaumanoir n'alla point provoquer Bembroug seulement pour voir lequel avait plus belle mie, à moins qu'il ne fût question de Jeanne de Penthièvre et de Jeanne de Montfort dite Jeanne la flamme, invoquées alors par leurs partisans respectifs. Qui ne sait, d'ailleurs, que de pareilles expressions étaient une formule générale du temps, que les chevaliers exécutaient au nom d'une dame souvent imaginaire leurs plus grandes et leurs plus saintes entreprises, que les princes eux-mêmes et les connétables se disputaient sur la couleur d'un ruban, tout en jouant le sort de leurs armées et de leurs peuples ? Quel qu'ait été, dans sa forme, le défi du maréchal de Beaumanoir, son intention réelle et celle de ses compagnons fut de punir la violation d'un pacte sacré, de venger les campagnes et les populations bretonnes ravagées et rançonnées, incendiées et massacrées par des brigands que leur propre parti désavouait, ou plutôt qui n'appartenaient réellement à aucun parti. Unis dans le fond de l'âme au milieu de leurs dissensions extérieures, tous les vrais Bretons protestèrent, par l'épée des Trente, contre les excès de la domination anglaise et, si la victoire de la Mi-Voie ne put terminer une guerre interminable, elle eut du moins pour effet de relever les espérances patriotiques en humiliant l'arrogance des étrangers. Le coup qu'elle leur porta fut si violent et si efficace, qu'après treize années de séjour en Bretagne ils en gardaient encore la marque, et que le triomphe éclatant de Jean de Monfort à la bataille d'Auray[2], le 29 septembre 1364, ne put les maintenir au pays des Beaumanoir et des Tinténiac.

Et voilà sans doute la cause du silence de tous les historiens anglais sur le combat des Trente. On dirait qu'ils ont essayé de l'effacer de leurs annales, tant ils le jugeaient fatal à leur nation ! Honneur donc et honneur éternel aux héros bretons de la Mi-Voie !

Pitre-Chevalier

---

2. La victoire de Jean de Montfort donna le trône ducal à la dynastie des Montforts qui le consolidèrent et qui furent à l'origine d'un essor sans pareil de l'Etat breton. Ils maintinrent l'indépendance du pays et duché de Bretagne jusqu'à la défaite bretonne de Saint-Aubin du Cormier (1488), qui trouvera sa conclusion dans le Traité d'Union de 1532. Ce dernier marque la fin de la Bretagne indépendante.

COMMENTAIRE EXPLICATIF

Entre Ploërmel et Josselin, on pénètre dans une aride et vaste lande, tapissée de cette rude bruyère d'Armorique dont la fleur rend à peine une étincelle rouge aux plus vifs rayons du soleil. Au centre de cette lande, à égale distance des deux cités, s'élevait autrefois le chêne séculaire qui avait ombragé les champions de la Mi-Voie. Vers la fin du XVIe siècle, la cognée de la Ligue du Duc de Mercœur jeta par terre ce vieux témoin du combat des géants. Bientôt après, une croix de pierre remplaça le chêne. Élevée au bord même de la route, elle disait au passant de se découvrir et de prier. Elle fut abattue une première fois en 1775, mais, sur la demande de M. Martin d'Aumont, les Etats de Bretagne la relevèrent et gravèrent sur sa base cette inscription, rapportée par Ogée :

A LA MÉMOIRE PERPÉTUELLE DE LA BATAILLE
DES TRENTE, QUE MONSEIGNEUR LE MARÉCHAL
DE BEAUMANOIR. A GAGNÉE EN CE LIEU,
LE XXVII MARS, L'AN MCCCLI.

A l'instar des djihadistes de Daech, les révolutionnaires parisiens de 1793, non moins fanatiques, se flattèrent d'anéantir le souvenir des Trente avec le signe qui le consacrait. Mais le souvenir ressuscita glorieux pendant que la Révolution périssait d'elle-même.

En 1811, le conseil d'arrondissement de Ploërmel demanda qu'une allocation de six cents francs, prise sur les centimes additionnels, fût consacrée à l'érection d'un monument en l'honneur des combattants de la Mi-Voie. Le Conseil général du Morbihan applaudit à cette idée et vota pour le même projet la somme de deux mille quatre cents francs. Le 11 juillet 1819, la première pierre fut posée par le comte de Coutard, lieutenant général, commandant la treizième division militaire, par M. de Chazelles, baron de Lunac, préfet du Morbihan, et par M. Piou, ingénieur en chef au corps royal des ponts et chaussées. M. de Bausset-Roquefort, évêque de Vannes, donna la bénédiction.

Ce monument, que chacun peut voir aujourd'hui, est un obélisque haut de quinze mètres : large à sa base d'un mètre soixante centimètres, et d'un mètre à son sommet. Formé d'assises de granit ayant chacune soixante centimètres, il occupe le centre d'une étoile plantée de pins et de cyprès, dont la plus grande largeur est d'environ cent quarante mètres.

Sur la face de l'est on lit ces mots :

SOUS LE RÈGNE DE LOUIS XVIII,
ROI DE FRANCE ET DE NAVARRE,
LE CONSEIL GÉNÉRAL DU DÉPARTEMENT
DU MORBIHAN A ÉLEVÉ CE MONUMENT
A LA GLOIRE DES XXX BRETONS.

La face de l'ouest porte la même inscription traduite en breton.

> DA VARE REN LOEIZ AN XVIIIvet,
> ROUE FRAÑS HA NAFARROA,
> EN DOA KUZUL-MEUR MOR-BIHAN,
> LAKAET SEVEL AR SAVADUR-MAÑ
> EVIT MEULIÑ ANV AN XXX BRETON.

Au sud sont gravés les noms des combattants et au nord la date du combat : 27 MARS 1351. Auprès du monument on a placé la pierre relevée en 1775 par les Etats de Bretagne. Voilà tout.

L'obélisque de la Mi-Voie appartient aujourd'hui à la paroisse de Guillac et non à celle de La Croix-Helléan, la route servant de limite à ces deux communes.

Avec trois mille francs, sans doute, on ne pouvait rien faire de mieux que ce monument, taillé sur le patron banal des ponts et chaussées. Mais, aujourd'hui que cette belle page de notre histoire est irrévocablement déchiffrée, l'obélisque de la Mi-Voie, il faut le dire, n'est pas digne des vainqueurs de Bembroug !

Si nous vivions au temps où l'ivraie de la matière laissait germer le bon grain de l'esprit, où les grands mots, respectés par le bavardage des avocats, faisaient encore exécuter de grandes choses, où les cathédrales s'élevaient dans les villes et les clochers à jour dans les villages, où toute noble pensée trouvait un écho dans le peuple et des instruments dans ses chefs, nous dirions au Morbihan, à la Bretagne :

— Au lieu de cette aiguille de pierre, qui n'a rien de breton et qui ne signifie rien, osez réaliser à la Mi-Voie le rêve d'un pèlerin breton. Prenez pour modèle les statues de la Vallée des Saints (Côtes-d'Armor)) en Haute Cornouaille. Inauguré en 2010, le site compte déjà une cinquantaine de statues, et ce n'est pas fini. Alors, simple question, les saints auraient-ils plus de place en les cœurs que nos héros ? Prenez donc dans les entrailles de la « terre de granit » trente blocs géants, tels que ceux qui se dressent à Carnac ou à Locmariaquer. Peut-être les trouverez-vous dans la lande même où rougit le sang des Trente. Rangez ces blocs en bataille sur le lieu du combat, comme se rangèrent les champions de la Bretagne devant le maréchal de Beaumanoir. Appelez trente artistes bretons et, si les artistes manquent, appelez des ouvriers. (Ce sont des ouvriers qui ont fait le clocher du Kreisker à Saint-Pol-de-Léon, le jubé du Folgoat, le calvaire de Plougastell-Daoulaz. L'auteur du tombeau sans pareil du dernier duc de Bretagne François II, sis en la cathédrale Saint Pierre et Paul à Nantes, Michel Columb, était un ouvrier.) Commandez à ces simples sculpteurs de tailler dans chaque bloc un chevalier colossal, le heaume en tête, la main sur l'épée, l'écu au flanc – tout cela naïvement et largement indiqué, comme il convient à des hommes de fer sculptés en granit. Pourvu que la mâle figure se distingue sous la visière, que la forme humaine se dégage de l'ébauche, que l'armure se découpe hardiment sur le ciel, que le socle et la statue forment une masse indestructible, il n'en faut pas davantage. Sur les trente écus gravez les trente noms et les trente armoiries. Plantez au milieu de la ligne un chêne comme celui de la Mi-Voie. Laissez-le s'élever et s'étendre librement jusqu'à ce qu'il couvre tous les chevaliers de son ombre. Et lorsqu'un jour le voyageur, traversant le désert de cette lande, verra se dresser devant lui cet arbre immense et ces trente guerriers de pierre, soit que le soleil projette au loin leurs gigantesques silhouettes, soit que la lune multiplie et agrandisse encore leurs fantômes, ce voyageur reconnaîtra la nation qui repousse depuis trois mille ans l'étranger, et qui sait encore, comme ses antiques druides, élever à ses héros les pierres du souvenir.

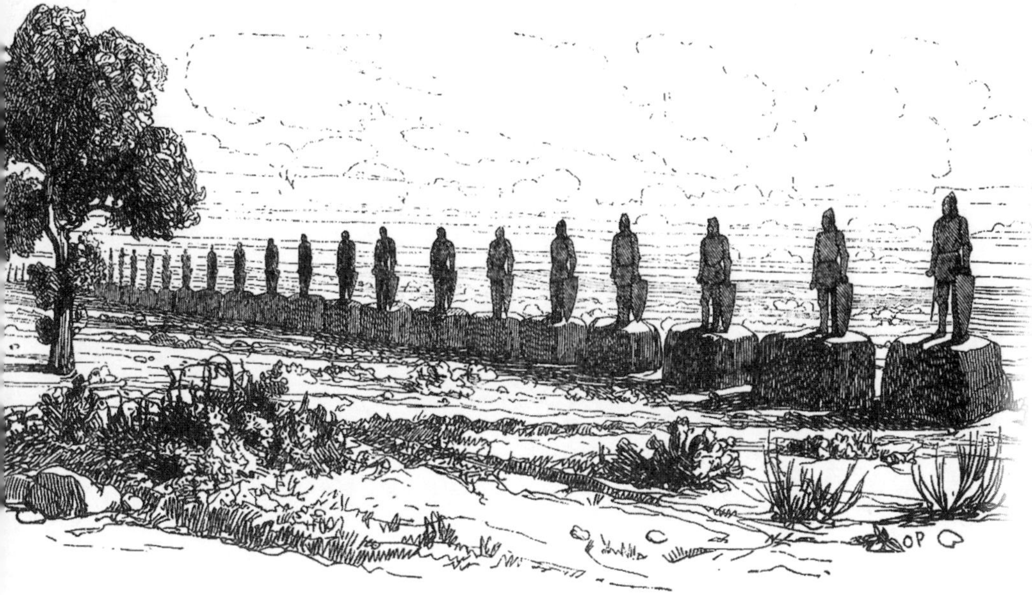

Blason
de Beaumanoir
D'azur,
à onze billettes
d'argent :
4, 3 et 4.

Gilles de Rais

En 1440, le duché de Bretagne vivait ses dernières heures d'indépendance, un procès célèbre vint épouvanter les Bretons, et prouver à quel point la dépravation des mœurs et de l'esprit était arrivée chez les plus grands seigneurs.

Gilles de Laval, baron de Rais ou Retz, maréchal de France et lieutenant général de Bretagne était, comme on le voit par ces titres, un des premiers personnages du duché autant que du royaume de France. Il était allié aux familles royale et ducale, mari de Catherine de Thouars, riche à millions à l'âge de vingt ans, seigneur d'une foule de villes, châteaux et paroisses, de plus, versé dans les lettres, les sciences et la religion. Après avoir porté son épée avec honneur dans les guerres contre les Anglais, il se livra à une imagination sans frein, et arriva, de vice en vice, à la religion du diable, cette folie du Moyen Âge, et aux dérèglements sanguinaires qu'on attribue à l'antique Sodome.

Il débuta, comme tous ses pareils, par des prodigalités excessives ; il se donna une garde de deux cents cavaliers, une troupe de comédiens au complet, une chapelle de trente chanoines, enfants de chœur et musiciens, une foule de domestiques vêtus et nourris comme des princes, qui le suivaient à cheval en tout lieu. Quand il traversait une ville avec cet équipage, on croyait voir passer un empereur suivi d'un cortège de rois, et c'était à qui viendrait grossir encore ce cortège, car il tenait partout table ouverte et servait des mets et des vins des plus délicats. « Sa chapelle était enrichie d'un grand nombre d'ornements de draps d'or et de soie, d'encensoirs, de chandeliers, de calices, de croix, de plats et burettes de grand prix, avec un jeu d'orgue qu'il faisait toujours porter avec lui. Sa vanité l'avait porté à cette extravagance d'attribuer à ses chapelains tous les noms des dignitaires des cathédrales, comme : doyens, chantres, archidiacres ou maîtres d'écoles, il y en avait même un qu'il qualifiait d'évêque. Il les entretenait tous de grands habits d'écarlate, fourrés de petits gris et de menu vair. Il avait même sollicité le pape pour obtenir permission de faire porter la mitre à ses chapelains comme la portent les chanoines de Lyon. » Ses comédiens représentaient des mystères, jouaient des pièces d'amour appelées « mauresques » ou exécutaient des tours de force, avec toutes sortes de parades joyeuses.

Les principaux ministres de ces folies étaient Gilles de Sillé et Roger de Bricqueville, que le maréchal chargea de marier sa fille unique au premier venu. Leurs théâtres habituels étaient les villes de Nantes et de Vannes, les châteaux de Machecoul, de Champtocé, de la Suze et, surtout de Tiffauges dont le maréchéral était seigneur par sa femme, ainsi que Pouzeauges, Chambenais, Confolens, Château-Morand, Savenay, Lombert, Grez-sur-Maine, etc. Après avoir vendu et mangé la meilleure partie de ses terres, Gilles de Retz entreprit de faire de l'or pour assouvir ses passions croissantes et se lança dans les plus noires abîmes de l'alchimie et de la sorcellerie. Il fit chercher en Allemagne, en Italie, par toute l'Europe, ceux qui s'occupaient du Grand Œuvre ou qui évoquaient l'esprit des ténèbres.

Le premier charlatan qui vint lui montrer le diable, fut un médecin du Poitou. « Pour faire son évocation, il s'arma de toutes pièces et entra dans un bois où il fit des cercles et autres figures capables d'inspirer de la terreur aux âmes crédules. Il fit retirer tout le monde et frappant lui-même sur ses armes avec son épée, il fit croire que le démon lui était apparu sous la forme d'un léopard terrible qui avait passé son chemin sans rien dire. Il ajouta que ce qui l'avait privé d'un entretien avec l'esprit malin, c'était qu'il avait manqué quelque chose dans les

cérémonies et qu'il voulait faire un tour en son pays pour s'en instruire plus à fond. Il demanda une forte somme d'argent pour acheter ce qui était nécessaire et pour se conduire ; et quand il eut pris congé, ce fut pour toujours. »

Cette mystification ne corrigea point le maréchal. Une foule d'imposteurs et de scélérats se succédèrent dans l'antre de Tiffauges, et l'assassinat s'y combinant avec l'orgie, il s'y passa des choses impossibles à raconter. Le plus hardi complice des débauches et des crimes du châtelain fut un Italien nommé Prelati qu'un prêtre de Saint-Malo lui avait recommandé comme étant un philosophe indien versé dans tous les secrets de l'un et de l'autre monde. Au fond des sourds cachots de Tiffauges et dans la noire forêt qui s'étendait alentour, Gilles, offrit au diable une cédule signée de son sang, avec les doigts, les yeux et le coeur d'un enfant encore chaud. Il égorgea de sa propre main des victimes humaines au bruit de la foudre et à la lueur des éclairs. Il fit des processions sacrilèges et des cérémonies infâmes avec ses chapelains et ses valets. Il se livra surtout aux raffinements meurtriers d'une lubricité sans nom. Une vieille femme appelée la Meffraye qui portait sur la face un voile noir, abordait dans les champs les petites bergères et les petits pâtres, les entraînait en les cajolant jusqu'au château fatal... et personne ne les revoyait plus. Les habitants les croyaient enlevés par les korrigans ou les fées. Mais en vain la mère en pleurs redemandait son fils ou sa fille à tous les saints du paradis. Les oubliettes de Tiffauges gardaient leurs proies et leurs secrets. Cependant elles ne purent les garder si bien qu'ils ne transpirassent au-dehors. On cita plusieurs enfants de Nantes qui avaient disparu après avoir été caressés par les affidés[1] du

1. Affidé : Qui se prête en agent sûr aux mauvais coups d'un grand personnage auquel il est attaché. Complice.

maréchal. Des cris lugubres furent entendus la nuit. Des traces de sang conduisirent vers la caverne immonde. Les plaintes et les investigations se multiplièrent en même temps que les victimes. Bref, on dénonça les crimes du maréchal au duc de Bretagne, Jean V, qui autorisa l'évêque de Nantes à venger la religion, la nature et l'humanité. Gilles fut arrêté et traduit devant l'évêque de Nantes, assisté en chambre de Jean de Malestroit, de Jean Blouyn, official de Nantes, inquisiteur de la foi dans le diocèse, et de Pierre de l'Hospital, sénéchal de Rennes, agissant pour le séculier. On trouva dans les souterrains de Tiffauges, dans la tour de Champtocé, dans les latrines du château de la Suze, les cadavres ou les squelettes de 140 enfants massacrés et flétris. Un essaim de pauvres jeunes filles, réservées à la honte et à la mort s'en échappa comme un chœur d'anges arrachés à l'enfer. La tombe garda le silence sur le reste. Mais quand bien même ces découvertes n'eussent pas suffi pour confondre le maréchal et ses complices, leurs propres aveux n'eussent laissé aucun doute à la justice. Telles furent les monstruosités qui vinrent épouvanter l'oreille des inquisiteurs (et dont il nous est impossible de citer le moindre détail), que deux familles souveraines ne purent sauver Gilles, et que le duc Jean V renonça pour lui à son droit de grâce, ce qui lui fait, du reste, beaucoup d'honneur.

Le maréchal fut interrogé dans la tour neuve de Nantes et au Bouffay. Il refusa d'abord de répondre et traita ses juges de simoniaques et de ribauds. Mais la crainte de la torture et un repentir, sincère ou non, lui arrachèrent « de quoi faire pendre dix mille hommes ». Il jouissait de la mort, avoua-t-il, plus encore que de la douleur de ses victimes. Les cris déchirants, le râle de l'agonie, étaient ses délices. Les contorsions des mourants le faisaient se pâmer de rire. Aux dernières convulsions, il se jetait comme un vampire sur le cadavre. Cette confession terminée, il ajouta « avec une grande effusion de larmes », qu'il avait commis encore une infinité d'autres crimes plus énormes, attribuant l'origine de tous ses désordres au mauvais gouvernement qu'il avait eu dans sa jeunesse, n'ayant jamais eu d'autre loi que son plaisir et sa volonté ; avertissant tous ceux qui étaient là, qui avaient des enfants, de ne pas les nourrir trop délicatement, de ne pas les laisser vivre dans l'oisiveté et d'avoir soin de leur donner une bonne éducation.

Quand on le sépara de Prelati :

— Adieu, François, mon ami, lui dit cet homme étrange, en l'embrassant avec mille sanglots, jamais plus nous nous reverrons en ce monde. Je prie Dieu qu'il vous donne bonne patience et connaissance. Et soyez certain, mais que vous ayez comme moi patience et espérance en Dieu, que nous nous reverrons en la grande joie du Paradis. Priez Dieu pour moi et je prierais pour vous.

Gilles fut condamné, le 25 octobre 1440, à être pendu au gibet de la Biesse, dans une prairie près des ponts et à être brûlé ensuite. Son exécution fut un évènement public. Les pères et mères jeûnèrent trois jours pour lui obtenir la miséricorde divine et fouettèrent leurs enfants en souvenir de cette grande expiation. Tous les ordres religieux de Nantes, précédant une foule immense, accompagnèrent processionnellement le criminel à la « Prée » de la Madeleine. Là, il fut attaché à un poteau, et livré aux flammes. Cependant, on ne laissa pas consumer son corps, le duc ayant permis qu'on le déposât en terre sainte. Or, devinez qui se chargea de rendre les honneurs à cet illustre monstre ? « Quatre ou cinq nobles damoiselles vinrent ôter le cadavre du bûcher, l'ensevelir de leurs mains et le firent porter aux Carmes, où, après des obsèques magnifiques, il fut inhumé

solennellement ». On se demande si ces damoiselles étaient des Aspasies[2] ou des vierges sages !

« On voit encore aujourd'hui, sur le pont de Nantes, en face de l'hôtel de la Boule-d'Or, les restes d'un monument expiatoire élevé sur le lieu du supplice de Gilles de Retz. C'est une niche dans laquelle se trouvait la statue de la Vierge, connue vulgairement sous le nom de bonne Vierge de Crée-lait, que la niche a conservé, quoique la statue n'existe plus. Une croyance populaire lui accorde la vertu de donner du lait aux nourrices et l'on y voit de temps en temps du beurre et d'autres offrandes ».

Mille traditions populaires ont gravé dans la mémoire des Bretons les souvenirs sanglants de Gilles de Retz. Le conte de Barbe-Bleue n'a probablement pas d'autre origine que ces traditions.

Jean V mourut deux ans après cette mémorable affaire au manoir de la Touche, près de Nantes (1442).

Pitre-Chevalier

Blason de Gilles de Retz
D'or, à la croix de sable.
(On retrouve les armoiries de Retz, en quartier, dans le drapeau du Pays de Retz.)

2. Aspasie : ribaude qui entra dans le cercle intime de Périclès. Synonyme de prostituée de haut vol.

COMMENTAIRE EXPLICATIF

Gilles de Retz ou Gilles de Rais, s'appelait en fait Gilles de Montmorency-Laval. Il est un seigneur de Bretagne, ayant des possessions en France aussi (Anjou et Poitou). Apparenté à la famille de du Guesclin, il en était le petit-neveu. Il combat les Anglais, pour le compte du roi de France à partir de 1427 et se montre très bon guerrier. Il fait preuve d'une grande bravoure et d'aucuns disent qu'il montra dès lors, un goût prononcé pour le sang.

En 1429, il était à Chinon lorsque Jeanne d'Arc rencontra le dauphin Charles. Le 21 avril de cette même année il devient maréchal de France. Le 17 juillet, Gilles était à Reims pour le sacre du dauphin : il fut à l'honneur car il porta la Sainte Ampoule. Gilles, alors au sommet de sa gloire, est l'un des compagnons de Jeanne d'Arc. L'échec lors du siège de Paris, dû à la trahison de Georges de La Trémoille, entraîne le discrédit de Gilles auprès de la Cour, ce qui l'incite à se retirer sur ses terres et en particulier dans son château de Tiffauges en Poitou. Il est difficile de savoir quelles furent les relations de Gilles de Rais et de Jeanne d'Arc. Certaines versions prétendent que Gilles aurait vu Jeanne sur le bûcher, cela lui aurait dérangé l'esprit, car il est vrai qu'il n'a commis ses crimes qu'après la mort de Jeanne. Pour ce qui est de sa mort, il y a autant de versions qui penchent pour le gibet que de versions qui penchent pour le bûcher. Le plus communément admis c'est que Gilles fut pendu au gibet de la Biesse, et brûlé ensuite... Marie Charles Désiré Lemire, dans son livre : Un maréchal et un connétable de France, écrit : « Avant que le feu l'eût dévoré, les femmes l'enlevèrent, le lavèrent et le placèrent dans le cercueil que les moines emportèrent, suivis par elles, à l'église Notre-Dame-des-Carmes, après que plusieurs damoiselles eurent gardé en souvenir du repentir du maréchal quelques fragments du cadavre ».

Les saints bretons, ils ont réponse à tout

Pour chaque problème de la vie quotidienne, touchant aux hommes ou aux bêtes, un saint peut être invoqué. Par des rituels ou des prières, on peut trouver un mari, avoir un enfant, guérir d'une maladie et même provoquer la mort d'un parjure...

Il vaut mieux s'adresser à Dieu qu'à ses saints dit un dicton. Il semblerait bien que les Bretons pensent rigoureusement l'inverse ! En effet, en Bretagne, la dévotion populaire s'est portée vers des centaines de saints : Gwenolé, Ronan, Telo, Ivi... Les chapelles, les fontaines, les pardons dédiés à l'un ou l'autre font partie du paysage de la région.

Sont-ils pourtant véritablement des saints ?

Une poignée d'entre eux seulement fut canonisée par Rome, la plupart furent proclamés saints par *vox populi*, c'est-à-dire par la voix du peuple.

Sont-ils tous vraiment chrétiens ?

Certains étaient des moines ou des ermites venus de grande Bretagne, comme missionnaires auprès des païens d'Armorique. Mais d'autres seraient directement issus des anciens dieux, auxquels l'Église, incapable d'en éradiquer le culte, a fini par donner un visage chrétien.

A chacun d'entre eux est attachée une légende un culte et surtout des vertus. On obtient leurs faveurs en accomplissant un certain nombre de gestes, soit auprès de statues, soit auprès de fontaines ou de chapelles.

Il y a les saints qui peuvent vous aider à trouver l'âme sœur. C'est le cas de saint Guirec, qui est vénéré à Perros-Guirec. En réalité, les femmes avaient une bien étrange façon de l'implorer, il fallait lui planter une épingle dans le nez. Si elle tenait, elles étaient sûres de se marier dans l'année. Ailleurs, comme à l'oratoire Notre-Dame-de-Lorette, à Plougasnou, c'étaient des mèches de cheveux qu'il fallait déposer. Si le vent ne les emportait pas, le mariage heureux était assuré. Une fois mariées, il s'agissait ensuite d'enfanter. Là aussi, invoquer certains saints était conseillé. Gwenolé était l'un des spécialistes en matière d'infertilité. Sainte Germaine à Plouër avait la même faculté. Les rites à accomplir ne semblent pas toujours très catholiques : il s'agit bien souvent de se frotter le ventre contre des statues ou des pierres.

Et quand l'enfant arrive, il faut encore le nourrir. C'est là qu'interviennent les saintes patronnes des nourrices. Notre-Dame-de-Tréguron à Gouézec, Notre-Dame-de-Bulat à Bulat-Pestivien, Notre-Dame-du-Sein à Gestel. Suite logique de la vie et nouvelle angoisse pour les mères, les nourrissons doivent apprendre à marcher. À Brandivy, dans la forêt de Lanvaux, le promeneur peut aujourd'hui encore venir implorer le saint anonyme enterré dans la « Tombe à sept trous ». Des petites chaussures d'enfants y sont régulièrement déposées par des parents soucieux de voir leur progéniture gambader au plus vite.

C'est parfois pour des événements moins heureux que les saints pouvaient intercéder. Charles Le Goffic décrit dans son roman Le Crucifié de Keraliès le culte assez effrayant dont faisait l'objet saint Yves-de-Vérité. Saint Yves Hélory était avocat. Réputé défendre aussi bien les pauvres que les puissants, il est resté comme étant le symbole de l'honnêteté et de la droiture. Certaines des statues de saint Yves étaient appelées saint Yves-de-Vérité. Quand quelqu'un s'estimait lésé par une décision de justice ou victime d'un parjure, il venait y invoquer la justice de l'infaillible saint Yves. Le rituel magique était compliqué. Souvent, c'étaient d'ailleurs des pèlerines professionnelles qu'on y dépêchait. Pour le compte de leur client, elles vouaient à saint Yves-de-Vérité la personne mise en cause. Si le mensonge était avéré, elle mourait dans les neuf mois.

Les saints bretons ont aussi un pouvoir de guérison. Certains, comme saint Kado ou saint Mériadec s'occupent des

problèmes d'ouïe. Dans le cas de Mériadec, le rituel consiste à se faire coiffer d'une cloche, baptisée « le bonnet de saint Mériadec ». Les problèmes de surdité sont normalement ainsi résolus. Pour les furoncles, voyez avec saint Laurent, saint Maudez ou saint Malo. Prévoyez des clous qu'il s'agira de jeter à leurs pieds. Pour les coliques, adressez-vous à saint Germain ou saint Roch, en entourant leurs statues de lacets. Quand il ne s'agit pas des hommes, les saints s'occupent aussi des bêtes. Il y a d'abord les protecteurs des chevaux, animaux précieux qui secondent les paysans pour les travaux des champs. Saint Éloi, saint Houarno, saint Gildas s'en chargent. Souvent, ce culte donnait lieu à des grands pardons où les cultivateurs des environs venaient avec leurs chevaux obtenir la bénédiction du saint. C'est une tradition encore vivante dans certains lieux, comme à Quistinic, dans le centre du Morbihan. Le grand pardon dédié à saint Éloi qui a lieu à la chapelle Saint-Roch, a été relancé il y a quelques années.

Les bovins, quant à eux, ou plutôt leurs propriétaires, ils s'en remettent à saint Korneli ou à saint Herbot. Dans la chapelle Saint-Herbot de Plonévez-du-Faou, on trouve d'ailleurs encore aujourd'hui les queues de vaches déposées en offrande.

La plupart de ces cultes sont sur le déclin, s'ils n'ont pas déjà disparu. Mais il arrive que le monde moderne donne naissance à de nouveaux rites. Ainsi, la petite commune morbihannaise de Porcaro est depuis 1979 le lieu d'un nouveau pardon : celui des motards. Tous les 15 août, ils se rassemblent par dizaines de milliers pour invoquer la bénédiction de la Madone des motards et profiter ainsi de sa protection.

LES SEPT SAINTS FONDATEURS

La Bretagne fut christianisée à partir du 4e siècle. À l'Est, elle le fut sous l'influence d' évêques venus de Lyon et de Tours. En Basse-Bretagne, le phénomène fut différent. Au 4e siècle arrivèrent de grande Bretagne des groupes encadrés par des moines qui s'établirent en Armorique. Leur ancrage nous est resté dans les noms de lieux, tous les mots commençant par *lann* ou *lam*, signifiant « lieu consacré », signalent l'existence ancienne d'un ermitage.

La tradition a retenu particulièrement sept de ces moines, qu'elle a qualifiés de saints fondateurs. Chacun d'entre eux est rattaché à un évêché, qu'il aurait fondé Malo, Brieuc, Tugdual (Tréguier), Pol (Saint-Pol-de-Léon), Samson (Dol), Patern (Vannes), Corentin (Quimper). Chacun a sa légende et des dons particuliers. Pol-Aurélien aurait débarrassé l'île de Batz d'un dragon, saint Corentin se nourrissait quotidiennement d'un

morceau d'un poisson miraculeux qui se régénérait tous les jours, saint Brieuc est représenté avec trois bourses en témoignage de sa générosité envers les pauvres. Un pèlerinage baptisé Tro Breizh aurait relié autrefois ces sept évêchés. L'on prétendait d'ailleurs que celui qui ne l'avait pas effectué de son vivant serait condamné à le faire après sa mort, en avançant chaque jour d'une distance équivalente à la taille de son cercueil. Les historiens doutent aujourd'hui de la véracité historique de ce pèlerinage particulier. Jean-Christophe Cassard écrit ainsi dans le Dictionnaire d'histoire de Bretagne : « Ce serait au sein de la chrétienté universelle le seul pèlerinage dessinant une boucle, sans point de départ ni, surtout, d'arrivée fixe, ni balisage d'un itinéraire que l'on pourrait emprunter dans un sens ou l'autre, ni hébergements pour les marcheurs. (...) Il semble donc que l'on ait tardivement confondu le culte des sept saints de Bretagne, bien attesté, avec une démarche pèlerine, très hypothétique au moins au plan collectif ».

Légende ou pas, toujours est-il que, depuis 1990, le Tro Breizh a été réactivé. Tous les étés, des pèlerins relient deux cathédrales de Bretagne, marchant pour cela durant une semaine.

Alan Le Cloarec

Saint Ronan

Le légendaire breton s'est trouvé superficiellement christianisé après la conversion de la péninsule. Mais il n'est pas nécessaire d'y creuser bien profond pour retrouver les thèmes celtiques païens auxquels il doit son ancienneté et son originalité.

Dans la fameuse *matière de Bretagne,* on cherche en vain l'écho des ukases de saint Augustin ou de Thomas d'Aquin. Le Graal n'a rien d'une croix, le grand ordonnateur de la Quête est l'« enchanteur » Merlin dont les parents sont une femme mortelle et… rien moins qu'un druide (ou le Diable selon les sources). Le roi Arthur, souverain et unificateur des deux Bretagnes, doit sa propre naissance à une entourloupe magique : Merlin a donné à son futur père Uther Pendragon les traits du duc de Cornouailles, afin qu'il puisse féconder la duchesse Ygerne. Arthur lui-même endure les blessures du Désir qui mène les hommes aveugles, son épouse Guenièvre se commet avec le premier de ses chevaliers, Lancelot du Lac, sans que le récit ne condamne qui que ce soit, ni les amants, ni le mari trompé.

En petite Bretagne, aucune vie ne permet de mieux suivre ce glissement culturel que celle de Ronan puisque les traces en sont toujours visibles au XXIe siècle. Si mille quatre cents ans plus tôt le moine irlandais vise, pour l'évangéliser, cette région proche de Douarnenez où une localité porte aujourd'hui son nom, Locronan, c'est bien parce qu'elle est déjà particulièrement sacrée pour ses habitants païens. Le village jouxte la forêt de *Neved* dont le toponyme découle du gaulois *nemeton,* désignation courante d'un sanctuaire. La révolte contre l'envahisseur chrétien est menée – diront les chroniqueurs misogynes ultérieurs – par une « mégère » du nom de *Keben.*

Rendue plus folle encore en constatant l'amitié d'hommes qui réunit son époux et « le saint », elle poursuit ce dernier de sa hargne, l'accuse faussement auprès de Gradlon, roi de Cornouaille, de se changer en loup aux nouvelles lunes, d'avoir dévoré sa fille de cinq ans, et le force finalement à s'exiler à Hillion, près de Saint-Brieuc, où il meurt. Les quatre évêques de Bretagne se disputant son corps, on décide de le placer sur une charrette et de laisser aller à leur guise les deux bœufs indomptés qui la mènent. Voici bientôt l'étrange équipage « de retour » à Locronan, butant de nouveau sur Keben qui quitte le lavoir où elle travaille pour frapper l'un des bœufs de son battoir. La corne ne se détache que lorsque la bête, qui a emprunté le parcours sacré que le prédicateur faisait chaque jour de son vivant, atteint le sommet de la montagne, depuis dénommé *Plas ar c'horn,* « le lieu de la corne ». Lorsqu'on sait que Locronan, « le lieu consacré à Ronan », se dit en breton de Cornouaille *Lokorn,* où chacun peut aussi entendre une sorte de « lieu consacré à la corne », *locus cornus,* on devine les jeux d'assonances qui court-circuitent et débordent les chaînes causales courant dans cette matière surdéterminée. Il est intéressant de noter que c'est là une caractéristique de la Bible et de tous les textes sacrés hébraïques, chaque mot cache plusieurs sens, et nombre d'entre eux sont aussi des noms propres. Les légendes bretonnes, et particulièrement celle de saint

Ronan, offrent à leur tour bien des exemples de cette intrication du conte et de la langue elle-même. Cette corne en évoque évidemment d'autres, non chrétiennes, d'abondance par exemple. Et nous sommes à l'époque des moissons, le battoir de Keben n'est pas sans faire penser à certains miroirs sacrés à l'image du soleil et de la lune utilisés dans les cultes païens, etc.

Or, tout ce fond se retrouve encore aujourd'hui dans une extraordinaire survivance rituelle de plus de mille ans d'âge : la *Troménie* de Locronan, une « marche pénitentielle » qu'effectuent des milliers de pèlerins, le deuxième dimanche de juillet ; une petite Troménie de cinq kilomètres effectuée à cinq reprises et une plus grande de douze kilomètres qui n'a lieu que tous les six ans.

La petite néglige la plupart des douze « stations » de la grande, mais passe bien par le sommet de la montagne où elle retrouve la voie antique préromaine qu'elle emprunte jusqu'à la croix de *Bez Keben*, « la tombe de Keben ». Toutes deux se font en marchant dans le sens du soleil, c'est-à-dire en gardant toujours l'église à droite. A la différence de la grande, dont une bonne partie du chemin retombe en friche et doit être remise en état tous les six ans, la petite Troménie n'utilise que des voies charretières bien aménagées.

On s'est interrogé sur l'origine et le sens de ces deux parcours et sur leur curieuse alternance. La tradition, rapportée par les érudits du siècle dernier, proposait une explication séduisante. Elle y voyait la reprise, à une échelle de temps amplifiée, des deux parcours pénitentiels que faisait saint Ronan, pieds nus et à jeun, chaque jour ordinaire de la semaine puis chaque dimanche… Mais comment justifier par un modèle *septennal* une alternance *sexennale* ? La périodicité de la grande Troménie ne devrait-elle pas alors être de sept ans, comme dans le cas des « ostensions » limousines ? Or les archives de Locronan sont formelles, depuis 1585, date des plus anciens documents conservés, la Troménie est régulièrement célébrée tous les six ans (1587, 1593, 1599, 1605... 1997, 2003, 2009, 2015, 2021) avec une constance d'autant plus frappante que, dans le même temps, elle est dite à plusieurs reprises « procession *septennaire,* faicte de *sept ans* en *sept ans* » !... Comme on le voit, l'erreur est ancienne, et l'explication, manifestement, est à chercher ailleurs. Il serait trop long de l'exposer ici en détail ce que le chercheur Donatien Laurent a démontré dans des publications savantes. Qu'il suffise de dire que la grande Troménie existait à l'époque pré-chrétienne. C'était, et c'est donc encore, une sorte de représentation sur le terrain, avec ses monts et ses vals, avec ses zones humides ou sèches, du calendrier celtique, de la course du soleil et de celle de la lune. Le fameux *six,* moitié de *douze,* découle alors d'autres références que celle de la semaine ; de calculs impliquant les mois, les années, les « lustres », les siècles, les millénaires...

Michel Tréguer

Les poires d'or

Il y avait une fois, entre Daoulaz et Logona, un Roi, un petit roi, je pense, car il n'avait pour tout royaume qu'une métairie que les Julots de Saint Thégonnec traiteraient de *tiegezh-dister,* ou maisonnée aride, ceux de Vannes diraient un *dachen-fall,* c'est-à-dire une mauvaise place, et ceux de la Cornouaille l'eussent appelée sans façon *douar-lapined,* une terre à lapins.

Mais n'importe. Il faut vous dire, sans quoi vous diriez que mon Roi n'était bon qu'à porter le sac des chercheurs de pain, il faut vous dire qu'il avait en outre un petit courtil, et que dans ce courtil il y avait un beau poirier, un poirier qui, tous les ans, rapportait trois belles poires, et c'était là toute la fortune du Roi… quand il pouvait les cueillir, ce qui n'arrivait pas souvent. Trois poires, ce n'est certes pas une fortune par le temps qui court ! Mais attendez un peu, et vous en saurez là-dessus tout autant que moi, sonneur de Logona.

Or, notre Roitelet avait encore en plus toute une nichée d'enfants, deux garçons et une demi-douzaine de filles. Seigneur Dieu, le pauvre homme !… C'était en vérité un joli compte. Et quand on pense qu'il fallait nourrir tout cela, et doter peut-être six filles avec deux ou trois poires. Ah ! il y a bien de quoi faire frémir un père de famille !

N'importe, le Roi aux Poires ne frémissait pas, surtout en l'année « cherche bien », époque où il régnait, comme vous savez, si vous connaissez l'histoire. Il se trouvait même fort à l'aise, car, en cette année de grâce-là, le bon Dieu lui avait permis pour la première fois, depuis trente ans peut-être, de récolter un morceau d'une poire tombée à terre, on ne sait comment. Oui, il nourrissait toute sa maisonnée avec son morceau de poire. Cela semble vous étonner, c'est bien vrai pourtant, car, nous autres conteurs bretons, nous disons toujours la vérité.

Ecoutez bien, en juillet, les poires, grosses comme des melons, étaient d'argent, mais en août, elles ressemblaient à des citrouilles et elles étaient d'or !

Le tout était de les cueillir à point : or notre pauvre Roi n'y arrivait jamais. S'il avait su se contenter de ses poires d'argent, nul doute qu'il n'y fût parvenu, mais l'avarice et l'ambition, ces deux lèpres du monde, le poussaient toujours à reculer.

En regardant ses poires d'argent, il se disait :

— Encore une semaine et elles seront d'or !

Et il attendait si bien que les poires disparaissaient une à une.

Enfin, quand garçons et filles furent en âge, l'aîné, qui s'appelait Yann, dit au cadet que l'on nommait Klaodig :

— Si tu veux, nous chiperons les poires et nous filerons avec !

Il faut vous dire que Yann était un coquin fainéant qui déjà avait eu plus d'une affaire avec les gendarmes de ce temps-là ; tandis que Klaodig était un bon fils, joueur de biniou de son état, et joli garçon par-dessus le marché.

— Non pas, répondit Klaodig, non pas, car les poires sont à mon père et à mes sœurs.

— Alors, je veux qu'on fasse le partage, et moi je veux une poire pour moi tout seul, pour ma soif, ce n'est pas trop, et je

me charge de garder le poirier, si bien que les voleurs n'y viendront pas.

—Oh ! Tu as tort, reprit Klaodig, cela fera de la peine à notre père, et il vaut mieux être pauvre que de faire une mauvaise action.

— Comme tu voudras, moi, je vais lui demander ma part.

Yann fit comme il avait dit et, malgré son chagrin, le vieux Roi consentit à faire le partage, la poire du nord à l'aîné, celle du sud à Klaodig et celle du milieu à partager entre les filles, dont, par bonheur, cinq voulaient déjà entrer en religion, dès que le bon Dieu aurait permis de les doter.

On était alors à la fin de juillet, et les poires d'argent prenaient déjà une teinte d'or magnifique. Yann se mit à monter la garde. Pendant deux jours tout alla bien, mais le troisième il prit une chopine de *gwin ardant*[1] pour se tenir éveillé, et le lendemain on le trouva ronflant sous le poirier, qui n'avait plus que deux poires. Celle du milieu avait disparu. Et voilà nos filles encore sans dot pour une année au moins.

— Ça m'est égal, dit l'ivrogne en s'éveillant. La mienne y est encore. Ce soir, je veillerai mieux.

En effet, ce soir-là et le suivant, il veilla pour de bon avec son fusil chargé, et rien ne bougea. Mais la troisième nuit, comme il faisait une chaleur affreuse, Yann se crut permis d'avaler cinq ou six chopines de cidre, et quand il s'éveilla le matin, la poire du nord s'en était allée rejoindre celle du milieu.

Qui jura bien et fort ? Ce fut Yann-le-Mauvais. Il s'emporta contre son père, battit trois ou quatre de ses sœurs qui voulaient le sermonner et chercha querelle à son frère qui ne l'apaisa qu'en lui offrant la moitié de sa poire.

1. *Gwin ardant* : Eau de vie.

— A mon tour de monter la garde, dit alors Klaodig, en s'armant d'un grand sabre qu'il aiguisa comme un rasoir.

Et là-dessus, il alla se poster contre le gros tronc du poirier. Alors il commença par jouer un petit air de biniou pour se donner du cœur.

Jusqu'à minuit rien ne parut... Mais, quand le dernier coup de minuit eut sonné dans la tour de Daoulaz, voilà que... Et, à ce propos, il est bon de vous dire que minuit sonnait tout seul dans la tour du couvent où il n'y avait plus d'horloge, depuis que le Sire du Faou avait tué deux moines d'un coup d'épée.

Enfin, au douzième son qui tintait comme un glas, un hibou perché dans le poirier s'envola en poussant des cris. Klaodig regarda aussitôt et aperçut quoi ? Un bras long, long, qui s'allongeait entre les feuilles et une main énorme qui s'ouvrait déjà pour saisir la poire d'or... Hopala ! Qui va là ? Et un grand coup de sabre, et voilà la main énorme de tomber, et la poire d'or de rouler à terre dans une mare de sang... Puis un grand cri, un hurlement à faire sombrer des vaisseaux, un soupir pareil à un coup de vent et puis... rien du tout.

Klaodig commença par ramasser sa poire d'or, l'essuya proprement et la fourra dans sa grande poche. Mais que faire de cette main de géant, coupée au poignet, et dont les grands doigts remuaient encore !!! Seigneur Dieu !... Il eut d'abord l'idée d'aller jeter la main dans la mer que l'on voyait de là, mais il songea que cette main devait appartenir à quelqu'un, et qu'une main si grande devait être la propriété de quelque géant bien riche et bien puissant, quoique voleur, lequel ne serait peut-être pas fâché de ravoir sa main, surtout s'il était possible de la raccommoder. Or, le sonneur de biniou, en courant les pardons, avait entendu dire qu'au-delà de Plougastell, sur la rade de Brest, demeurait un sorcier qui savait arranger les bras, les nez et les mains des statues de Kersanton, et, comme Klaodig était fort rusé, il pensa que ce sorcier arrangerait, tout aussi bien, une main coupée, vu qu'il vendait des *louzoù*[2] pour toute espèce d'infirmités. Il allait même se mettre en route pour Plougastell, quand Yann, que les hurlements avaient réveillé, arriva dans le courtil.

— Qu'y a-t-il de nouveau par ici ? dit-il à son frère. J'ai senti le sang frais, je crois ?

— Peut-être, répondit Klaodig, en lui montrant la main sanglante.

— Et la poire, où est-elle ? dit Yann en roulant des yeux verts.

— La voici, mon frère, et nous en ferons quatre parts, une pour le père, une pour les sœurs, une pour toi, et la dernière…

— Un quart, c'est bien peu pour ma soif, interrompit le mauvais garnement, au surplus nous verrons. Et la main, que vas-tu en faire ?

— Chercher son maître et la lui rendre, car je ne veux pas garder le bien d'autrui. En attendant, je vais la frotter avec de bons *louzoù* et la mettre dans mon sac pour la conserver fraîche.

Klaodig fit comme il avait dit, mais Klaodig, qui avait de l'esprit, fit encore autre chose. La lune venait de se lever et notre garçon se mit tout de suite en campagne, avec la main coupée dans son sac, afin de trouver la piste du voleur de poires. Pendant plus d'une lieue, ce ne fut pas très difficile, sur les landes et les collines, où il suivait une traînée de sang, mais à mesure qu'il approchait de la forêt du Krannou, les traces devenaient moins visibles et enfin elles cessèrent tout à fait.

2. Remèdes, médicaments.

— C'est égal, se dit Klaodig en revenant, on dit qu'un géant demeure au milieu de la forêt, ce doit être mon homme. Il est vrai qu'il ne fait pas bon y aller, car il passe pour un ogre affamé. N'importe, quand je lui rapporterai sa main, avec un bon onguent pour la recoller, il n'y aura aucun danger pour le rebouteux. Oh ! Non, pour sûr !

Le lendemain, vers midi, Klaodig s'en revenait de Plougastell, un peu essoufflé à cause de la main énorme qu'il portait, comme vous savez, dans son sac à biniou. Il était bien content d'une recette que le sorcier lui avait donnée, immanquable pour souder les pierres et les os. Alors, il rencontra son frère sur la place de Daoulaz. Yann allait déjà de travers. Il y avait foule sur la place, et la trompe sonnait aux quatre coins de la ville. Ensuite, quand tout le monde, fut rassemblé, le crieur publia que le Roi-géant de la forêt donnerait Fleur-du-Krannou, sa fille, en mariage à celui qui le guérirait d'une grande blessure attrapée à la guerre.

— Ou bien à voler des poires, murmura le sonneur en secouant son sac.

— Moi j'y vais tout de suite, dit Yann, je veux guérir le monarque et avoir Fleur-du-Krannou en mariage.

— Réfléchis avant de partir, mon frère, songe que c'est un ogre qui mange les chrétiens, et que…

— Ça m'est bien égal à moi, cria le garnement, je n'ai peur de rien, aussi qu'on me laisse passer.

Yann alla-t-il au manoir du Krannou ? On ne le sait pas encore, toujours est-il que trois jours se passèrent sans qu'on le revit à la maison. Inquiet de son frère et impatient de tenter l'aventure pour son compte, Klaodig, avec son sac et la main coupée sur son dos, partit pour le château de la forêt. Quant il eut franchi les taillis, à l'entrée des futaies noires, il se trouva en face d'un fossé profond et d'une grande barrière en fer. A côté il y avait une petite maison, et une petite vieille qui filait sur le seuil.

— Holà, Madame, cria Klaodig, Madame la comtesse de la Porte, ouvrez vite, s'il vous plaît, car j'ai une commission pressée pour votre maître.

— Vraiment, mon joli garçon, dit la portière, flattée d'avoir été appelée comtesse.

On est toujours sensible à cela.

— Sans doute, reprit Klaodig, encouragé, et j'ai là dans mon sac un objet précieux qui lui a appartenu.

— Je ne dis pas non, mon petit, mais tu m'intéresses et je t'engage à te sauver, car ceux qui franchissent cette barrière de malheur n'y repassent jamais.

— Eh bien, Madame, je veux entrer tout de même parce que j'ai un remède pour guérir le roi et que je veux épouser sa fille, bien entendu.

— Epouser sa fille, malheureux pécheur ! Mais depuis quatre jours il est venu ici un tas de gens, avec des chirurgiens de tous pays, dans le dessein de guérir le roi et d'obtenir la Fleur-du-Krannou, et pas un n'est revenu.

— Pas un, Seigneur Dieu !!

— Non, non, mon pauvre ami, car, depuis qu'il est malade, le roi a un tel appétit qu'il ne donne pas le temps de le soigner, et je puis bien te le dire entre nous, il avale… il avale les futurs gendres les uns après les autres, si bien que Fleur-du-Krannou s'étiole et court grand risque de rester fille.

— C'est ce que nous verrons, dit le malin sonneur, et je vous prie de m'ouvrir, s'il vous plaît.

— Comme tu voudras, mon garçon, entre donc ! lui dit la petite vieille, en ouvrant la barrière.

Et Klaodig entra, toujours avec l'énorme main dans son sac. La vieille, curieuse comme toutes les portières, lui demanda ce qu'il portait ainsi sur le dos. Le rusé répondit que c'étaient des remèdes, un biniou et un beau justin brodé qui serait pour elle, s'il revenait sain et sauf de son expédition.

La vieille attendrie lui dit alors tout bas :

— Ecoute, mon joli sonneur, quand tu arriveras au défilé des grands rochers, tu verras une belle avenue, et à côté un sentier étroit, plein de ronces et de pierres. Prends ce sentier, tu t'en trouveras bien. Il te conduira derrière le manoir. Alors joue en douceur un petit *jabadao* à la mode de Guingamp. La princesse qui aime la danse et les jolis garçons arrivera tout de suite. Tu lui feras faire un tour de gavotte, et tes affaires n'en iront pas plus mal.

Là-dessus elle rentra dans sa hutte et laissa Klaodig libre de s'avancer dans la forêt qui devenait de plus en plus sombre. Il passa tout près de grands précipices où coulaient des torrents qui avaient l'air de lui crier : Gare ! Gare ! Puis le vent, qui pleurait dans les sapins, lui disait : Qui passe, trépasse !

C'était à faire frémir, mais Klaodig était brave et s'avançait toujours, il lui semblait même que la main énorme remuait dans le sac pour le pousser en avant.

Enfin, il arriva ainsi au défilé que lui avait annoncé la vieille, il vit la grande avenue et se disposait à prendre le petit chemin à côté, lorsqu'il remarqua des ombres étranges que le vent balançait sous les arbres. Alors il regarda par-dessus le talus, et que vit-il, Seigneur Dieu ? Il vit des corps humains pendus par les pieds à des branches d'ormeaux, et tout près de la barrière, il y avait encore deux branches ployées et munies de grands sacs tendus sur le passage de ceux qui entraient.

— Mon frère est peut-être dans cette compagnie, se dit le pauvre garçon en se signant, et il se mit à gravir le petit chemin entre les rochers.

Bientôt il aperçut, au milieu des arbres, les grosses tours du manoir. Il s'avança du côté où l'on ne voyait que deux ou trois lucarnes et, s'arrêtant sous la première, il tira son biniou et se mit à sonner doucement un *jabadao* à la mode de Guingamp. Aussitôt la lucarne s'ouvrit, une dame belle comme l'aurore se pencha, lui dit :

— Me voilà !

Et elle descendit dans la prairie où se trouvait Klaodig.

Klaodig n'y comprenait rien, mais naturellement il la laissa faire. La dame le prit par le bras gauche et voilà notre beau sonneur, toujours chargé de la main énorme, dansant la gavotte avec Fleur-du-Krannou, aussi fut-il bientôt fatigué et, s'étant arrêté à bout de forces, il demanda à la princesse de le présenter au Roi.

— En ce cas, dansons au moins le bal, dit-elle en considérant son jeune cavalier, car après avoir vu mon père, vous ne pourrez danser de votre vie.

— Oh que si ! répliqua Klaodig, j'ai là dans mon sac de quoi me tirer d'une bien mauvaise affaire. Je veux guérir votre père et vous épouser ensuite, si vous y consentez, Madame.

— Je le voudrais bien, dit la princesse en baissant ses beaux yeux, mais il y en a tant, hélas, qui sont venus et cependant...

— Vous êtes encore à marier, par bonheur pour moi, continua le galant, mais ne craignez rien ! Menez-moi seulement devant le Roi et vous verrez.

La princesse lui dit alors de la suivre sans parler et de tirer ses galoches. Ils passèrent ainsi par des enfilades de salles superbes, pavées de marbre et d'argent, gardées par des dragons, des lions et des léopards. Tout autour, sur des bahuts sculptés, on voyait, par douzaines, des poires étincelantes, que Klaodig reconnut aisément. Les salles étaient éclairées par des flambeaux d'or et de cristal. C'était éblouissant, et à cette lumière, Klaodig trouvait Fleur-du-Krannou de plus en plus belle. Enfin ils arrivèrent à l'entrée d'une salle plus vaste encore, mais faiblement éclairée à cause du Roi qui s'y trouvait couché. La princesse fit signe à Klaodig de tirer son chapeau. Les dragons qui défendaient l'entrée lancèrent des flammes sur le sonneur, mais dès que les flammes approchaient du sac, qu'il portait toujours sur son dos, elles s'éteignaient à l'instant, par respect apparemment. Fleur commençait à espérer des noces.

Tout à coup le géant s'éveilla en disant :

— J'ai faim !

Et aussitôt qu'il eut aperçu Klaodig au milieu de la chambre, il s'écria comme un tonnerre :

— Bon ! Celui-ci est jeune, qu'on le mette à la broche, avec des patates !

Au même instant, quatre grands coquins de cuisiniers anglais, armés de coutelas, se jetèrent sur le malheureux...

Attendez un peu avant de gémir sur son sort.

Les coutelas eurent à peine touché le sac de Klaodig que les lames se cassèrent en mille morceaux, par respect apparemment. Puis le sonneur, ayant gonflé son biniou, joua l'air de la vieille (*an hini gozh*) et le bal de recommencer joliment. Fleur-du-Krannou dansait avec Klaodig, les cuisiniers tournaient avec leurs broches, les dragons faisaient le passe-pied avec les lions, et les chiens de garde dansaient le *jabadao* avec les loups. On dit même que le Roi, malgré sa faim et sa colère, sautait malgré lui sur son lit de parade, il avait beau hurler :

— Qu'on le mette à la broche !

La danse continuait plus furieuse que jamais, et elle continuerait encore, peut-être, si Klaodig ne s'était arrêté, épuisé naturellement à cause du sac et de la main énorme qu'il avait toujours sur le dos. Voilà ! Ainsi finit le bal, et mon histoire aussi va finir, car vous saurez que quand Klaodig eut fait sa dernière pirouette, il tomba à genoux auprès du lit du géant affamé qui allongea son unique main pour le saisir et le croquer, mais, dès que la main s'approcha du dos du sonneur, elle fut repoussée comme par enchantement et le géant de hurler :

— Ah ! Si j'avais l'autre !

— L'autre ? riposta le rusé en vidant son sac, l'autre ? La voici ! Et si vous permettez, seigneur, je vais vous la rattacher comme auparavant.

Je n'ai pas le temps de vous raconter l'étonnement de tout ce monde-là, vous saurez seulement que Klaodig, sans attendre la permission, se mit à l'ouvrage comme un chirurgien consommé. Quand il eut fini, le géant lui dit en le regardant de travers :

— Es-tu bien sûr que ça soit solide au moins ?

— Sûr et certain, répondit Klaodig, mais votre main ne sera bien recollée, Monseigneur, que trois jours après les noces de Fleur-du-Krannou, avec...

— Avec qui, ver de terre, hurla le géant, avec qui ?

— Avec le fils de ma mère, s'il vous plaît.

Le géant en eut une attaque épouvantable, et l'histoire dit qu'il en mourut.

Klaodig épousa Fleur-du-Krannou, il y eut des noces fort belles pendant quinze jours. Je ne puis vous les raconter, ayant été oublié sur la liste d'invitation. Le poirier d'or, transplanté au Krannou, après la mort du père de Klaodig, donna toujours des fruits mûrs au bon fils. Il dota ses sœurs généreusement. Enfin je dois vous dire que de ce joli mariage, il ne vint au monde qu'une fille unique, ressemblant à sa mère. Or, cela a toujours été ainsi de siècle en siècle dans la famille, si bien que, pendant mille ans et plus, les chevaliers de tous pays firent force prouesses afin de cueillir les poires d'or et la fleur héréditaire du Krannou. Et l'on dit que, même en ce temps-ci, les jeunes gens à marier veulent encore trouver l'héritière de notre fameux poirier.

C'est là, Messieurs, ce que je vous souhaite.

Ernest du Laurens de la Barre

Peronnig l'idiot[1]

Vous n'êtes pas sans avoir rencontré de ces pauvres innocents que le prêtre a *baptisés avec de l'huile de lièvre*[2] et qui ne savent que s'arrêter devant les portes pour demander leur pain. On dirait des veaux qui ont perdu le chemin de leur étable. Ils regardent de tous côtés avec de grands yeux et la bouche ouverte, comme s'ils cherchaient quelque chose ; mais ce qu'ils cherchent n'est pas assez commun dans le pays pour qu'on le trouve sur les grands chemins, car c'est de l'esprit.

Peronnig était un de ces pauvres idiots qui ont pour père et mère la charité des chrétiens. Il allait devant lui sans savoir où ; quand il avait soif, il buvait aux fontaines ; quand il avait faim, il demandait, aux femmes qu'il voyait sur leurs seuils, les croûtes de rebut ; quand il avait sommeil, il cherchait une meule de paille et y creusait son lit, comme un lézard.

Du reste, Peronnig n'était pas mal vêtu pour son état. Il avait une culotte de toile à laquelle il ne manquait que le fond, un gilet garni d'une manche et la moitié d'un bonnet qui avait été

1. Il ne faut pas que ce mot d'idiot fasse illusion l'idiot des contes populaires est la personnification de la faiblesse rusée l'emportant sur la force ; il est toujours plus ou moins de la famille.

2. *Badezet gant eoul gad.* C'est une expression consacrée en Bretagne lorsque l'on veut parler d'une tête faible.

neuf. Aussi, quand Peronnig avait mangé, il chantait de tout son cœur, et il remerciait Dieu, soir et matin, de lui avoir fait tant de présents sans y être obligé. Quant à savoir un métier, Peronnig n'en avait jamais appris ; mais il était habile en beaucoup de choses. Il faisait autant de repas qu'on voulait, il dormait plus longtemps que personne, et il imitait avec sa langue le chant des alouettes. Il y en a maintenant plus d'un dans le pays qui ne pourrait en faire autant.

A l'époque dont je vous parle (lorsque la Bretagne était un Pays souverain), le pays du blé blanc[3] n'était pas tout à fait comme vous le voyez aujourd'hui. Depuis ce temps-là bien des gentilshommes ont mangé leur héritage et changé leurs futaies en sabots ; aussi, la forêt de Brocéliande s'étendait-elle sur plus de vingt paroisses. Il y en a même qui disent qu'elle passait la rivière et allait rejoindre Elven.

Quoi qu'il en soit, Peronnig arriva un jour à une ferme bâtie sur la lisière du bois et, comme il y avait déjà longtemps que la cloche du bénédicité sonnait dans son estomac, il s'approcha pour demander à manger.

La fermière était justement à genoux sur le seuil de la porte et se préparait à nettoyer la bassine à bouillie avec sa pierre à fusil[4] ; mais quand elle entendit la « Voix de l'idiot qui demandait à manger au nom du vrai Dieu », elle s'arrêta et lui tendit le chaudron :

— Tiens, dit-elle, mon pauvre *Yann al leue*[5], mange le gratin et dis un pater pour nos pourceaux qui ne peuvent pas engraisser.

---

3. Vannes se dit *Gwened* en breton. Blé se dit *ed* et blanc : *gwenn*.

4. Sur les côtes, on enlève le gratin attaché aux parois des bassines à bouillie avec une coquille de moule ; dans l'intérieur, on se sert, pour le même usage, d'un caillou coupant qui est le plus souvent une pierre à fusil.

5. Littéralement : Jean le veau, c-à-d : imbécile.

Peronnig s'assit à terre, mit la bassine entre ses jambes et se mit à gratter avec ses ongles ; mais il ne réussissait à trouver que bien peu de choses car toutes les cuillers de la maison avaient déjà passé par là. Cependant il se lécha les doigts, en faisant entendre un grognement de satisfaction, comme s'il n'eût jamais mangé rien de meilleur :

— C'est de la farine de mil, dit-il à demi-voix, de la farine de mil détrempée avec du lait de vache noire[6] par la meilleure faiseuse de tout le bas pays. »

La fermière, qui s'en allait, se retourna flattée :

— Pauvre innocent, dit-elle, il en reste bien peu ; mais j'ajouterai un morceau de pain de méteil[7].

Elle apporta au jeune garçon l'entamure d'une miche qui arrivait du four ; Peronnig y mordit comme un loup dans une cuisse d'agneau et s'écria qu'il devait avoir été pétri par le boulanger de monseigneur l'évêque de Vannes ! La paysanne enorgueillie répondit que c'était bien autre chose quand on le mangeait avec du beurre nouvellement baratté et, pour le prouver, elle en apporta dans la petite écuelle couverte. Après en avoir goûté, l'idiot déclara que c'était du beurre vivant[8], que celui de la Semaine blanche ne le valait pas[9], et afin de mieux appuyer ses éloges, il étendit sut son entamure tout ce qui se trouvait dans la sébile. Mais le contentement empêcha la fermière de s'en apercevoir, et elle ajouta encore à ce qu'elle avait déjà donné, un morceau de lard qui restait de la soupe du dimanche.

---

6. Le lait de vache noire passe, en Bretagne, pour le plus sain et le plus délicat.

7. Mistilhon, mélange de seigle et de froment.

8. *Amann fresk-bev.*

9. Les Bretons attribuent au beurre de la Semaine blanche et des Rogations une délicatesse particulière et même des propriétés médicales, à cause de l'excellence des herbages à cette époque.

Peronnig vantait toujours plus chaque morceau et avalait tout, comme si c'eût été de l'eau de source, car il n'avait point fait, depuis bien longtemps, un pareil repas. La fermière allait et venait, tout en le regardant manger, et ajoutait, par-ci par-là, quelques bribes qu'il recevait en faisant le signe de la croix.

Pendant qu'il était occupé ainsi à prendre des forces, voilà qu'un cavalier armé parut à la porte de la maison, et s'adressa à la femme pour lui demander le chemin du château de Kerglas :

— *Ma Doue benniget*[10] ! Monsieur le gentilhomme, est-ce là que vous allez ? s'écria la fermière.

— Oui ! Répondit l'homme de guerre, et je suis venu pour cela d'un pays si éloigné, qu'il m'a fallu marcher trois mois, nuit et jour, pour arriver jusqu'ici.

— Et que venez-vous chercher à Kerglas ? reprit la Bretonne.

— Je viens chercher le bassin d'or et la lance de diamant.

— Ce sont donc deux choses d'un grand prix ? demanda Peronnig.

— D'un plus grand prix que toutes les couronnes de la terre, répondit l'étranger, car outre que le bassin d'or produit, à l'instant, les mets et les richesses que l'on désire, il suffit d'y boire pour être guéri de tous ses maux, et les morts eux-mêmes ressuscitent en le touchant de leurs lèvres. Quant à la lance de diamant, elle tue et brise tout ce qu'elle touche.

— Et à qui appartiennent cette lance de diamant et ce bassin d'or ? reprit Peronnig émerveillé.

— A un magicien que l'on appelle Rogéar, et qui habite le château de Kerglas, répondit la fermière ; on le voit tous les jours passer, à la lisière du bois, monté sur sa jument noire que suit un poulain de treize mois ; mais nul n'oserait l'attaquer car il tient dans sa main la lance sans merci.

10. « Mon Dieu béni » en breton.

— Oui, reprit l'étranger, mais l'ordre de Dieu lui défend de s'en servir au château de Kerglas. Dès qu'il y arrive, la lance et le bassin sont déposés au fond d'un souterrain obscur qu'aucune clef ne peut ouvrir ; aussi est-ce là que je veux aller attaquer le magicien.

— Hélas ! Vous ne pourrez réussir, mon maître, reprit la paysanne ; plus de cent autres gentilshommes ont essayé l'aventure avant vous, sans qu'aucun ait reparu.

— Je le sais, bonne femme, répliqua le cavalier ; mais ils n'avaient pas reçu, comme moi, les instructions de l'ermite du Blavet.

— Et que vous a dit l'ermite ? demanda Peronnig.

— Il m'a averti de tout ce que j'aurai à faire, reprit l'étranger ; d'abord il faudra que je traverse le bois trompeur où toutes espèces d'enchantements seront employées pour m'effrayer et me faire perdre ma route. La plupart de ceux qui m'ont précédé s'y sont égarés et y ont péri de froid, de fatigue ou de faim.

— Et si vous le passez ? dit l'idiot.

— Si je le passe, continua le gentilhomme, je rencontrerai un korrigan armé d'un aiguillon de feu qui réduit en cendres tout ce qu'il touche. Ce korrigan veille près d'un pommier auquel il faudra que je prenne une pomme.

— Et ensuite ? ajouta Peronnig.

— Ensuite, je trouverai la fleur qui rit, gardée par un lion dont la crinière est formée de vipères et il faudra que je cueille la fleur ; après quoi j'aurai à passer le lac des dragons, à combattre l'homme noir armé d'une boule de fer qui atteint toujours le but et revient d'elle-même à son maître ; j'entrerai enfin dans le vallon des plaisirs où je verrai tout ce qui peut tenter un chrétien et le retenir, et j'arriverai à une rivière qui n'a qu'un seul gué. Là se trouvera une dame vêtue de noir que je prendrai en croupe et qui me dira ce que je dois faire.

La fermière essaya de prouver à l'étranger qu'il ne pourrait jamais supporter toutes ces épreuves, mais celui-ci répondit que ce n'était point là une affaire à être jugée par les femmes et, après s'être fait indiquer l'entrée de la forêt, il mit son cheval au galop et disparut parmi les arbres.

La fermière poussa un gros soupir, en déclarant que c'était un mort de plus que le Christ allait avoir à juger ; elle donna quelques croûtes à Peronnig et l'engagea à continuer son chemin.

Celui-ci allait suivre son conseil lorsque le maître de la ferme arriva des champs. Il venait justement de renvoyer l'enfant qui gardait les vaches à l'entrée du bois, et il cherchait dans son esprit, comment il pourrait le remplacer.

La vue de l'idiot fut pour lui un trait de lumière, il pensa qu'il avait trouvé ce qui lui manquait et, après quelques questions, il demanda brusquement à Peronnig s'il voulait rester à la ferme pour surveiller le bétail. Peronnig eût préféré avoir à se surveiller tout seul, car personne n'avait plus de courage que lui pour ne rien faire, mais il sentait encore sur ses lèvres le goût du lard, du beurre frais, du pain de méteil et du gratin de mil, aussi se laissa-t-il tenter et accepta-t-il la proposition du fermier.

Celui-ci le conduisit sur-le-champ au bord de la forêt, il compta tout haut les vaches (sans oublier les génisses), lui coupa une baguette de coudrier pour qu'il pût les conduire et l'avertit de les ramener au soleil couchant.

Voilà donc Peronnig devenu curé de bestiaux, devant les empêcher de mal faire, et courant de la noire à la rousse et de la rousse à la blanche pour les retenir où il fallait.

Or, pendant qu'il courait ainsi de côté et d'autre, il entendit tout à coup des pas de chevaux, et il aperçut, dans une des allées du bois, le géant Rogéar assis sur sa jument, suivi du poulain de treize mois. Il portait au cou le bassin d'or et à la main la lance de diamant qui brillait comme une flamme. Peronnig effrayé se cacha derrière un buisson ; le géant passa près de lui, puis continua sa route. Lorsqu'il eut disparu, l'idiot sortit de sa cachette et regarda le côté par lequel il était parti, mais sans pouvoir reconnaître le chemin qu'il avait suivi.

Cependant des cavaliers armés arrivaient sans cesse pour chercher le château de Kerglas et on n'en voyait aucun revenir.

Le géant, au contraire, faisait tous les jours sa promenade. L'idiot, qui avait fini par s'enhardir, ne se cachait plus lorsqu'il passait. Et le regardait de loin avec des yeux d'envie, car le désir de posséder le bassin d'or et la lance de diamant grandissait chaque jour dans son cœur. Mais il en était de cela comme d'une bonne femme, c'était une chose plus facile à souhaiter qu'à obtenir.

Un soir que Peronnig était seul dans la pâture, comme d'habitude, voilà qu'un homme à barbe blanche s'arrêta à la lisière de la forêt. L'idiot crut que c'était encore quelque étranger qui venait pour tenter les aventures, et il lui demanda s'il ne cherchait pas la route de Kerglas :

— Je ne la cherche pas car je la connais, répondit l'inconnu.

— Vous y êtes allé et le magicien ne vous a pas tué ! s'écria l'idiot.

— Parce qu'il n'avait rien à craindre de moi, répliqua le vieillard à barbe blanche ; on me nomme le sorcier Briac et je suis le frère aîné de Rogéar. Quand je veux l'aller visiter je viens ici, et, comme malgré ma puissance je ne pourrais traverser le bois enchanté sans m'égarer, j'appelle le poulain noir pour me conduire.

A ces mots, il traça trois cercles avec son doigt sur la poussière, répéta tout bas des paroles que le démon apprend aux sorciers, puis il s'écria :

— Poulain libre des pieds, poulain libre des dents, poulain, je suis ici, viens vite, je t'attends[11] !

Le petit cheval parut aussitôt. Briac lui mit un licou, une entrave, monta sur son dos et le laissa rentrer dans la forêt. Peronnig ne dit rien à personne de cette aventure ; mais il comprenait maintenant que la première chose pour se rendre à Kerglas était de monter le poulain qui connaissait la route. Malheureusement il ne savait ni tracer les trois cercles, ni prononcer les paroles magiques nécessaires pour faire entendre l'appel :

Poulain libre des pieds, poulain libre des dents,
Poulain, je suis ici, viens vite, je t'attends !

Il fallait donc trouver une autre manière de s'en rendre maître et, une fois qu'il serait pris, le moyen de cueillir la pomme, de saisir la fleur qui rit, d'échapper à la boule de l'homme noir, et de traverser le vallon des plaisirs.

Peronnig y songea longtemps, et il lui sembla enfin qu'il pourrait réussir. Ceux qui sont forts vont chercher le danger avec leur force et, le plus souvent, ils y périssent ; mais les faibles prennent les choses de côté. Ne pouvant espérer combattre le géant, l'idiot résolut d'avoir recours à la ruse. Quant aux difficultés, il ne s'en effraya pas ; il savait que les nèfles sont dures comme cailloux quand on les cueille et qu'avec un peu de paille et beaucoup de patience elles finissent pourtant par mûrir[12].

11. *Ebeul dishual, digabestr, deus buan, me a zo prest.*
12. Proverbe breton : *Gant kolo hag amzer, e veüro ar mesper.*

Il fit donc tous ses préparatifs pour l'heure où le géant devait paraître à l'entrée du bois. Il arrangea d'abord un licou et une entrave de chanvre noir, un lacet à prendre les bécasses, dont il trempa les crins dans l'eau bénite, une poche de toile qu'il remplit de glu et de plumes d'alouettes, un chapelet, un sifflet de sureau et un morceau de croûte frotté de lard rance. Cela fait, il émietta le pain de son déjeuner le long de la route que suivait Rogéar avec sa jument et son poulain de treize mois.

Tous trois parurent à l'heure ordinaire et traversèrent la pâture, comme ils le faisaient tous les jours ; mais le poulain, qui marchait la tête basse et flairant la terre, sentit les miettes de pain et s'arrêta pour les manger, de sorte qu'il se trouva bientôt seul et hors de vue du géant. Alors Peronnig s'approcha doucement ; il lui jeta son licou, attacha deux de ses pieds avec l'entrave, sauta sur son dos et le laissa aller à sa fantaisie, car il était bien sûr que le poulain, qui connaissait le chemin, le conduirait au château de Kerglas.

Le jeune cheval prit effectivement, sans hésiter, une des routes les plus sauvages, marchant aussi vite que lui permettait l'entrave.

Peronnig tremblait comme une feuille, car tous les enchantements de la forêt se réunissaient pour l'effrayer. Tantôt il lui semblait qu'un gouffre sans fond s'ouvrait devant sa monture, tantôt les arbres paraissaient s'enflammer et il se trouvait au milieu d'un incendie ; souvent, au moment de passer un ruisseau, le ruisseau devenait torrent et menaçait de l'emporter ; d'autres fois, quand il suivait un sentier, au pied de la colline, d'immenses rochers avaient l'air de se détacher et de rouler vers lui pour l'écraser. L'idiot avait beau se dire que c'étaient des tromperies du magicien, il sentait sa moelle se refroidir de peur. Enfin il se décida à enfoncer son bonnet sur ses yeux pour ne rien voir et à laisser le poulain l'emporter.

Tous deux arrivèrent ainsi dans une plaine où cessaient les enchantements. Alors Peronnig releva son bonnet et regarda autour de lui.

C'était un lieu aride et plus triste qu'un cimetière. De loin en loin, on voyait les squelettes des gentilshommes qui étaient venus pour chercher le château de Kerglas. Ils étaient là, étendus à côté de leurs chevaux, et des loups gris achevaient de ronger leurs os.

Enfin l'idiot rencontra une prairie ombragée tout entière par un seul pommier si chargé de fruits, que les branches pendaient jusqu'à terre. Devant l'arbre était le korrigan tenant à la main l'épée de feu qui réduisait en cendres tout ce qu'elle touchait.

A la vue de Peronnig il jeta un cri semblable à celui de la corneille de mer et leva son épée ; mais, sans paraître s'étonner, le jeune garçon ôta son bonnet avec politesse :

— Ne vous dérangez pas, mon petit prince, dit-il ; je veux seulement passer pour me rendre à Kerglas, où le seigneur Rogéar m'a donné rendez-vous.

— A toi, répond le nain, et qui es-tu donc ?

— Je suis le nouveau serviteur de notre maître, reprit l'idiot ; vous savez bien, celui qu'il attend ?

— Je ne sais rien, répliqua le nain, et tu m'as tout l'air d'un affabulateur.

— Faites excuse, interrompit Peronnig, ce n'est pas mon métier ; je suis seulement preneur et dresseur d'oiseaux. Mais, pour Dieu ! ne me retardez pas, car M. le magicien compte sur moi, et même il m'a prêté son poulain, comme vous voyez, pour que j'arrive plus tôt au château.

Le korrigan remarqua, alors, en effet que Peronnig montait le jeune cheval du magicien, et il commença à penser qu'il lui disait vrai. L'idiot avait d'ailleurs l'air si innocent qu'on ne pouvait le croire capable d'inventer une histoire. Cependant il parut encore douter et il lui demanda quel besoin le magicien avait d'un oiseleur :

— Un grand besoin, à ce qu'il paraît, répondit Peronnig, car, selon son dire, tout ce qui graine et tout ce qui mûrit dans le jardin de Kerglas est à l'instant dévoré par les oiseaux.

— Et comment feras-tu pour les empêcher ? demanda le nain.

Peronnig montra le petit piège qu'il avait fabriqué et dit qu'aucun oiseau n'y pouvait échapper :

— C'est ce dont je veux m'assurer, reprit le korrigan. Mon pommier est aussi ravagé par les merles et par les grives ; tends ton piège, et, si tu peux les prendre, je te laisserai passer.

Peronnig y consentit, il attacha son poulain à un arbre, s'approcha du tronc du pommier, y fixa un des bouts du piège, puis il appela le korrigan pour tenir l'autre bout, tandis qu'il préparait les brochettes. Celui-ci fit ce que l'idiot demandait ; alors Peronnig tira subitement le nœud coulant, et le nain se trouva lui-même pris comme un oiseau.

Il poussa un cri de rage et voulut se dégager ; mais le lacet, qui avait été trempé dans l'eau bénite, résista à tous ses efforts. L'idiot eut le temps de courir à l'arbre, d'y cueillir une pomme et de remonter sur le poulain qui continua sa route.

Ils sortirent ainsi de la plaine et se trouvèrent en face d'un bosquet composé des plus belles plantes. Il y avait là des roses de toutes couleurs, des genêts d'Espagne, des chèvrefeuilles rouges, et, par-dessus le tout, s'élevait une fleur merveilleuse qui riait ; mais un lion à crinière de vipères courait autour du bosquet, en roulant les yeux et faisant grincer ses dents comme deux meules de moulin nouvellement repiquées.

Peronnig s'arrêta et salua de nouveau, car il savait que devant les puissants un bonnet est moins utile sur la tête qu'à la main. Il souhaita toutes sortes de prospérités au lion ainsi qu'à sa famille, et lui demanda s'il était bien sur la route qui conduisait à Kerglas :

— Et que vas-tu faire à Kerglas ? cria l'animal féroce d'un air terrible.

— Sauf votre respect, répondit timidement l'idiot, je suis envoyé par une dame qui est l'amie du seigneur Rogéar et qui m'envoie, en présent, de quoi faire un pâté d'alouettes.

— Des alouettes, répéta le lion, qui passa la langue sur ses moustaches, voilà bien un siècle que je n'en ai mangé. En apportes-tu beaucoup ?

— Tout ce qui peut tenir dans ce sac, monseigneur, répondit Peronnig, en montrant la poche de toile qu'il avait remplie de plumes et de glu.

Et, pour faire croire ce qu'il disait, il se mit à contrefaire le gazouillement des alouettes. Ce chant augmenta l'appétit du lion :

— Voyons, reprit-il, en s'approchant, montre-moi tes oiseaux, je veux savoir s'ils sont assez gros pour être servis à notre maître.

— Je ne demanderais pas mieux, répondit l'idiot ; mais si je les tire du sac, j'ai peur qu'ils ne s'envolent.

— Entrouvre-le seulement pour que j'y regarde, répliqua la bête féroce.

C'était justement ce que Peronnig espérait ; il présenta la poche de toile au lion qui y fourra la tête, pour saisir les alouettes, et se trouva pris dans les plumes et dans la glu. L'idiot serra vite

le cordon du sac autour de son cou, fit le signe de la croix sur le nœud pour le rendre indestructible, puis, courant à la fleur qui riait, il la cueillit et repartit de toute la vitesse de son poulain.

Mais il ne tarda pas à rencontrer le lac des dragons qu'il fallait traverser à la nage, et, à peine y fut-il entré, que ceux-ci accoururent de toutes parts pour le dévorer.

Cette fois, Peronnig ne s'amusa pas à leur tirer son bonnet ; mais il se mit à leur jeter les grains de son chapelet, comme on jette du blé noir aux canards, et, à chaque grain avalé, un des dragons se retournait sur le dos et mourait, si bien que l'idiot put gagner l'autre rive sans aucun mal.

Restait à traverser le vallon gardé par l'homme noir. Peronnig l'aperçut bientôt à l'entrée, enchaîné au rocher par le pied, et tenant à la main une boule de fer qui, après avoir frappé le but, lui revenait d'elle-même. Il avait autour de la tête six yeux qui veillaient habituellement les uns après les autres ; mais, dans ce moment, il les tenait tous six ouverts. Peronnig, sachant que, s'il était aperçu, la boule de fer l'atteindrait avant qu'il eût pu parler, prit le parti de se glisser le long du taillis. Il arriva ainsi, en se cachant derrière les buissons, à quelques pas de l'homme noir. Celui-ci venait de s'asseoir, et deux de ses yeux s'étaient fermés pour se reposer. Peronnig jugeant qu'il avait sommeil, se mit à chanter à demi-voix le commencement de la grand-messe. L'homme noir parut d'abord étonné ; il redressa la tête ; puis, comme le chant agissait sur lui, il ferma un troisième œil. Peronnig entonna alors le *Kyrie eleison* sur le ton des prêtres qui sont possédés par le diable assoupissant[13].

13. Les Bretons croient à un diable particulier qui fait dormir à l'église et qu'ils appellent *ar c'houskerig,* petit dormeur, de *kousket,* dormir.

L'homme noir ferma son quatrième œil et la moitié du cinquième. Peronnig commença les vêpres ; mais, avant qu'il fût arrivé au Magnificat l'homme noir était endormi.

Alors, le jeune garçon prit le poulain à la bride pour le faire marcher doucement par les endroits couverts de mousses, et, passant près du gardien, il entra dans la vallée des plaisirs. C'était ici l'endroit le plus difficile, car il ne s'agissait plus d'éviter un danger, mais de fuir une tentation. Peronnig appela tous les saints de la Bretagne à son aide.

Le vallon qu'il traversait était semblable à un jardin rempli de fruits, de fleurs et de fontaines ; mais les fontaines étaient de voix aussi douces que les chérubins du paradis, et les fruits venaient s'offrir d'eux-mêmes. Puis, à chaque détour d'allée, Peronnig voyait de grandes tables servies comme pour des « rois » ; il sentait la bonne odeur des pâtisseries qu'on tirait du four, il voyait des valets qui semblaient l'attendre ; tandis que, plus loin, de belles jeunes filles, qui sortaient du bain nues et qui dansaient sur l'herbe, l'appelaient par son nom et l'invitaient à conduire le bal.

L'idiot avait beau faire le signe de la croix, il ralentissait insensiblement le pas du poulain ; il levait le nez au vent pour mieux sentir la fumée des plats et pour mieux voir les baigneuses ; il allait peut-être s'arrêter et c'en était fait de lui, si le souvenir du bassin d'or et de la lance de diamant n'eût, tout à coup, traversé son esprit ; il se mit aussitôt à siffler dans son sifflet de sureau pour ne pas entendre les douces voix, à manger son pain frotté de lard rance pour ne pas sentir l'odeur des plats, et à regarder les oreilles de son cheval pour ne pas voir les danseuses.

De cette manière, il arriva au bout du jardin sans malheur, et il aperçut enfin le château de Kerglas.

Mais il en était encore séparé par la rivière dont on lui avait parlé et qui n'avait qu'un seul gué. Heureusement que le poulain le connaissait et entra dans l'eau au bon endroit.

Peronnig regarda alors autour de lui s'il ne voyait pas la dame qu'il devait conduire au château, et il l'aperçut assise sur un rocher ; elle était vêtue de satin noir et sa figure était jaune comme celle d'une Mauresque.

L'idiot tira encore son bonnet et lui demanda si elle ne voulait point traverser la rivière :

— Je t'attendais pour cela, répondit la dame ; approche que je puisse m'asseoir derrière toi.

Peronnig s'approcha, la prit en croupe et commença à passer le gué. Il était à peu près au milieu du passage quand la dame lui dit :

— Sais-tu qui je suis, pauvre innocent ?

— Faites excuse, répondit Peronnig, mais, à vos habits, je vois bien que vous êtes une personne noble et puissante.

— Pour noble, je dois l'être, reprit la dame, car mon origine date du premier péché ; et pour puissante, je le suis, car toutesles nations cèdent devant moi.

— Et quel est donc votre nom, s'il vous plaît, madame, demanda Peronnig.

— On m'appelle la Peste, répliqua la femme jaune.

L'idiot fit un bond sur son cheval et voulut se jeter dans la rivière, mais la Peste lui dit :

— Reste en repos, pauvre innocent, tu n'as rien à craindre de moi, et je puis au contraire te servir.

— Est-ce bien possible, que vous ayez cette bonté, madame la Peste ? dit Peronnig, en tirant cette fois son bonnet pour ne plus le remettre ; au fait, je me rappelle maintenant que c'est à vous de m'apprendre comment je pourrai me débarrasser du magicien Rogéar.

— Il faut que le magicien meure ! dit la dame jaune.

— Je ne demanderais pas mieux, répliqua Peronnig, mais il est immortel.

— Écoute, et tâche de comprendre, reprit la Peste. Le pommier gardé par le korrigan est une bouture de l'arbre du bien et du mal, planté dans le paradis terrestre par Dieu lui-même. Son fruit, comme celui qui fut mangé par Adam et Ève, rend les immortels susceptibles de mourir. Tâche donc que le magicien goûte à la pomme, et je n'aurai ensuite qu'à le toucher pour qu'il cesse de vivre.

— Je tâcherai, dit Peronnig ; mais si je réussis, comment pourrai-je avoir le bassin d'or et la lance de diamant, puisqu'ils sont cachés dans un souterrain obscur qu'aucune clef forgée ne peut ouvrir.

— La fleur qui rit ouvre toutes les portes, répondit la Peste, et elle éclaire toutes les nuits.

Comme elle achevait ces mots, ils arrivèrent à l'autre bord et l'idiot s'avança vers le château. Il y avait devant l'entrée un grand auvent pareil au dais sous lequel marche monseigneur l'évêque de Vannes à la procession du saint sacrement. Le géant s'y tenait à l'abri du soleil, les jambes croisées l'une sur l'autre, comme un propriétaire qui a rentré ses grains, et fumant une corne à tabac d'or vierge. En apercevant le poulain sur lequel se trouvaient Peronnig et la dame vêtue de satin noir, il releva la tête et dit, d'une voix qui retentissait comme le tonnerre :

— Par Belzébuth, notre maître ! C'est mon poulain de treize mois que monte cet idiot !

— Lui-même, ô le plus grand des magiciens, répondit Peronnig.

— Et comment as-tu fait pour t'en emparer ? reprit Rogéar.

— J'ai répété ce que m'avait appris votre frère Briac, répliqua l'idiot. En arrivant sur la lisière de la forêt, j'ai dit :

Poulain libre des pieds, poulain libre des dents,
Poulain, je suis ici, viens vite, je t'attends ;

— Et le petit cheval est aussitôt venu.

— Tu connais donc mon frère ? reprit le géant.

— Comme on connaît son maître, répondit le garçon.

— Et pourquoi t'envoie-t-il ici ?

— Pour vous porter en présent deux raretés qu'il vient de recevoir du pays des Maures, la pomme de joie que voici, et la femme de soumission que vous voyez. Si vous mangez la première, vous aurez toujours le cœur aussi content qu'un pauvre homme qui trouverait une bourse de cent écus dans son sabot, et si vous prenez la seconde à votre service, vous n'aurez plus rien à désirer dans le monde.

— Alors, donne la pomme et fais descendre la Mauresque, répondit Rogéar.

L'idiot obéit, mais dès que le géant eut mordu dans le fruit, la dame jaune le toucha et il tomba à terre comme un bœuf qu'on abat.

Peronnig entra aussitôt dans le palais, tenant la fleur qui rit à la main. Il traversa successivement plus de cinquante salles et arriva enfin devant le souterrain à porte d'argent. Celle-ci s'ouvrit d'elle-même devant la fleur qui éclaira l'idiot et lui permit d'arriver jusqu'au bassin d'or et jusqu'à la lance de diamant.

Mais à peine les eut-il saisis, que la terre trembla sous ses pieds, un éclat terrible se fit entendre, le palais disparut, et Peronnig se retrouva au milieu de la forêt, muni des deux talismans, avec lesquels il s'achemina vers la cour du duc de Bretagne. Il eut seulement soin, en passant par Vannes, d'acheter le plus riche costume qu'il pût trouver et le plus beau cheval qui fût à vendre dans l'évêché du Blé blanc.

Or, quand il arriva à Nantes, la capitale du duché était assiégée par les Français, qui avaient tellement ravagé la campagne tout autour, qu'il n'y restait plus que des arbres qu'une chèvre pouvait brouter. De plus, la famine était dans la ville, et les soldats qui ne mouraient point de leurs blessures, mouraient faute de pain. Aussi, le jour même où Peronnig arriva, un trompette publia à tous les carrefours que le duc de Bretagne promettait d'adopter pour héritier celui qui pourrait délivrer la ville et chasser les Français du pays.

En entendant cette promesse, l'idiot dit au trompette :

— Ne crie pas davantage et mène-moi au duc, car je suis capable de faire ce qu'il demande.

— Toi, dit le trompette (qui le voyait si jeune et si petit), passe ton chemin, beau chardonneret, le duc n'a pas le temps de prendre des petits oiseaux dans les toits de chaume.

Pour toute réponse, Peronnig effleura le soldat de sa lance et, à l'instant même, il tomba mort, au grand effroi de la foule qui regardait et qui voulait fuir ; mais l'idiot s'écria :

— Vous venez de voir ce que je puis faire contre mes ennemis, sachez maintenant ce que je puis faire pour mes amis.

Et, ayant approché le bassin magique des lèvres du mort, celui-ci revint aussitôt à la vie. Le duc, qui fut instruit de cette merveille, donna à Peronnig le commandement des soldats qui lui restaient, et, comme avec sa lance de diamant l'idiot tuait des milliers de Français, tandis qu'avec le bassin d'or il ressuscitait tous les Bretons qui avaient été tués, il se débarrassa de l'armée ennemie en quelques jours et s'empara de tout ce qu'il y avait dans leurs camps.

Il proposa ensuite de faire la conquête des pays voisins tels que l'Anjou, le Poitou et la Normandie, ce qui ne lui coûta que bien peu de peine, enfin, quand il eut tout soumis au Duc, il déclara qu'il voulait partir pour délivrer la terre sainte et il s'embarqua à Nantes, sur de grands navires, avec la première noblesse du pays.

Arrivé en Palestine, il détruisit toutes les armées qu'on envoya contre lui, força l'empereur des Sarrasins à se faire baptiser, et épousa sa fille, dont il eut cent enfants, à chacun desquels il donna un royaume. Il y en a même qui disent que lui et ses fils vivent encore, grâce au bassin d'or et qu'ils règnent dans ce pays ; mais d'autres assurent que le frère de Rogéar, le magicien Briac, a réussi à reprendre les deux talismans, et que ceux qui les désirent n'ont qu'à les chercher.

Emile Souvestre

COMMENTAIRE EXPLICATIF

Peronnig dit aussi *Yann al leue* est un pauvre hère, vaguement clochard, randonneur, un peu berger ou vacher quand on lui demande. Mais c'est un cœur pur qui va passer avec succès des épreuves initiatiques qui lui feront découvrir le bassin d'or et une lance de diamant qui tiennent à la fois du chaudron magique de Dagda et du Graal pour le premier et de la lance de Lug et de celle de Longin pour le second. Mais ce n'est pas tout, Peronnig au cœur pur est le double et parèdre du Peredur gallois francisé en Perceval, il va accéder à une vallée des plaisirs dont la description est propre à chavirer le cœur de tout homme normalement constitué :

Une vallée des plaisirs, un jardin rempli de fleurs qui chantent et de fontaines contenant des vins et des liqueurs délicieuses, la musique, composante obligée de la magie de l'autre monde,des grandes tables servies comme pour des rois. Et par dessous tout de belles jeunes filles nues qui sortent du bain, qui dansent sur l'herbe, l'appellent par son nom et l'invitent à conduire le bal. On a là tous les ingrédients d'une fête celtique !

Thierry Jigourel

Le géant Hok-Bras

Il y a bien longtemps, quand la Bretagne était un royaume puissant et que la France n'existait pas, la rade de Brest n'était qu'un petit ruisseau où la mer montait à peine dans les grandes marées, il y avait entre Daoulaz et Landerne un géant, un géant comme on n'en a jamais vu.

— Il était grand comme la tour du Kreisker, peut-être ?

— Allez.

— Comme le Menez-C'homm ?

— Allez encore.

— Haut comme les nuages apparemment ?

— Allez toujours. Quand vous iriez jusqu'à la calotte du ciel, mon ami, vous n'y seriez pas tout à fait.

— Mais alors où ce malheureux pouvait-il se loger ?

— Ah ! Voilà l'affaire ! Messire Hok-Bras avait la faculté de s'allonger à volonté. Voici d'où lui venait cette faculté précieuse.

Il est bon de vous dire que maître Hok-Bras était naturellement assez grand, à trois ans il avait déjà plus de six pieds, et comme il n'était pas encore baptisé, son père le mena chez une tante qu'il avait au Uhelgoad et la pria d'être la marraine de ce petit garçon. Hok-Bras marchait déjà comme un homme et la marraine n'eut pas besoin de le porter sur les fonts baptismaux, ce qui eût été fatigant, en vérité.

Hok-Bras fut gentil. Il alla tout seul et ne pleura pas du tout, si ce n'est quand on lui mit du sel dans la bouche, il toussa si fort, si fort, que le bedeau qui se trouvait en face fut jeté contre un pilier où il se fit une jolie bosse à la tête, ce qui dérida le poupon et le fit rire, mais rire ! Ah ! C'était le recteur qui ne riait pas en voyant tomber tous les vitraux des fenêtres de son église. Enfin Hok-Bras était chrétien et ne viendrait pas rire à l'église tous les jours.

Après le dîner de baptême, qui fut très bon à ce qu'on dit, Hok-Bras s'en fut jouer dans le bois, auprès de l'endroit qu'on appelle *Toull an Diaoul* (Trou du diable) et, sans doute afin d'empêcher le diable de sortir par là (ce qui eût été un grand service pour l'humanité, s'il avait réussi), il se mit à rouler tout autour les plus gros rochers de la colline, et l'on sait qu'il n'en manque pas dans ce beau vallon.

Pendant que le bambin travaillait ainsi, au grand ébahissement des autres, sa marraine vint le regarder faire et se dit :

— Voilà un filleul qui me fera honneur.

Et, en disant cela, elle jouait avec sa belle bague de diamant. Tout à coup, la bague lui échappa et roula au fond du gouffre, qui n'était pas encore couvert et où l'eau tombait avec un bruit affreux.

La marraine se mit à pleurer.

— Qu'avez-vous, marraine ? lui dit Hok-Bras. Votre bague ? Ne pleurez pas, nous allons voir. Si j'étais seulement aussi grand que ce trou est profond, je vous la rapporterais dans cinq minutes.

Or, il est bon de dire que la jolie marraine était une fée. Elle sécha ses beaux yeux et promit à Hok-Bras d'exaucer sa demande s'il trouvait la bague. Hok descendit dans le trou et s'enfonça dans l'eau ; mais bientôt il en eut jusqu'au cou.

— Marraine, dit-il, l'eau est trop profonde et moi je suis trop court.

— Eh bien ! Allonge-toi, dit la fée.

En effet, Hok se laissa couler, couler toujours, toujours, car c'était un puits de l'enfer, et sa tête restait toujours au-dessus de l'eau. Enfin, ses pieds touchèrent le fond du gouffre.

— Marraine, dit-il, je sens une grosse anguille sous mes pieds.

— Apporte-la, dit la fée, c'est elle qui a avalé ma bague, et remonte de suite.

Crac ! On vit tout à coup Hok sortir du gouffre noir comme un arbre énorme, et il montait toujours, toujours.

— Marraine, dit une voix qui venait des nuages, ne m'arrêterez-vous pas ?

— Tu n'as qu'à dire *trawalc'h* (assez) ! mon garçon, et ta croissance s'arrêtera.

— *Trawalc'h* ! hurla Hok d'une voix de tonnerre.

Et à l'instant on le vit se raccourcir et puis se mettre à genoux pour embrasser sa jolie marraine et lui passer sa bague au doigt.

Par malheur pour nous, Hok, dans sa joie, oublia de boucher le *Toull an Diaoul*. On ne le sait que trop en ce monde, hélas ! Hok s'en retourna chez son père qui, le voyant déjà grandi de trois pieds depuis le jour de son baptême, pensa qu'un tel garçon serait fort coûteux à nourrir à ne rien faire. Oui, Hok ne voulait rien faire, si ce n'est courir les aventures, se battre et se marier le plus tôt possible.

Se marier à cet âge ! Y pensez-vous ?

En effet, en quittant le Uhelgoad, notre jeune géant avait d'abord eu l'idée d'emporter sa petite marraine sous son bras, mais la fée, qui était sage (chose rare en vérité), lui avait fait comprendre que ce n'était pas convenable à son âge et qu'elle ne voulait être sa femme que quand il aurait accompli au moins trois prouesses, ce qui lui serait facile, vu qu'elle lui avait donné le secret de s'allonger à volonté.

La découverte de la bague pouvait compter pour une prouesse, restait deux. Et voilà ce qui tourmentait notre grand bébé, déjà rempli d'ambition.

Hok, dans son impatience, ne faisait guère que courir par monts et par vaux. Dans ses moments perdus (et c'était l'ordinaire) il s'amusait, au lieu d'aller travailler comme un bon journalier, à faire des tas de terre et de cailloux, à la manière des enfants. Si bien qu'un jour que la besogne lui plaisait, il acheva de construire la montagne d'Arrée, depuis Sant-Kadou jusqu'à Berrien. Il y planta même la montagne Saint-Michel de Brasparzh, d'où il apercevait les bois du Uhelgoad pour lesquels il soupirait au souvenir de sa fiancée.

Enfin, quand il eut fini sa montagne, il se trouva un peu désœuvré et s'en alla flâner jusqu'à Landerne. Car si sa jolie marraine lui avait permis de soupirer, elle lui avait, par prudence, défendu de venir au Uhelgoad.

Voilà qu'en regardant tantôt les boutiques, tantôt les nuages, Hok-Bras rencontra M. le bailli avec son écharpe :

— Tiens, dit le bailli, voilà un gaillard qui a l'air de vouloir attraper la lune avec les dents.

— Moi, je veux bien tout de suite, répondit le personnage, en saluant le bailli comme un peuplier que le vent balance.

— Attends au moins qu'elle soit levée, imbécile, et puis je te donnerai dix écus pour acheter un habit neuf si tu peux ce soir attraper la lune de Landerne.

— Tope-là, fit le jeune géant, en ébranlant l'équilibre de M. le bailli.

Et le soir, sur la place de Sant-Houardon, la foule, le sénéchal et les juges en tête se réunirent pour voir l'affaire. Jugez de la stupéfaction de ces braves gens. Dès que la lune fut au-dessus du placis, Hok se mit au milieu et s'écria :

— Hok, allonge-toi !

Crac ! Aussitôt on vit sa tête monter, monter, monter et parfois se perdre dans les nuages qui passaient sur le ciel. Puis la lune s'obscurcit. On entendit un coup de tonnerre qui disait : *trawalc'h* ! Et peu à peu on vit la lune descendre rapidement. Quand elle fut arrivée sous les nuages, on put voir que c'était Hok-Bras qui la tenait par le bord entre ses dents. Hok-Bras, qui se trouvait tout auprès du clocher de Sant-Houardon, déposa délicatement l'astre des nuits sur le bout de la girouette, demanda ses dix écus et s'en alla très content.

Et de deux sans compter la montagne !

Depuis ce temps, on dit que Landerne a conservé sa marraine, la lune et son immortelle clarté, connue dans le monde entier.

Vous voyez que c'est une qualité assez précieuse de pouvoir devenir plus grand que les autres, et je suis sûr que s'il se trouvait encore une fée comme celle-là sur la terre, elle aurait beaucoup de pratiques. Il y a dans ce monde tant de gens qui ont la faiblesse de vouloir toujours être plus grands que les autres...

Vous pensez bien que notre petit géant – qui n'avait guère que douze à quinze pieds dans ses jours ordinaires – avait attrapé un peu chaud dans son voyage à la lune, et il regrettait fort en passant par Loperc'hed que la mer ne fût pas sous ses pieds pour s'y désaltérer et se baigner à l'aise.

A cette époque, comme vous savez, la rade de Brest n'existait pas encore.

— Tiens, se dit Hok-Bras, si je creusais ici un petit étang, voisin de ma maison, cela serait bien commode pour se baigner tous les matins, et peut-être que cela ferait plaisir à ma marraine. Allons !

Il déracina quelques chênes, prit une taille et une force proportionnées à la besogne, s'empara de deux ou trois vieux chalands sur la rivière de Landerne afin de s'en servir comme d'écuelle, et se mit à l'ouvrage.

Le premier jour, il creusa un grand bassin depuis Daoulaz jusqu'à Lanveog.

Le second jour, il creusa de Lanveog à Roskanvel, et le troisième jour, comme il était pressé d'achever la besogne par une prouesse digne de sa fiancée, crac ! Il donna un grand coup de pied dans la butte qui fermait le goulet, et bientôt il eut le plaisir de sentir l'eau de mer lui chatouiller agréablement les mollets à une jolie hauteur, car à ce moment-là il mesurait, diton, plus de mille pieds du talon à la nuque.

Mais le vent soufflait un peu fort de l'Ouest ; les vagues se précipitaient avec la violence que vous pouvez supposer par l'ouverture du nouveau goulet. Si bien qu'un vaisseau à trois

ponts (vous comprenez, un vaisseau à trois ponts avant le déluge), qui passait toutes voiles dehors du cap Sant-Mazhe, se trouva entraîné par le courant et entra vent arrière dans la rade, qui se remplissait à vue d'œil.

Et de trois !

La rade de Brest était née pour la gloire de la Bretagne. Mais pour le malheur de son père, il arriva que Hok-Bras s'étant mis à genoux pour boire un coup et goûter l'eau de sa nouvelle fontaine, il arriva que le vaisseau à trois ponts s'engouffra, avec ses voiles, ses mâts et ses canons, dans le gosier de notre géant, où il demeura à moitié chemin arrêté par les vergues du grand mât.

Aïe ! Hok-Bras se sentit aux trois quarts étranglé.

Impossible de crier : *Trawalc'h ! Trawalc'h !* Pour revenir à sa taille naturelle ; et d'ailleurs, s'il s'était rapetissé, le vaisseau lui aurait rompu la poitrine.

Le voilà donc, courant, courant comme un possédé, arpentant plaines, monts et vallées, avec quatre-vingts canons dans la gorge…

Enfin il se calma un peu et se dit tout naturellement :

— Ma marraine me tirera de ce mauvais pas.

Et il se mit à courir dans la direction de la montagne d'Arrée, qu'il avait vu naître et qui allait devenir son tombeau. Oui, en ce temps-là, comme toujours, l'ambition perdit les hommes, à force de se grandir, ils tombent de plus haut et ne peuvent plus se relever, chargés qu'ils sont du poids trop lourd de leur convoitise insatiable.

Hok-Bras s'assit donc un moment pour se reposer sur la montagne Saint-Michel, car son vaisseau à trois ponts le gênait pour faire une longue route. Puis, quand il fut reposé, au lieu de faire le tour du marais, il voulut le traverser afin d'aller plus vite.

Par malheur, il comptait sans le poids de ses soixante-quatorze canons. En effet, il n'avait pas fait quatre enjambées au milieu des tourbières du grand marécage qu'il se sentit enfoncer, enfoncer, au point de ne pouvoir plus en retirer les jambes. Puis, dans ses efforts épouvantables, il trébucha, et son corps immense, entraîné par le poids des soixante-quatorze canons, alla s'abattre sur la montagne.

Il y eut, dit-on, un tremblement de terre, et au Uhelgoad la fée en fut épouvantée.

Hok-Bras s'était brisé la tête en tombant sur les roches qu'il avait amoncelées lui-même. Sa marraine, folle de douleur, accourut près de lui et essaya en vain de le rappeler à la vie, mais n'y pouvant réussir, elle se retira à Sant-Herbot, où son ombre revient errer au bord des torrents.

Maintenant, il serait trop long de rapporter tout ce que l'on dit du cadavre de Hok-Bras.

On prétend que, voyant venir le déluge et ne trouvant pas de poutres assez fortes pour construire l'arche, Noé, qui avait entendu parler du colosse breton, vint à la montagne d'Arrée, scia la barbe du géant défunt et en fit les membrures du navire suprême.

Noé voulut aussi, par curiosité ou pour lester son arche, emporter quelques dents de Hok-Bras, et pour chacune il fallut trois vigoureux matelots.

On raconte bien d'autres choses du gigantesque constructeur de nos montagnes. Mais ici se termine ce récit authentique, récit qui sans doute vous a démontré que les Bretons ne sont pas des petits garçons !

Ernest du Laurens de la Barre

La bête de la Lohière

Le château de la Lohière, en Loutehel, dans l'arrondissement de Redon, possédait autrefois quatre grandes tours munies de moulins à grains. Entouré de fortifications, de bois, d'étangs et de deux larges douves, avec pont-levis, ce château était réputé imprenable.

Une fois cependant, il faillit tomber entre les mains des Français. L'ennemi avait soudoyé l'un des gardes de la Lohière, et lui avait fait promettre de placer une lanterne sur le faîte de la plus haute tour.

Le soir indiqué, le garde, rongé de remords pour sa trahison, eut recours à un stratagème qui eut plein succès. Il alluma la lanterne, mais au lieu de la mettre à la place convenue il la hissa au haut d'un grand alizier[1] qui reçut tous les coups. Quand le flambeau fut éteint, les agresseurs, croyant être maîtres du château, se disposaient à y entrer, lorsque, tout à coup, les assiégés les attaquèrent par derrière et les jetèrent dans les étangs.

---

1. L'alizier dont il est question est tombé de vieillesse en 1884 seulement ; il mesurait 1m30 de diamètre. On écrit aussi alisier. C'est une variété de sorbier qui produit des alises, fruit rouge à la saveur acidulée et dont le bois est recherché en ébénisterie, ornemental, aux beaux fruits rouges. Quand l'alisier est jeune, il est blanc, vieux, il est rougeâtre.

Plus tard, la Lohière fut possédée par Mlle Jeannette de la Piphardière, une belle fille dans son temps, paraît-il, mais aussi méchante qu'elle était jolie.

Jeannette s'en allait toujours escortée de deux chiens, grands comme des génisses, qu'elle excitait et lançait sur les personnes qui lui déplaisaient et qui ne tardaient pas à être dévorées par les molosses.

Les étrangers ou les malheureux qui se permettaient d'entrer au château sans la permission de Mlle de la Piphardière ne reparaissaient plus dans le pays. Ils étaient ou mangés par les chiens ou jetés dans les étangs quand les animaux étaient repus. Cette femme était, en un mot, la terreur de la contrée.

A une lieue de la Lohière se trouvait le château de Kerbiked, habité par une autre demoiselle de la Piphardière, sœur de la précédente, mais qui était, elle, une véritable sainte. On eût dit qu'elle avait été créée et mise au monde pour racheter les fautes de sa sœur. La châtelaine de Kerbiked invita, un jour, la belle Jeannette à dîner chez elle. Celle-ci s'y rendit, emmenant avec elle nombreuse et brillante société, mais lorsqu'elle vit que les invités de Kerbiked étaient les pauvres du pays, elle entra dans une colère extrême, injuria sa sœur et partit précipitamment en jurant de ne jamais la revoir.

Fort heureusement pour les convives déguenillés, Jeannette avait laissé ses chiens à la maison.

A quelque temps de là, la méchante fille mourut à la grande satisfaction de tous, mais comme sa vie avait été trop courte pour faire le mal qu'elle avait projeté, elle continua longtemps, après sa mort, à faire de la misère au pauvre monde.

Elle est revenue pendant des siècles sous toutes les formes d'animaux.

Un charretier allait-il chercher son cheval à la pâture, aussitôt qu'il l'avait enfourché, la bête partait à fond de train vers l'étang du Loup-Borgnard dans lequel elle se précipitait et disparaissait. Aucun obstacle ne pouvait l'arrêter. On la voyait bientôt reparaître sur la rive opposée en riant aux éclats, pendant que le cavalier se noyait s'il ne savait pas nager.

Cet étang du Loup-Borgnard, qui existe toujours, est, dit-on, sans fond. Un pauvre diable, qui y avait été jeté par Jeannette de la Piphardière, y resta trois jours. Il y rencontra des monstres affreux qui le poursuivirent jusque sous le bourg de Loutehel. Ce ne fut que le soir du troisième jour qu'il put leur échapper, et qu'il revint à la surface du lac.

Lorsqu'un pâtre allait chercher ses bêtes aux champs, il devait prendre de grandes précautions pour les ramener sans les frapper, car s'il avait le malheur de toucher du fouet ou de la gaule la bête de la Lohière, cachée sous la peau de l'un de ces animaux, elle le rouait de coups et le laissait gisant par terre, mort ou évanoui.

Les charretiers et les pâtres n'étaient pas seuls à rencontrer Jeannette, toutes les personnes voyageant la nuit étaient exposées à la voir tantôt sous une forme, tantôt sous une autre.

Un soir, Moinard, le sacristain de Loutehel, trouva dans le bourg, près du cimetière entourant l'église, un mouton qui lui barra le passage. Las de pousser inutilement devant lui cet animal qui s'obstinait à rester en place, le sacristain lui asséna un coup de bâton sur le dos. Mal lui en prit, le mouton, qui semblait tout petit, s'allongea soudain, grossit à vue d'œil, s'élança sur l'homme, lui posa les pieds de devant sur les épaules en cherchant à l'écraser de son poids qui devenait de plus en plus lourd.

« C'est la Piphardière », pensa Moinard, et comme il avait entendu dire qu'elle n'avait plus aucun pouvoir dans le cimetière, à cause de la sainteté du lieu, il s'en approcha insensiblement, et parvint bientôt à franchir la pierre qui l'en séparait. En effet le mouton s'enfuit, mais chaque fois que le sacristain cherchait à sortir, soit d'un côté, soit d'un autre, il rencontrait toujours le bélier qui lui montrait ses cornes. Force lui fut de passer la nuit au milieu des tombes.

Jeannette se promenait aussi souvent dans les appartements du château de la Lohière où elle éteignait les lumières, enlevait les couvertures des lits, jetait les dormeurs par terre, ou frappait ceux qui, le jour, s'étaient moqué d'elle.

Il y avait cependant un moyen d'éviter ses maléfices, et, pour cela, il suffisait de lui adresser des compliments. Elle était sensible aux louanges. Si, au lieu de l'injurier, on lui disait bien gentiment :

— Te voilà, belle Jeannette, laisse-moi, ne me fais pas de mal, je t'aime bien, je suis ton ami, etc.

Alors elle s'en allait tranquillement, ou même s'employait à votre service si vous en aviez besoin. Sa rage est aujourd'hui assouvie. On n'entend plus parler d'elle, il n'y a guère que les ivrognes, revenant des foires et des marchés, qui affirment l'avoir rencontrée. Mais les habitants de Loutehel, et même de tout le canton de Maure-de-Bretagne, vous déclareront, quand vous voudrez, que leurs pères ou grands-pères ont été maltraités par la bête de la Lohière, il n'y a pas plus de cinquante ans.

Adolphe Orain

Le pousseur de la Dourdu[1]

Ce récit se passe au temps où la Bretagne était un pays indépendant.

La Dourdu est un de ces endroits d'aspect sinistre, toujours enveloppé d'une crainte mystérieuse que la tradition populaire motive à peine. C'est une baie de peu d'étendue, située au bas de la rivière de Morlaix. Ancien refuge de corsaires bretons, elle est entourée de noirs récifs et d'énormes rochers rangés sur la grève comme les pierres éboulées d'un mur gigantesque. Des brouillards presque continuels y répandent souvent une demi-obscurité. Les vagues de la Manche, quand soufflent les grands vents du nord-ouest, déferlent avec rage dans la Dourdu et soulèvent son sable noir en épais tourbillons. De gros cormorans tournoient sans cesse au-dessus des flots, appelant le naufrage par leurs cris affreux. Le soir, le pêcheur fait un détour par le haut des falaises, plutôt que de passer au bord de l'Eau-Noire.

Or autrefois, non loin de ce rivage redoutable, s'élevait le sombre manoir du Dourdu. Il se dressait comme un fantôme de pierre sur ces hautes falaises qui, avec les côtes abruptes de Karanteg, forment la baie mélancolique au milieu de laquelle on voit aujourd'hui le château du Taureau, ce château d'If armoricain.

---

1. *Dour du* : eau noire, en breton.

On dit encore aujourd'hui, et l'on affirmait jadis, qu'un fantôme – âme en peine de quelque marin mort dans le péché – venait errer sur la grève, au milieu des ténèbres, sondant les flots glauques de ses yeux caves, afin d'y découvrir la place où repose son navire englouti avec son chargement de doublons. Des fenêtres du manoir on pouvait apercevoir la sinistre baie, et plus loin la haute mer, déployant ses plaines immenses. Sur le bord de la baie, au levant, on voyait, au-dessus des récifs, un grand rocher miné par les vagues et pareil à un noir vaisseau à l'ancre depuis des siècles. C'était sur ce rocher que le fantôme accomplissait sa veille nocturne.

Le sire du Dourdu habitait son manoir solitaire avec Igild, sa fille unique, brune aux yeux bleus comme la sombre mer d'Armorique, belle comme une nuit d'automne sur les grèves, rêveuse et grave comme une fée, ambitieuse et fière comme une reine…

Avant de mourir, le vieux sire eût bien voulu la marier à quelque jeune et honnête héritier de son voisinage, dont le noble caractère eût honoré sa vieillesse en faisant le bonheur de sa fille. Bien différent d'une foule de gens qui pèsent la bourse plutôt que le cœur de leur futur gendre, il disait à la jeune châtelaine :

— Ma fille, cessez de poursuivre ainsi des songes dorés, remplis de périls pour votre âme. Epousez un homme craignant Dieu, et les autres qualités, soyez-en certaine, ne lui feront pas défaut.

Mais Igilg avait bien d'autres idées sous sa longue et noire chevelure. Maintes fois elle avait entendu parler des fêtes et tournois de la cour du duc de Bretagne, des chevaliers, des paladins bardés de fer et d'or, de sorte qu'Igild rêvait pour son beau front une couronne de duchesse. Qui n'eût été troublé jusqu'au fond du cœur, en voyant, un soir d'été, la châtelaine, debout sur le grand rocher de la Dourdu, dérouler au vent ses longues boucles d'ébène ? Les mouettes, confidentes de ses rêves insensés, voltigeaient en foule autour d'elle et semblaient parfois lui former un blanc diadème de leurs ailes d'albâtre.

— Volez, volez, volez, oiseaux fortunés, disait Igild soupirant, et portez par-delà ces tristes rivages le renom de la beauté d'Igild la brune. Puis, qu'enfin quelque prince d'Irlande[2] vienne m'arracher de ce tombeau.

Mais aucun prince ne paraissait à l'horizon. En revanche, nombre de jeunes seigneurs de Bretagne s'étaient déjà perdus par amour pour elle. Attirés par la réputation de sa grande beauté, les imprudents montaient dans une barque et passaient au pied du rocher où venait souvent l'enchanteresse, afin de pouvoir l'admirer de loin. Igild était-elle une fée ? Nous l'ignorons. Mais ceux qui une seule fois avaient aperçu l'éclair de ses yeux bleus, n'avaient plus de repos qu'ils n'eussent demandé sa main. Alors la cruelle ne manquait jamais de conduire le jeune homme sur le sommet de la roche noire et, lui montrant l'abîme qui écumait à leurs pieds, elle disait :

— Ami, là se trouve assez d'or pour remplir ma corbeille de mariage. Va le quérir sans retard, si tu as du courage. Le fantôme du Dourdu te conduira. Reviens riche comme un prince et Igild sera pour toi.

Plusieurs infortunés tentèrent, dit-on, l'aventure et ne revinrent jamais. Poussés sans doute par le fantôme trompeur, ils tombaient dans l'abîme, et chaque fois, la cruelle Igiltd disait en riant que c'était un de plus à ajouter à sa couronne de

---

2. Hibernie, dans le texte d'origine, est l'ancien nom de l'Irlande.

fiancée… fiancée des morts, comme elle osait se nommer avec un rire sinistre.

Prends garde, fille coupable, que cette couronne funèbre ne se change bientôt en linceul. Les mouettes fidèles ont porté ton message… voici venir de l'autre côté de la mer un vaisseau sous toutes voiles. Il grandit à l'horizon. Tu peux déjà distinguer la couleur de son pavillon. Il est noir comme l'aile du corbeau. Sur la proue un beau seigneur, couvert d'une riche armure, cherche de loin si l'objet de ses vœux l'attend sur son rocher. Oui, tes désirs sont accomplis. Ton prince arrive, le voilà. Mais pourquoi frémis-tu ? Ah ! Je vois auprès du prince un vieillard qui t'observe, c'est son conseiller, un sage d'Irlande, auquel il a été confié par la tendresse d'un père alarmé.

Or le vaisseau ayant jeté l'ancre au milieu de la rade, une barque légère s'en détacha, et bientôt le prince Connor tombait aux pieds d'Igild surprise et heureuse. Heureuse ! Elle devait l'être sans doute, si le bonheur se trouve dans l'accomplissement des désirs plutôt que dans l'espérance qui le promet, plutôt que charité qui le donne aux autres, plutôt que dans la résignation qui se combe sous la divine volonté.

Trois jours se passèrent, pendant lesquels Connor revint chaque soir sur le rocher où l'attendait sa fiancée, et Igild, loin de réclamer cette fois l'or du navire englouti, pressait les apprêts de leur mariage. Mais le conseiller du prince demeurait inébranlable. Il voulait le bonheur de son jeune maître, et recueillait avec soin tous les bruits alarmants qui couraient sur le compte de la fiancée des morts. Il ne tarda pas à apprendre l'histoire du vaisseau submergé et des anciennes exigences d'Igild. Enfin il se rendit auprès du sire du Dourdu et lui demanda quelle dot il donnerait à sa fille.

— Une dot ? répondit le vieillard. Je n'ai pour toute fortune que ce vieux donjon et son petit domaine, et ne puis, vous le voyez, donner à ma fille que ma bénédiction paternelle.

Le sage d'Irlande, retenant à peine ses larmes, reprit pourtant avec une feinte sévérité :

— Par malheur ce n'est pas assez. Le roi mon maître exige mille doublons d'or.

— Mille doublons ! fit le vieux seigneur. Hélas ! Où voulez-vous que je trouve pareille somme ?

— Votre fille le sait bien, dit le conseiller en se retirant.

Le jour même le père d'Igild l'informa que son union avec le prince Connor ne pourrait avoir lieu à moins que sa corbeille

de noces ne fût, de son chef garnie de mille doublons d'or. A ces mots, Igild poussa un cri terrible qui fit frémir le pauvre vieillard.

— Implore l'assistance du ciel, ma fille, murmura-t-il, lui seul peut...

— Me procurer de l'or peut-être ! s'écria Igild dont les yeux lançaient des éclairs. Non, non, mais je sais qui m'en donnera.

Et la malheureuse s'éloigna pleine de fureur, laissant son père atterré. Elle croyait savoir en effet où se trouvait l'or qu'on lui avait demandé. Combien de fois, quand la tempête soulevait les vagues et entrouvrait le sein de la mer, n'avait-elle pas cru voir briller au fond les doublons nombreux semés sur le sable comme les étoiles sur le firmament. Igild, la brune fille de la grève, jouait avec les lames comme le poisson rapide, ou se balançait sur leur cime, comme les mouettes légères. Elle ne craignait rien de la fureur des flots, et avec le secours du fantôme qui gardait le trésor et, si elle arrivait à l'apprivoiser, ces richesses lui seraient acquises. Car, plutôt que d'y renoncer, elle préférait mourir. Pauvre insensée, qui, comme tous les cœurs avides, ne voulait point apercevoir l'abîme que sa soif d'un bonheur immérité allait ouvrir pour elle !

Le soir même on pouvait la voir, debout sur son rocher battu par les vagues, conjurer les flots qu'elle croyait apaiser. Puis la lune se leva. Sa pâle lumière éclaira les vagues transparentes d'un éclat tellement inusité que le fond de la mer parut éblouissant aux yeux fascinés de la sibylle.

— Moi, esprit des ondes ! s'écria-t-elle ; à moi, fantôme de la fortune ! Déjà les flots se retirent et secondent mes desseins. Viens me conduire au but de mes rêves. Viens me guider vers tes richesses et me donner enfin le bonheur !

L'écho lugubre répondit « malheur ! » dans les cavernes des rivages déserts et, tandis que la fiancée continuait son évocation coupable, elle se sentit poussée vers les ondes par un bras invisible... Bientôt les vagues la reçurent dans leur sein. Igild plongeait, plongeait sans cesse, et chaque fois ses mains déchirées aux pointes des rochers, ses mains sanglantes ne retiraient du fond de la mer que des poignées de sable qui brillait comme de l'or aux clartés de la lune. Chaque fois, remontant à la surface de l'onde, elle lançait sur la grève une traînée de sable en criant :

— Encore un coup et la somme y sera.

Puis elle disparaissait sous l'écume des vagues...

— Igild ma fiancée ! s'écria le prince Connor accouru pâle et frémissant sur la roche fatale. Reviens, reviens, plus n'est besoin de cet or funeste ! J'ai fléchi mon père. Reviens, Igild, Connor t'attend !

Mais les vagues déferlaient lourdes et hautes sur la grève, et la funèbre nageuse ne les effleurait plus de ses bras blancs. Son fiancé, inconsolable, retourna mourir dans son île natale.

Les traditions de la mer racontent que parfois, dans le calme des belles nuits d'été, des marins ont vu la brune fille de la grève, debout sur la roche noire, contemplant les flots, puis s'y plongeant tout à coup, à l'endroit où gît le vaisseau naufragé. Mais, gardez-vous de monter sur ce rocher de malheur, car le Pousseur y monterait avec vous peut-être... l'inévitable Pousseur qui, pareil au torrent des passions et aux appâts du monde, entraîne sans merci l'imprudent et surtout l'ambitieux que la convoitise amène sous sa fatale main.

Ernest du Laurens de la Barre

Les sirènes, elles entraînent les marins au fond de l'eau

En Bretagne, les sirènes s'appellent les *morganez*. Parfois bienveillantes, parfois tentatrices et séductrices, elles sont au cœur de nombreuses légendes.

Mor, en breton, signifie mer, et *ganet*, né. Les *morganed* et les *morganezed*[1] sont donc les êtres nés de la mer. Et ils sont nombreux à peupler les légendes bretonnes. La morgane la plus célèbre est sans doute Ahès, la fille du roi Gradlon, princesse de la ville d'Is. Lorsque la ville fut engloutie par les flots, tous les habitants périrent. Tous, sauf le bon roi et son conseiller, saint Gwenolé, qui parvinrent à gagner le rivage. Et sauf Ahès, qui devint dès lors une sirène, Marie-Morgane. « La demeure d'Ahès, est, dit-on, à cent lieues au large. C'est de là qu'elle parcourt la mer en chantant, accompagnée d'une grande baleine qui ne la quitte jamais et dévore tous les marins que la sirène a séduits », rapporte ainsi Anatole Le Braz dans La Légende de la mort.

1. *Morganez* (féminin en breton, au pluriel : *morganezed*) a donné Morgane en français, ce qui signifie sirène.
Morgan (masculin en breton, pluriel : *morganed*) a donné Morgan en français, ce qui signifie triton.

Car voici deux caractéristiques des sirènes, elles chantent et séduisent les marins pour les noyer... Elles peuvent aussi déclencher les tempêtes, et mener les navires à la perdition. A quoi ressemblent-elles ? La plupart du temps, ce sont des êtres superbes, au buste de femme et à la queue de poisson. Paul Sébillot les décrit ainsi : « Elles sont belles comme le jour. Leur occupation favorite semble être de démêler leurs longs et épais cheveux blonds avec un peigne d'or. On vante aussi la douceur pénétrante de leurs voix, la puissance de séduction de leurs chants ». Le meilleur moment pour les rencontrer est le crépuscule. Nombre de jeunes hommes les auraient ainsi surprises sur la grève. On ne revoit plus jamais ces garçons attirés par leur chant, séduits par les créatures, ils ont été entraînés au fond de l'eau.

Car il est dangereux pour un marin de croiser une sirène. Anatole Le Braz rapporte le récit d'un certain Tonton Rozen, de l'île de Sein. Lorsqu'il était mousse, alors qu'il naviguait dans les parages du phare d'Ar-Men, une sirène est apparue à l'équipage. « Ses cheveux très noirs, séparés en deux bandeaux sur son front, semblaient glisser derrière son dos en une longue tresse qui venait ensuite faire plusieurs fois le tour du corps. Elle se tenait droite, ses bras soutenant ses seins, et elle nous regardait fixement, sans avoir l'air de bouger, tant ses mouvements étaient aisés et souples. Cependant il était visible qu'elle se rapprochait de nous. » Le capitaine eut alors la présence d'esprit de commander à ses hommes de s'éloigner le plus rapidement possible. « Faisons le signe de la croix, les enfants, pour remercier Dieu et saint Gwenolé. Ceux-là sont rares qui, ayant rencontré Marie-Morgane, ont revu vivants la terre. »

Des sirènes dans les églises

Pourtant, certaines légendes évoquent la générosité des sirènes. Il arrive qu'elles se laissent prendre dans les filets d'un pêcheur. Dans ce cas-la, si l'homme accepte de la remettre à l'eau, la morgane sait se montrer reconnaissante. Francois-Marie Luzel a recueilli ainsi l'histoire d'un pêcheur nommé Ewen Ab-Grall. Père de sept enfants, il menait une existence assez misérable, jusqu'au jour où, remontant ses filets, il trouva une sirène. Elle le supplia de la rejeter à l'eau. En échange, elle lui promit que le poisson ne manquerait jamais. Le pêcheur la libéra. Dès lors, à chaque fois qu'Ewen lança ses filets, il les remonta chargés de milliers de poissons...

Il n'est pas rare, au détour d'une chapelle ou sous le porche d'une église, de croiser des représentations de sirènes sur un autel de la cathédrale de Saint-Pol-de-Léon (Kastell-Paol), dans l'église Saint-Gwenolé de Batz-sur-Mer (Bourc'h-Baz), sur la façade de l'église de Penmarc'h... Que font ces pécheresses dénudées dans ces lieux saints ? Elles rappellent aux hommes les dangers de la tentation de la luxure. Souvent représentées avec un miroir et un peigne, elles rappellent aussi aux femmes de ne pas céder à la vanité ni à la coquetterie...

Maïwenn Raynaudon

Les Morgans de l'île d'Ouessant

Il y avait autrefois (il y a bien longtemps, bien longtemps de cela, peut-être du temps où saint Pol vint du pays d'Irlande dans notre île), il y avait donc à Ouessant une belle jeune fille de seize ou dix-sept ans qui s'appelait Mona Kerbili. Elle était si jolie que tous ceux qui la voyaient en étaient frappés d'admiration et disaient à sa mère :

— Vous avez là une bien belle fille, Jeanne ! Elle est jolie comme une *Morganez*, et jamais on n'a vu sa pareille dans l'île, c'est à faire croire qu'elle a pour père un Morgan.

— Ne dites pas cela, répondait la bonne femme, car Dieu sait que son père est bien Fañch Kerbili, mon mari, tout comme je suis sa mère.

Le père de Mona était pêcheur et passait presque tout son temps en mer, sa mère cultivait un petit coin de terre qu'elle possédait contre son habitation, ou filait du lin, quand le temps était mauvais. Mona allait avec les jeunes filles de son âge, à la grève, chercher des berniques[1], des moules, des palourdes, des bigorneaux et autres coquillages, qui étaient la nourriture ordinaire de la famille. Il faut croire que les Morgans, qui étaient

1 - Berniques, du breton *brennig*, patelle en français, coquillage univalve en forme de chapeau vietnamien.

alors très nombreux dans l'île, l'avaient remarquée et furent, eux aussi, frappés par sa beauté.

Un jour qu'elle était, comme d'habitude, à la grève, avec ses compagnes, elles parlaient de leurs amoureux. Chacune vantait l'adresse du sien à prendre le poisson et à gouverner et diriger sa barque parmi les nombreux écueils dont l'île est entourée.

— Tu as tort, Mona, dit Marc'harid ar Fur à la fille de Fañch Kerbili, de rebuter, comme tu le fais, Erwan Kerdudal, c'est un beau gars, il ne boit pas, ne se querelle jamais avec ses camarades, et nul mieux que lui ne sait diriger sa barque dans les passes difficiles de la Vieille-Jument et de la pointe du Stiff.

— Moi, répondit Mona avec dédain – car à force de s'entendre dire qu'elle était jolie, elle était devenue vaniteuse et fière –, je ne prendrai jamais un pêcheur pour mari. Je suis aussi jolie qu'une Morganez, et je ne me marierai qu'avec un prince, ou pour le moins le fils d'un grand seigneur, riche et puissant, ou encore avec un Morgan.

Il paraît qu'un vieux Morgan, qui se cachait par là, derrière un rocher ou sous le goémon, l'entendit et, se jetant sur elle, il l'emporta au fond de l'eau. Ses compagnes coururent raconter l'aventure à sa mère. Jeanne Kerbili était à filer, sur le pas de sa porte, elle jeta sa quenouille et son fuseau et courut au rivage. Elle appela sa fille à haute voix et entra même dans l'eau, aussi loin qu'elle put aller, à l'endroit où Mona avait disparu. Mais, ce fut en vain, et aucune voix ne répondit à ses larmes ni à ses cris de désespoir.

Le bruit de la disparition de Mona se répandit promptement dans l'île, et nul n'en fut bien surpris. « Mona, disait-on, était la fille d'un Morgan, et c'est son père qui l'aura enlevée. »

Son ravisseur était le roi des Morgans de ces parages, et il avait emmené la jeune Ouessantine dans son palais, qui était une merveille à nulle autre pareille sur terre.

Le vieux Morgan avait un fils, le plus beau des enfants des Morgans, et il devint amoureux de Mona et demanda à son père de la lui laisser épouser. Mais le roi, qui, lui aussi, avait les mêmes intentions à l'égard de la jeune fille, répondit qu'il ne consentirait jamais à lui laisser prendre pour femme une fille des hommes de la terre. Il ne manquait pas de belles Morganezed, dedans son royaume, qui seraient heureuses de l'avoir pour époux, et il ne lui refuserait pas son consentement, quand il aurait fait son choix.

Voilà le jeune Morgan au désespoir. Il répondit à son père qu'il ne se marierait jamais.

Le vieux Morgan, le voyant dépérir de tristesse et de chagrin, le força de se marier à une Morganez, fille d'un des grands de sa cour et qui était renommée pour sa beauté. Le jour des noces fut fixé, et l'on invita beaucoup de monde. Les fiancés se mirent en route pour l'église, suivis d'un magnifique et imposant cortège, car il paraît que ces hommes de mer ont aussi leur religion et leurs églises sous l'eau, tout comme nous autres, sur la terre, bien qu'ils ne soient pas chrétiens. Ils ont même des évêques, assure-t-on, et Goulven Penduff, un vieux marin de notre île, qui a navigué sur toutes les mers du monde, m'a affirmé en avoir vu plus d'un.

La pauvre Mona reçut ordre du vieux Morgan de rester à la maison, pour préparer le repas de noces. Mais, on ne lui donna pas ce qu'il fallait pour cela, rien absolument que des pots et des marmites vides, qui étaient de grandes coquilles marines, et on dit encore que si tout n'était pas prêt et si elle ne servait pas un excellent repas, quand la noce reviendrait de l'église, elle serait mise à mort aussitôt. Jugez de son embarras et de sa douleur, la pauvre fille ! Le fiancé lui-même n'était ni moins embarrassé ni moins désolé.

Comme le cortège était en marche vers l'église, il s'écria soudain :

— J'ai oublié l'anneau de ma fiancée.

— Dites où il est, et je le ferai prendre ! lui dit son père.

— Non, non, j'y vais moi-même, car nul autre que moi ne saurait le retrouver, là où je l'ai mis. J'y cours et je reviens dans un instant.

Et il partit, sans permettre à personne de l'accompagner. Il se rendit tout droit à la cuisine où la pauvre Mona pleurait et se désespérait :

— Consolez-vous, lui dit-il, votre repas sera prêt et cuit à point, ayez seulement confiance en moi.

Et s'approchant du foyer, il dit :

— Bon feu au foyer !

Et le feu s'alluma et flamba aussitôt. Puis, touchant successivement de la main les marmites, les casseroles, les broches et les plats, il disait :

— De la chair de saumon dans cette marmite, de la sole aux huîtres dans cette autre, du canard à la broche par ici, des maquereaux frits par là et des vins et liqueurs choisis et des meilleurs, dans ces pots…

Et les marmites, les casseroles, les plats et les pots s'emplissaient par enchantement de mets et de liqueurs dès qu'il les touchait seulement de la main. Mona n'en revenait pas de son étonnement de voir le repas prêt, en un clin d'œil, et sans qu'elle y eût mis la main.

Le jeune Morgan rejoignit alors, en toute hâte, le cortège, et l'on se rendit à l'église. La cérémonie fut célébrée par un évêque de mer. Puis on revint palais. Le vieux Morgan se rendit directement à la cuisine, et s'adressant à Mona :

— Nous voici de retour, tout est-il prêt ?

— Tout est prêt, répondit Mona, tranquillement.

Etonné de cette réponse, il découvrit les marmites et les casseroles, examina les plats et les pots et dit, d'un air mécontent :

— Vous avez été aidée, mais, je ne vous tiens pas pour quitte.

On se mit à table, on mangea et on but abondamment, puis les chants et les danses continuèrent, toute la nuit. Vers minuit, les nouveaux mariés se retirèrent dans leur chambre nuptiale, magnifiquement ornée, et le vieux Morgan dit à Mona de les y accompagner et d'y rester, tenant à la main un cierge allumé. Quand le cierge serait consumé jusqu'à sa main, elle devait être mise à mort.

La pauvre Mona dut obéir. Le vieux Morgan se tenait dans une chambre contiguë, et, de temps en temps, il demandait :

— Le cierge est-il consumé jusqu'à votre main ?

— Pas encore, répondait Mona.

Il répéta la question plusieurs fois. Enfin, lorsque le cierge fut presque entièrement consumé, le nouveau marié dit à sa jeune épouse :

— Prenez, pour un moment, le cierge des mains de Mona, et tenez-le, pendant qu'elle nous allumera du feu.

La jeune Morganez, qui ignorait les intentions de son beau-père, prit le cierge. Le vieux Morgan répéta au même moment sa question :

— Le cierge est-il consumé jusqu'à votre main.

— Répondez oui, dit le jeune Morgan.

— Oui, dit la Morganez.

Et aussitôt le vieux Morgan entra dans la chambre, se jeta sur celle qui tenait le cierge, sans la regarder, et lui abattit la tête, d'un coup de sabre, puis il s'en alla.

Aussitôt le lever du soleil, le nouveau marié se rendit auprès de son père et lui dit :

— Je viens vous demander la permission de me marier, mon père.

— La permission de te marier ? N'es-tu donc pas marié, hier ?

— Oui, mais ma femme est morte, mon père.

— Ta femme est morte ? Tu l'as donc tuée, malheureux ?

— Non, mon père, c'est vous-même qui l'avez tuée.

— Moi, j'ai tué ta femme ?

— Oui, mon père, hier soir, n'avez-vous pas abattu d'un coup de sabre la tête de celle qui tenait un cierge allumé, près de mon lit ?

— Oui, la fille de la Terre ?

— Non, mon père, c'était la jeune Morganez que je venais d'épouser pour vous obéir, et je suis déjà veuf. Si vous ne me croyez pas, il vous est facile de vous en assurer par vous-même, son corps est encore dans ma chambre.

Le vieux Morgan courut à la chambre nuptiale et reconnut son erreur. Sa colère en fut grande.

— Qui veux-tu donc avoir pour femme ? demanda-t-il à son fils, quand il fut un peu apaisé.

— La fille de la Terre, mon père.

Il ne répondit pas et s'en alla. Cependant, quelques jours après, comprenant sans doute combien il était déraisonnable de se poser en rival de son fils auprès de la jeune fille, il lui accorda son consentement et le mariage fut célébré avec pompe et solennité.

Le jeune Morgan était rempli d'attentions et de prévenances pour sa femme. Il la nourrissait de petits poissons délicats, qu'il prenait lui-même, lui confectionnait des ornements de perles fines et recherchait pour elle de jolis coquillages nacrés, dorés, et les plantes et les fleurs marines les plus belles et les plus rares. Malgré tout cela, Mona voulait revenir sur la terre, auprès de son père et de sa mère, dans leur petite chaumière au bord de la mer.

Son mari ne voulait pas la laisser partir, car il craignait qu'elle ne revînt pas. Elle tomba alors dans une grande tristesse, et ne faisait que pleurer, nuit et jour. Le jeune Morgan lui dit un jour :

— Souris-moi un peu, ma douce, et je te conduirai jusqu'à la maison de ton père.

Mona sourit, et le Morgan, qui était aussi magicien, dit :

— Portail, élève-toi.

Aussitôt un beau pont de cristal parut, pour aller du fond de la mer jusqu'à la terre.

Quand le vieux Morgan vit cela, sentant que son fils en savait aussi long que lui, en fait de magie, il dit :

— Je veux aller aussi avec vous.

Ils s'engagèrent tous les trois sur le pont, Mona devant, Son mari après elle et le vieux Morgan à quelques pas derrière eux. Dès que les deux premiers eurent mis pied à terre. Le jeune Morgan dit :

— Portail, abaisse-toi.

Et le pont redescendit au fond de la mer, entraînant avec lui le vieux Morgan.

Le mari de Mona, ne pouvant l'accompagner jusqu'à la maison de ses parents, la laissa aller seule en lui faisant ces recommandations :

— Reviens au coucher du soleil, tu me retrouveras ici, t'attendant, mais ne te laisse embrasser, ni même prendre la main par aucun homme.

Mona promit, et courut vers la maison de son père. C'était l'heure du dîner, et toute la petite famille se trouvait réunie.

— Bonjour, père et mère, bonjour, frères et sœurs ! dit-elle, en entrant précipitamment dans la chaumière.

Les bonnes gens la regardaient, ébahis, et personne ne la reconnaissait. Elle était si belle, si grande et si parée. Cela lui fit de la peine, et les larmes lui vinrent aux yeux. Puis, elle se mit à faire le tour en disant :

— Voici le galet de mer sur lequel je m'asseyais, au foyer, voici le petit lit où je couchais, voici l'écuelle de bois où je mangeais ma soupe, là, derrière la porte, je vois le balai de genêt avec lequel je balayais la maison, et ici, le pichet avec lequel j'allais puiser de l'eau à la fontaine.

En entendant tout cela, ses parents finirent par la reconnaître et l'embrassèrent, en pleurant de joie, et les voilà tous heureux de se retrouver ensemble. Son mari avait bien recommandé à Mona de ne se laisser embrasser par aucun homme et, à partir de ce moment, elle perdit complètement le souvenir de son mariage et de son séjour chez les Morgans. Elle resta chez ses parents, et bientôt les amoureux ne lui manquèrent point. Mais elle ne les écoutait guère et ne désirait pas se marier.

La famille avait, comme tous les habitants de l'île, un petit coin de terre, où l'on mettait des pommes de terre, quelques légumes, un peu d'orge, et cela suffisait pour les faire vivre, avec la contribution journalière prélevée sur la mer, poissons et coquillages. Il y avait devant la maison une aire à battre le grain, avec une meule de paille d'orge. Souvent, quand Mona était dans son lit, la nuit, à travers le mugissement du vent et le bruit sourd des vagues battant les rochers du rivage, il lui avait semblé entendre des gémissements et des plaintes, à la porte de l'habitation, mais, persuadée que c'étaient les pauvres âmes des naufragés, qui demandaient des prières aux vivants oublieux, elle récitait quelques *De Profundis* à leur intention, plaignait les matelots qui étaient en mer, puis elle s'endormait tranquillement.

Mais, une nuit, elle entendit distinctement ces paroles prononcées par une voix plaintive à fendre l'âme :

— Oh ! Mona, avez-vous donc oublié si vite votre époux le Morgan, qui vous aime tant et qui vous a sauvée de la mort ? Vous m'aviez pourtant promis de revenir sans tarder, et vous me faites attendre si longtemps, et vous me rendez si malheureux ! Ah Mona, Mona, ayez pitié de moi, et revenez, bien vite !

Alors, Mona se rappela tout. Elle se leva, sortit et trouva son mari le Morgan, qui se plaignait et se lamentait de la sorte, près de la porte. Elle se jeta dans ses bras, et depuis, on ne l'a pas revue.

Témoignage de Marie Tual,
recueilli par François-Marie Luzel (mars 1873).

Carnac, le champ des *pierres plantées*

En ce temps là, saint Korneli était pape à Rome. Korneli, ou Corneille, s'attira bien vite (on prétend que ce fut la règle alors) les médisances et les méchancetés qu'on réservait aux premiers chrétiens. Craignant tout de même le martyre, ou dévoré de quelque zèle missionnaire, le saint homme jugea bon de fuir les milices romaines. Il s'en alla, flanqué d'une paire de bœufs qui portaient ses bagages. Lui-même, quand il était fatigué, ne dédaignait pas de monter à cru, tel Confucius, celui des deux qui paraissait le plus fort.

Les saints passent montagnes et détroits et franchissent les monts sans le moindre encombre. La foi fait figure de clairvoyance et l'innocence donne l'impétuosité qui manque aux voyageurs intéressés. Korneli donc se trouva bien vite en Bretagne. Il avait déjà contourné le golfe du Morbihan et suivait la route qui va d'An Alre à Karnag quand il rencontra des gens qui semaient de l'avoine. Il s'arrêta quelques instants pour bavarder et s'enquit aimablement de leur travail :

— Que semez-vous là ?

— De l'avoine, lui répondit-on.

— Alors, dit le saint, vous la récolterez demain.

Les paysans, médusés, crurent à quelque incongruité due aux fatigues du voyage et ne s'y attardèrent pas, le travail attendait, il fallait s'y remettre incontinent. La ruse réussit à merveille, le lendemain l'avoine était mûre, les paysans fauchaient à qui mieux mieux, préoccupés d'engranger avant l'orage (les miracles, s'ils fascinent les gens des campagnes, ne les étonnent guère) et les poursuivants romains étaient là :

— N'avez-vous pas vu un homme passer ici avec deux bœufs ?

— Oui, répondirent les faucheurs, nous étions en train de semer l'avoine.

— Alors, dit le centurion, ce n'est plus la peine de continuer de lui courir après, il a beaucoup trop d'avance sur nous, on ne le rattraperait jamais.

Et les Romains s'assemblèrent pour camper.

Derrière un vallonnement de terrain, au lieu-dit Le Moustoir, Korneli, pour se dissimuler à leurs regards, s'était caché dans l'oreille d'un bœuf, à l'étroit, mais content de son bon tour, il vit tout de même que le péril était grand. Et quand il aperçut trois des soldats venant dans sa direction il ne douta plus de l'urgence d'opérer quelque grande chose pour protéger sa fuite. Les champs arides s'étendaient à perte de vue, coupés çà et là de bosquets assez peu poétiques et même de marécages qui s'étendaient vers la mer. Il sut alors que cette nature ne lui en voudrait pas et, tel une fée terrible, il changea tous les Romains en pierre. À des kilomètres alentour la terre fut littéralement semée de ces étranges obélisques plantés la tête en bas, en rangs serrés. Ce sont les « soldats de saint Korneli » (*Soudarded sant Korneli*). En longues files, ces pierres ne parlent plus que le langage des grandes immobilités, la peur des revenants s'y fait plus pressante, et l'angoisse de la lande est indescriptible.

Des attardés, ceux qui boitaient ou qui étaient ivres, ne furent pas épargnés, le « géant » de Kerdrev, les « petits soldats » qui sont près de la rivière, au lieu-dit Le Petit Menec'h et jusque, dit-on, aux pierres détruites de Luffang, tout témoigne de la violence des métamorphoses chrétiennes.

Et pourtant il reste une énigme. Une énigme assez belle, dont la beauté aide à mieux se dessaisir des ténèbres de Karnag (le « charnier » ou le champ des « carneilloux »), tout près de Kerdrev, la pierre chevelue, se dresse le menhir de Krifol. Il est sur le flanc nord des alignements du Menec'h comme une sentinelle bienveillante. Fin, élancé, ceint de traînées de lichen jaune paille, il est vraiment le « jeune homme de Krifol », prodigue et amoureux, si insolent dans sa beauté et sa joie de vivre que Dieu lui-même, dans son courroux, avait décidé de le punir et l'avait changé en pierre. Allez le voir, sautez les petits murets qui cernent son champ de blé. Car il trône en

plein champ, un champ à sa mesure, d'un vert très tendre qui descend en pente douce vers les alignements. Il leur est supérieur et quelque chose vous dira sûrement qu'il est conscient de cette supériorité. C'est en quelque sorte sa vengeance. Il a failli se trouver ravalé au rang des cohortes romaines, mais il a eu la dernière liberté de n'être que leur sentinelle avancée.

Quant à Korneli, qu'en dire de plus, il vécut heureux bien sûr, entouré de la vénération des notables de l'endroit. Les cultivateurs l'honorèrent au-delà de sa mort, et des petits bœufs de bois peint, çà et là dans les petites églises du Pays vannetais, posés sur de petites tablettes à mi-hauteur des murs, rappellent allégrement le souvenir de l'attelage du saint.

Zacharie Le Rouzic, 1912.

Ar billig aour, le bassin d'Or

Un vieux faucheur, assis auprès de nous sur le gazon de la prairie, nous disait un soir, tout en battant le fer de sa faulx :

— A vous qui hochez la tête, ou qui avez l'air de rire quand un ancien raconte devant vous les merveilles du temps passé, allez donc, en revenant de dire vos prières à Rumengol, allez, par un beau clair de lune, dans la forêt du Krannou, allez plus loin que les ruines de l'Ermitage, approchez-vous sans bruit des pierres et des dolmens qui sont là couchés sous les ronces, écoutez au milieu du silence du soir... Vous ne verrez ni le ramier bleu, ni le dragon aux trois têtes, ni le nain noir qui gardait le bassin d'or, mais vous verrez passer les ombres des aventuriers morts dans ces lieux, les ombres des soldats francs tombés sous les coups du roi breton Morvan Lez-Breizh et de son écuyer, vous entendrez leurs gémissements et leurs soupirs.

Je me hâtai d'ajouter, en voyant le sourire de l'incrédulité monter aux lèvres de mes jeunes amis :

— Qui oserait douter de vos discours et rire des choses terribles que vous savez et que vous allez nous conter, n'est-ce pas ?

Rassuré par mon air sérieux, le vieux faucheur prit la parole :

— Il est bon de vous dire qu'autrefois, quand les Bretons étaient un peuple libre, tous les jeunes *paotred* (gars) qui avaient du foin dans leurs galoches, s'arrêtaient, en revenant de

Rumengol, au village de Kimerc'h. Ils ne manquaient pas d'entrer chez Yvon *ar pinvidik* (le riche) et, connaissant très bien son avarice, ils lui offraient poliment du *butun mat* (bon tabac) pour avoir le temps de voir sa fille, la bonne et charmante Bellah, en lui faisant les yeux doux. Yvon fumait tranquillement une pipée, puis il prenait le joli garçon par la main et lui disait :

— *Kenavo* l'ami ! Garde tes yeux bleus et les soupirs de ton cœur, Bellah est la fiancée du *Pillig Aour* (du Bassin d'Or), elle est promise à celui qui lui apportera en dot le beau bassin qui change en or le cuivre et le fer, il se trouve au château de Kerarevarv[1], dans la forêt du Krannou. Tiens, voilà le chemin.

A ces mots Yvon plantait là le camarade et refermait promptement sa porte. Souvent le pauvre innocent allait errer dans la forêt, s'y égarer et mourir, d'autres plus finauds partaient pour consulter les sorciers, chercher des *louzoù* (remèdes) ou autre chose, mais aucun ne revenait. Bellah soupirait tristement et commençait à avoir peur de rester fille.

Un soir cependant un jeune paysan, orphelin, sans bien ni rente, mais d'une figure d'ange et d'une piété de saint, passa devant la maison de Bellah, se rendant à Rumengol en pèlerinage. La *pennherez* (héritière) pensive, à la petite fenêtre, regardait les nuages passer et les oiseaux voler dans le ciel. Le petit voyageur accablé de fatigue s'assit sur la pierre devant la porte, souhaita le bonsoir à la paysanne et lui demanda des nouvelles de toute la maisonnée. Yvon était absent. Les jeunes gens causèrent sans témoins… Que se dirent-ils ? Nous n'en savons rien, toujours est-il que Lanig (c'était le nom du petit pèlerin) s'éloigna joyeux de la maison, en regardant une bague qu'il n'avait pas avant d'avoir causé avec Bellah. Il se rendit à

1. *Ker ar re varv*, village des morts.

Rumengol, fit bien dévotement ses prières, trempa son anneau dans le bénitier et s'en revint à la nuit close. Il se dirigea vers la forêt du Krannou, s'étendit sur la fougère et attendit le petit jour. A son réveil, quel fut son étonnement de voir, perché sur une branche, à deux pas de lui, un beau ramier bleu qui roucoulait en le regardant. Lanig admira le bel oiseau pendant quelques minutes, puis il se leva et prit le premier sentier qui s'offrit à ses regards. Mais le ramier alla se placer encore sur un buisson voisin, en battant des ailes avec tant de force, que le paysan s'arrêta tout surpris. Changeant alors de direction, le ramier voltigea doucement devant lui et Lanig le suivit instinctivement. Il s'amusait à tailler avec son couteau une branche de houx et en faisait une petite croix blanche. Bientôt il aperçut à travers les arbres les hautes tourelles et le colombier d'un manoir.

— C'est sans doute Kerarevarv, se dit tout bas Lanig, et il fit le signe de la croix en pensant à Bellah qui devait prier pour lui. Alors, il ne put voir sans trembler que les murs avaient cent pieds de haut, et que les portes, brillant au soleil, paraissaient doublées d'argent et de fer, de plus, il vit au-dessus du grand portail un *korrigan du* (nain noir) qui avait un œil sur le milieu du front et un œil derrière la tête, si bien que quand un œil dormait l'autre veillait, et ce vilain moricaud, tout tordu et bossu (*tortig*), tenait une longue lance à la main. Mais comme Lanig était à deux cents pas du château, il continua de marcher sans crainte. Tout à coup, la lance du nain s'abaissa de son côté et s'allongea tellement que c'en était fait de notre imprudent, s'il n'eût tendu en avant son bras armé de la petite croix blanche. Frappé de surprise et d'effroi, le pauvre enfant regarda le ramier bleu qui, perché sur un buisson, l'observait et semblait dire par les battements de ses ailes, voilà un pauvre *genaouek* (nigaud).

Pour lors[2] il se rappela que le recteur[3], en chaire, avait dit que la patience et la vertu triomphent de tous les obstacles et des pièges du démon. Il se mit à genoux pour dire un « Notre Père », et ensuite il s'assit sur ses sabots pour réfléchir. Le pigeon bleu commença sous le feuillage ses tendres roucoulements. Lanig ne trouva rien de mieux que d'imiter son compagnon emplumé et chanta plusieurs cantiques bretons. Le ramier roucoulait plus fort et le petit paysan en souvenir de Bellah, entonna un air de Cornouaille :

An hini gozh eo va dous, (La vieille est ma douce)
An hini yaouank a zo koant. (La jeune est jolie...)

Alors le korrigan, qui sans doute aimait la gavotte, se mit à danser et à se trémousser sur le rempart. Le chanteur riait, tout bas dans son cœur, de la danse de ce vilain être – car c'est fort drôle un nain bossu qui danse sur un mur – mais, à la troisième gavotte, la lance du monstre lui échappa des mains et roula sur la terre. De peur qu'il ne s'en aperçût, Lanig continua le bal par un *jabadao,* si bien qu'épuisé de fatigue, le korrigan tomba sur le mur de tout son long en soufflant comme un *pemoc'h* (cochon). Lanig chanta encore quelques airs plus doux, puis une complainte bien triste, dont les accents endormirent le petit bossu qui poussa bientôt des ronflements effroyables. Le chanteur s'avança alors vers le manoir, mais comment ouvrir une porte aussi solide ?

Le sommeil du nain était tellement agité qu'il avait l'air de vouloir danser encore. À force de se tourner et retourner, il

---

2. Alors, pour lors, *neuze, en amzer-se* (en breton) Il faut pardonner la répétition de ces mots dans nos récits. Le conteur breton s'en sert à chaque phrase.
3. Curé.

roula sur le mur et tomba au pied du rempart. Le petit paysan vit avec frayeur s'ouvrir un de ses yeux. Il se dit que le salut de tant de chrétiens, que ce monstre avait tués, lui commandait d'agir sans peur, et saisissant la lance du korrigan, il le cloua contre la terre. Ce ne fut pas sans regret, pour sûr, car notre garçon était humain et n'aimait ni dénicher les nids, ni martyriser les bêtes, comme tant de méchants enfants.

Quand le korrigan fut bien mort, Lanig saisit le trousseau de clefs qui pendait à sa ceinture, choisit la plus grosse, et ouvrit le portail. Il vit une cour immense, et au milieu un dragon attaché par une chaîne dont les anneaux s'allongeaient de manière à lui permettre d'atteindre les coins les plus reculés le la cour. Au surplus, le dragon lançait du feu par ses trois têtes. La place était couverte des ossements d'une foule d'hommes venus là pour le bassin d'or et dévorés par le dragon ou par le korrigan. Le jeune garçon avait bien pour se défendre la lance du nain mort, mais, outre qu'elle ne s'allongeait plus dans ses mains, il n'aurait jamais eu ni la force, ni le courage de soutenir un pareil combat. Il fit une prière mentale et se repentit d'avoir commis un meurtre inutile. Il se prit même à pleurer et fouilla sa poche pour y prendre son mouchoir, au lieu de ce *pilhou* (chiffon), il y trouva une galette de blé noir qu'il avait oublié de manger la veille à son souper, tant les affaires l'occupaient déjà. Comme il n'avait pas encore faim, il cassa en deux morceaux sa galette et en jeta la moitié au dragon qui la dévora subitement avec des grognements de satisfaction. Pour un pauvre innocent de Cornouaillais, ne sachant guère que manger des mûres ou des guignes, et hâner ses prières, vous allez voir que Lanig n'était pas trop bête, il se dit que puisque le dragon avait gloutonné la première moitié de sa galette avec tant de plaisir, il avalerait la seconde sans y regarder davantage.

Là dessus il sortit de la cour, arracha du bout de la lance le fer pointu et tranchant des deux côtés, enveloppa ce fer dans le morceau de galette, après avoir tracé par-dessus un signe de croix avec sa bague, et rentra dans la cour, puis, montrant au dragon alléché le morceau friand qu'il avait préparé, il se rapprocha un peu, et lui dit :

— *Debr, dragonig ker* (Mange, cher petit dragon).

Le monstre à trois têtes ouvrit sa gueule du milieu, de peur de manquer une aussi belle proie, que Lanig y lança vivement et qui fut engloutie d'un seul trait. Mais au bout de trois secondes, les yeux de ce *lonkeg* (glouton) s'allumèrent, des flots d'écume, de feu et de sang sortirent avec des sifflements affreux de ses trois têtes. Le paysan effrayé s'enfuit et referma le portail pour ne pas être témoin de cette hideuse agonie. Le vacarme dura longtemps dans la cour de Kerarevarv, car le monstre avait la vie dure. Le ciel était couvert d'oiseaux de proie attirés par l'odeur de ce carnage inusité. À la fin, les hurlements diminuèrent, s'affaiblirent et tout rentra dans le silence. Ce ne fut qu'après trois quarts d'heure au moins que notre *trec'her* (vainqueur) osa s'aventurer dans la cour. Il fit un long circuit dans l'enceinte remplie d'une fumée épaisse afin d'éviter le dragon qui brûlait encore, pareil aux ruines d'un incendie mal éteint. Il arriva enfin à la porte du manoir, où, après avoir soulevé un loquet d'or garni de clous du même métal, il entra dans un vestibule spacieux et magnifique et au milieu, sur un meuble charmant, d'un bois dont le nom est inconnu, se trouvait le *Pillig aour* (le bassin d'or) Lanig se saisit à la hâte de ce talisman précieux, et jetant les yeux dans la pièce voisine, il vit des choses si belles, des richesses si merveilleuses, qu'il allait y porter ses pas. Lorsque du dehors les roucoulements plaintifs du ramier parvinrent à ses oreilles, il s'arrêta sur le seuil, détourna ses regards éblouis, hésita peut-être une minute, et s'élança hors du château sans regarder derrière lui. Revenu dans la forêt, il se jeta à genoux en pleurant de joie, puis ayant fait une courte prière il releva la tête, et regarda de tous côtés :

— Ô merveille !

Les hautes murailles de Kerarevarv avaient disparu, il n'y avait plus qu'un tas de cendres fumantes à la place où le dragon avait brûlé.

Pour en finir, car il est temps d'aller se coucher, mes amis, Lanig retrouva son pigeon bleu, qui vint l'aider à sortir de la forêt. Alors le ramier se changea, dit-on, en une belle dame. Elle lui apprit qu'elle était venue du paradis pour le protéger, parce qu'il était pieux et pour chasser le démon qui régnait à Kerarevarv, depuis le crime d'un ancien seigneur. Finalement la dame disparut dans un nuage bleu. L'heureux paysan rap-

porta le bassin d'or au vieil Yvon, et ne tarda pas à épouser sa fille. Il y eut même de fort belles noces qui durèrent trois jours et auxquelles assista celui qui a composé cette histoire. Il y eut des sonneurs, du *kig sal* (lard), du cidre et de tout... Mais, hélas ! Yvon eut beau jeter chaque jour des pièces de toutes sortes dans le bassin, jamais elles ne changèrent de nature, tellement que, trompé dans ses calculs d'avarice, il mourut de dépit et de chagrin.

Cependant, le bassin d'or n'en fut pas moins le prix de la piété de Lanig, et le bonheur qu'il lui procura, en lui faisant épouser Bellah, valait à ses yeux mille fois plus que des métaux précieux.

— Sans doute, ajouta quelqu'un, mais je crois que quelques pièces d'or n'auraient pas fait de mal au ménage de Bellah.

— Pardonnez-moi, reprit le faucheur, il resta au bon Lanig un bassin toujours plein d'or, c'était son cœur, rempli de vertu et d'amour du travail, exemple précieux que, mieux que la fortune, les pères doivent léguer à leurs enfants.

Ernest du Laurens de la Barre

Les Korrigans de Plaodren

Il y avait autrefois, en Cornouaille, une race de nains, ou korrigans, partagée en quatre peuplades qui habitaient les bois, les landes, les vaux et les métairies. Ceux qui habitaient les bois s'appelaient *kornikaned,* parce qu'ils chantaient dans de petites cornes qu'ils portaient suspendues à leur ceinture, ceux qui habitaient les landes s'appelaient *korilhed* parce qu'ils passaient toutes les nuits à danser des rondes au clair de lune, et ceux qui habitaient les vaux s'appelaient *poulpiked,* c'est-à-dire qui ont leurs terriers dans les lieux bas[1]. Quant aux *teuzed,* c'étaient de petits hommes noirs qui se tenaient dans les prés et les blés mûrs, mais, comme les autres korrigans les accusèrent d'être les amis des chrétiens, ils furent obligés de s'enfuir dans le Léon où il en reste encore peut-être quelques-uns.

Du temps dont je parle, il y avait donc, par ici, que des *kornikaned,* des *poulpiked* et des *korilhed,* mais ils étaient en si grand nombre que, la nuit venue, bien peu de gens osaient s'aventurer près de leur palais de pierre.

---

1. *Korr* veut dire nain, *Korrig,* petit nain. *Kanañ,* chanter, donc *korrig*an voudrait dire petit nain qui chante. *Poull* signifie mare, lieu bas. *Pikañ,* veut dire fouiller, et les *poulpiked* sont les fouilleurs des mares. Danse se dit *koroll,* donc les *korilhed* sont les danseurs.

Il y avait surtout en Plaodren, auprès du petit bourg de Lokeltaz, une lande appelée *Motenn-Dervenn* (la Terre du chêne), dans laquelle se trouvait un grand village de korrigans que l'on peut voir encore aujourd'hui. Les méchants nains y venaient danser toutes les nuits, et celui qui osait alors traverser la lande était sûr d'être entraîné dans leur ronde et forcé de tourner avec eux jusqu'au premier chant du coq, aussi ne se hasardait-on pas à y aller.

Cependant, un soir, Benead Gwilcher, qui revenait avec sa femme d'un champ où il avait mené la charrue tout le jour pour le compte d'un fermier de Cadoudal, prit la lande hantée afin de raccourcir le chemin. Il était de bonne heure, et il espérait que les korrigans n'auraient point encore commencé leur danse, mais arrivé au milieu du *Motenn-Dervenn,* il les aperçut éparpillés autour des grandes pierres, comme des oiseaux sur un champ de blé. Il allait retourner en arrière, lorsque les cornes des nains des bois et les cris d'appel des nains des vallées retentirent derrière lui. Benead sentit ses jambes trembler et dit à sa femme :

— Santez Anna ! Nous sommes perdus, car voici les *kornikaned* et les *poulpiked* qui viennent rejoindre les *korilhed* pour mener le bal toute la nuit. Ils nous forceront à danser jusqu'au jour, et mon pauvre cœur n'y pourra tenir.

De fait, les troupes de korrigans arrivaient de tous côtés, entourant Gwilcher et sa femme comme les mouches de l'août entourent une goutte de miel, mais ils s'écartèrent en apercevant la petite fourche à nettoyer la charrue que Benead tenait à la main, et ils se mirent à chanter tous ensemble :

Laissons-le, laissons-la,
Fourche de charrue il a,

Laissons-la, laissons-le,
La fourchette est avec elles.[2]

Gwilcher comprit alors que le bâton qu'il tenait à la main était une défense magique contre les korrigans, et il passa au milieu d'eux avec sa moitié de ménage sans avoir rien à souffrir.

Ce fut un avertissement pour le pays. A partir de ce jour, tout le monde sortit le soir avec la petite fourche et l'on put traverser, sans crainte, les bruyères et les vaux.

Mais Benead ne trouva pas que ce fût assez d'avoir rendu ce service aux Bretons, c'était un homme d'esprit curieux et subtil, et d'aussi joyeuse humeur qu'aucun bossu des quatre évêchés bretonnants. Car je ne vous ai point encore dit que Benead portait une bosse de naissance placée juste entre les deux épaules et dont il eût bien voulu se défaire au prix coûtant. Du reste, on le regardait comme un bon mercenaire, gagnant sa journée en conscience et, aussi, comme un vrai chrétien.

Un soir, ne pouvant plus résister à son désir, il prit sa petite fourche, après s'être recommandé à sainte Anne, et s'en alla vers le *Motenn-Dervenn.*

Du plus loin que les korrigans le virent, ils accoururent en criant :

— C'est Benead Gwilcher !

— Oui, mes petits hommes, c'est moi, répondit le bossu jovial, je viens vous faire une visite de voisinage.

— Sois le bienvenu, répliquèrent les korrigans. Veux-tu danser avec nous ?

---

2. *Lez-hi, lez-hañ,*
Bazh an arar zo gantañ,
Lez-hañ, lez-hi,
Bazh an arar zo ganti.

— Faites excuse, braves gens, reprit Gwilcher, mais vous avez l'haleine trop longue pour un pauvre infirme.

— Nous nous arrêterons quand tu le voudras, crièrent les korrigans.

— Me le promettez-vous, dit Benead, qui n'eût pas été fâché d'essayer la ronde, par curiosité, pour pouvoir en parler.

— Nous te le promettons, répondirent les nains.

— Sur la croix du Sauveur ?

— Sur la croix du Sauveur.

Le bossu, persuadé qu'un pareil serment le mettait à l'abri de tout malheur, prit place dans la chaîne, et les korrigans commencèrent la ronde en répétant leur chant accoutumé :

Dilun, dimeurzh, dimerc'her,
Dilun, dimeurzh, dimerc'her[3].

Au bout de quelques instants, Gwilcher s'arrêta.

Sauf le respect que je vous dois, mes gentilshommes, dit-il aux nains, votre chanson et votre danse me paraissent peu variées, vous vous arrêtez trop tôt dans la semaine, et, sans être un rimeur habile, je crois que je puis allonger le refrain :

— Voyons ! Voyons ! répétèrent les nains.

Alors le bossu reprit :

Dilun, dimeurzh, dimerc'her,
diriaou, digwener, disadorn[4].

Une grande rumeur s'éleva parmi les korrigans :

— *Start ! Start !*[5] crièrent-ils, en entourant Gwilcher, tu es un chanteur d'esprit et un beau danseur, répète, répète.

Le bossu répéta :

---

3. C'est le chant des korrigans : lundi, mardi, mercredi.
4. Jeudi, vendredi, samedi.
5. Cri d'encouragement des Bretons.

Dilun, dimeurzh, dimerc'her,
diriaou, digwener, disadorn.

Tandis que les korrigans tournaient avec une joie folle. Enfin ils s'arrêtèrent et, se pressant autour de Gwilcher, ils dirent tous à la fois :

— Que veux-tu ? Que désires-tu ? Richesse ou beauté ? Fais un souhait, et nous te donnerons ce que tu auras voulu.

— Parlez-vous sérieusement ? demanda le journalier.

— Que nous soyons condamnés à ramasser grain à grain tout le mil de l'évêché si nous te trompons, répondirent-ils.

— Eh bien, reprit Gwilcher, puisque vous voulez me faire un cadeau et que vous m'en laissez le choix, je ne vous demande qu'une chose, c'est d'enlever ce que j'ai là, entre les deux épaules, et de me rendre aussi droit que le bâton de la bannière de Lokeltaz.

— Bien, bien, répliquèrent les korrigans, sois tranquille, viens- ici !...

Et, saisissant Gwilcher, ils le firent pirouetter dans l'air, ils le lancèrent de l'un à l'autre, comme une pelote de laine, jusqu'à ce qu'il eût achevé le tour du cercle. Alors il retomba sur ses pieds, étourdi, étouffé, mais sans bosse ! Benead était rajeuni, agrandi, embelli ! A moins d'être sa mère, c'était à ne plus le reconnaître.

Vous devinez quel étonnement quand il reparut à Lokeltaz ! On ne pouvait croire que ce fût Gwilcher, sa femme elle-même ne savait trop si elle devait le recevoir. Pour se faire reconnaître, il fallut que l'ancien bossu lui dit, au juste, combien elle avait de coiffes dans sa crédence[6] et quelle était la couleur de ses bas. Enfin, quand on fut assuré que c'était bien lui, chacun voulut savoir comment avait pu se faire un pareil changement, mais Benead pensa que s'il l'avouait on le regarderait comme le compère des korrigans, et que, toutes les fois qu'il y aurait un bœuf égaré ou une chèvre disparue, on s'en prendrait à lui pour les retrouver. Aussi répondit-il à ceux qui l'interrogeaient que tout s'était fait à son insu pendant qu'il dormait sur la lande. Les mal tournés le crurent et allèrent, tous les jours, se coucher dans les bruyères, avec l'espoir de se réveiller plus droits; mais d'autres comprirent qu'il y avait un secret dont Gwilcher ne voulait rien dire.

Parmi ceux-ci, se trouvait un tailleur aux cheveux rouges et aux yeux de travers, que l'on appelait Per Balibouzig, parce qu'il bredouillait en parlant. Ce n'était point, comme sont d'habitude ses pareils, un compagnon rimeur aussi gai sur son établi que le rouge-gorge sur sa branche et sentant les crêpes de froment d'aussi loin que le chien sent le gibier. Balibouzig ne riait pas, ne chantait jamais et ne se nourrissait que de pain d'orge, dans lequel on voyait les pailles. C'était un avare et, de plus, un mauvais chrétien qui prêtait son argent à de si gros intérêts, qu'il ruinait tous les pauvres journaliers du pays. Gwilcher lui devait cinq écus depuis longtemps, sans pouvoir

6. *Kredañs* : armoire dans le breton de Vannes. C'est évidemment de là qu'est venu crédence, vieux mot français encore en usage dans plusieurs provinces pour désigner une sorte de buffet.

les rendre. Per alla le trouver et les lui demanda de nouveau. L'ancien bossu s'excusa, en promettant de s'acquitter après les foins mais Balibouzig déclara qu'il ne lui accorderait un délai qu'à la condition de savoir qui l'avait rajeuni et redressé. Ainsi forcé de tout avouer, Gwilcher raconta sa visite aux korrigans, il dit quels mots il avait ajoutés à leur refrain et comment on lui avait donné à choisir entre deux souhaits.

Per se fit répéter plusieurs fois tous les détails, puis s'en alla, en avertissant son débiteur qu'il lui laissait huit jours pour trouver les cinq écus.

Mais ce qu'il venait d'apprendre avait éveillé toute sa rage d'avarice. Il résolut, dès le soir même, de se rendre au *Motenn-Dervenn,* de se mêler à la danse des korrigans, et d'obtenir aussi le choix entre les deux souhaits proposés à Gwilcher : richesse ou beauté.

Dès que la lune fut levée, voilà donc Balibouzig le louche qui s'achemine vers la lande, sa petite fourche à la main. Les korrigans l'aperçoivent, accourent à sa rencontre et lui demandent s'il veut danser. Per y consent, après avoir fait ses conditions comme Benead, et il entre dans la ronde des petits hommes noirs qui se mettent à répéter le refrain agrandi par Gwilcher :

Dilun, dimeurzh, dimerc'her,
diriaou, digwener, disadorn.

— Attendez ! s'écrie le tailleur saisi d'une inspiration subite, moi aussi je veux ajouter quelque chose à votre chanson.

— Ajoute, ajoute, répondirent les korrigans.

Et tous reprirent ensemble :

Dilun, dimeurzh, dimerc'her,
diriaou, digwener, disadorn.

Ils s'arrêtèrent, et Balibouzig ajouta seul, en bégayant :

— Ha di... di... di... disul...

Les nains poussèrent une longue clameur :

— Après ! crièrent-ils tous à la fois.

— Di... disul aussi, répéta le tailleur.

— Mais après... après.

— Di... disul.

— Après, après, après !

— Di... disul aussi !

Le cercle des korrigans se rompit. Tous couraient comme furieux de ne pouvoir se faire comprendre. Le pauvre bègue, épouvanté, demeura la bouche ouverte, sans pouvoir rien dire. Enfin les flots de petites têtes noires s'apaisèrent un peu, ils entourèrent Balibouzig, et mille voix crièrent en même temps :

— Fais un souhait ! fais un souhait !

Per reprit courage.

— Un sou... sou...hait, répéta-t-il, Gwilcher a choi...si entre richesse et beauté.

— Oui, Gwilcher a choisi beauté et laissé richesse.

— Eh bien, moi, je choisis ce que Gwil... Gwilcher a laissé.

— Bien, bien ! crièrent les korrigans, viens ici, tailleur.

Per, enchanté, s'approcha. Ils l'enlevèrent comme ils avaient enlevé Benead, le firent rebondir de main en main jusqu'au bout de la chaîne et, quand il retomba sur ses pieds, il avait entre les deux épaules ce que Gwilcher avait laissé, c'est-à-dire une bosse.

Le tailleur ne s'appelait plus Balibouzig tout court, c'était maintenant Tortig-Balibouzig[7].

Le pauvre déformé revint à Lokeltaz, honteux comme un chien qui a eu la queue coupée. Dès qu'on apprit ce qui lui

---

7. Du breton *Tort* : bossu, *Tortig* : petit bossu.

était arrivé, il n'y eut personne qui ne voulût le voir. Toutes les commères venaient, avec un vieux sabot dans la main, sous prétexte de demander du feu[8], et chacune criait « ma Doue benniget ! » en voyant son dos devenu aussi rond que la margelle d'un puits. Per enrageait sous sa bosse et jurait tout bas qu'il se vengerait de Gwilcher, car lui seul était cause du malheur, c'était le favori des korrigans et il leur avait, sans doute, demandé de faire cet affront à son créancier.

Aussi, les huit jours promis une fois écoulés, Tortig-Balibouzig annonça à Benead que, s'il ne pouvait lui payer ses cinq écus, il allait avertir les hommes de justice de faire tout vendre chez lui. Benead eut beau le prier, le nouveau bossu ne voulut rien écouter et annonça que, dès le lendemain, il mettrait en foire[9] ses meubles, ses outils et son pourceau.

La femme de Gwilcher jeta les hauts cris, en répétant qu'ils étaient déshonorés dans la paroisse, qu'il ne leur restait plus qu'à prendre le bissac et le bâton blanc pour aller mendier aux portes, que c'était bien la peine, à Benead, d'être devenu un homme droit et de belle prestance pour se laisser mettre la ceinture de paille[10] et mille autres choses sans raison, comme en disent les femmes affligées... et celles qui ne le sont pas.

A toutes ces plaintes, Gwilcher ne répondait rien, sinon qu'il fallait s'en remettre à la volonté de Dieu et de sainte Anne, la patronne des Bretons, mais son cœur était humilié jusqu'au fond. Il se reprochait maintenant de n'avoir point préféré

---

8. Habitude bretonne.

9. Expression bretonne pour désigner la vente des meubles d'un débiteur : *Ober foar war arrebeuri.*

10. Expression bretonne, venant de ce qu'autrefois les insolvables étaient promenés autour de la paroisse avec une ceinture de paille.

richesse à beauté, quand on lui avait laissé le choix, et il eût voulu pouvoir reprendre sa bosse bien garnie d'écus d'or ou même d'argent. Après avoir cherché en vain un moyen de sortir d'embarras, il se décida donc à retourner au *Motenn-Dervenn.*

Les korrigans le reçurent avec des clameurs de joie, comme la première fois, et lui firent place dans leur ronde. Quoique Benead n'eût guère le cœur au plaisir, il ne voulut point attrister la danse et il se mit à sauter de toutes ses forces. Les nains ravis couraient comme les feuilles mortes que le vent fait tourbillonner en hiver. Tout en courant, ils répétaient le premier vers de leur chanson, leur compagnon répondait par le second, ils reprenaient le troisième, et, comme c'était le dernier, Gwilcher était obligé de terminer l'air sans paroles, ce qui, au bout de quelque temps, lui parut ennuyeux.

— Si j'osais dire mon avis, mes petits seigneurs, dit-il aux korrigans, votre chanson me fait le même effet que le chien du boucher, elle marche sur trois jambes.

— C'est la vérité ! C'est la vérité ! crièrent toutes les voix.

— Je crois, reprit Benead, qu'elle aurait meilleure façon si on lui ajoutait un quatrième pied.

— Ajoute, ajoute ! répétèrent les nains.

Dilun, dimeurzh, dimerc'her,
diriaou, digwener, disadorn.
Gant disul ivez...[11]

Il y eut un court silence; les nains attendaient ce que Gwilcher allait dire.

Hag echu ar sizhun ![12]

11. (...) Avec dimanche aussi...
12. Et finie la semaine !

Mille cris qui ne formaient qu'un cri s'élevèrent de tous les côtés de la lande. En un instant, tout fut couvert de korrigans qui accouraient, il en sortait des touffes d'herbe, des bouquets de genêts, des fentes de rochers, on eût dit une ruche de petits hommes noirs, tous ils gambadaient parmi les bruyères, en criant :

Gwilcherig, ar mignon deomp,
'n deus echu arest ar Mestr.[13]

— Sur mon salut, que veut dire ceci ! s'écria Benead étonné.

— Cela veut dire, répliquèrent les korrigans, que Dieu nous avait condamnés à rester parmi les hommes et à danser toutes les nuits, sur les landes, jusqu'à ce qu'un chrétien eût complété notre refrain. Tu l'avais déjà allongé et nous espérions que le tailleur envoyé par toi le finirait, mais il s'est arrêté au moment de l'achever, et c'est pourquoi nous l'avons puni. Tu viens heureusement de faire ce qu'il n'avait point fait, notre temps d'épreuve est fini et nous retournons dans notre royaume qui s'étend sous la terre, plus bas que la mer et les rivières.

— S'il en est ainsi, dit Gwilcher, et que vous m'ayez cette obligation, ne partez point sans tirer de peine un ami.

— Que te faut-il ?

— De quoi payer Balibouzig aujourd'hui et le fournier[14] toujours.

— Prends nos sacs, prends nos sacs ! s'écrièrent les korrigans.

Et ils jetèrent aux pieds de Benead les petites poches de toile rousse qu'ils portaient en bandoulière.

Celui-ci en ramassa autant qu'il en put porter et s'encourut, tout joyeux à la maison.

---

13. Gwilcherig notre cher sauveur, a mis fin à l'arrêt du Seigneur.

14. Ce sont les fourniers qui, dans les villages bretons, exercent la profession de boulangers.

— Allumez la résine, cria-t-il à sa femme, en entrant, et fermez la claie, afin qu'aucun voisin ne puisse nous voir, car j'apporte de quoi acheter trois paroisses avec leurs juges et leurs recteurs.

En même temps, il déposa sur la table tous les petits sacs et se mit à les ouvrir. Mais, hélas ! Il avait calculé le prix du beurre avant d'avoir acheté la vache[15]! Les sacs ne renfermaient que du sable, des feuilles mortes, des crins et une paire de ciseaux.

A cette vue, il poussa un si grand cri, que sa femme, qui était allée fermer la porte, revint sur ses pas en demandant ce qu'il y avait. Benead lui raconta sa promenade au *Motenn-Dervenn*, et tout ce qui s'y était passé.

— Que sainte Anne nous assiste ! s'écria la femme effrayée, les korrigans se sont joués de toi.

— Hélas ! Je le vois bien maintenant, répondit Gwilcher.

— Et tu as osé, malheureux que tu es ! Toucher à ces sacs qui ont appartenu à des maudits.

— Je croyais y trouver quelque chose de meilleur, répondit piteusement Benead.

— Il ne vient rien de valeur de qui ne vaut rien, répliqua la femme acariâtre, ce que tu apportes là va jeter un mauvais sort sur la maison. *Ma Doue !* Pourvu qu'il me reste de l'eau bénite.

Elle courut à son lit, décrocha du mur un petit bénitier de faïence et y trempa une branche de buis, mais à peine la rosée de Dieu eut-elle touché les sacs, que les crins se changèrent en colliers de perles, les feuilles mortes en pièces d'or et le sable en diamants ! L'enchantement était détruit et les richesses que les korrigans avaient voulu cacher aux chrétiens étaient forcées de reprendre leur véritable apparence !

---

15. Trompus a zo kompodiñ an amann.

Gwilcher rendit à Balibouzig ses cinq écus, il donna à chaque pauvre de la paroisse un boisseau de blé avec six aunes de toile, et paya au recteur cinquante messes à dix sous. Puis il partit avec sa femme pour Josselin où ils achetèrent une maison et où ils eurent des enfants qui, aujourd'hui, sont devenus des gentilshommes.

Émile Souvestre, 1845.

La femme blanche des marais

Nous sommes à la deuxième moitié du seizième siècle. Catholiques et huguenots se battent fort rudement dès qu'ils se rencontrent. Or Monsieur de Rohan s'est fait huguenot, ce qui n'avait rien d'étonnant pour un tel seigneur. Il est d'une lignée qui n'a jamais eu qu'une seule ligne de conduite, un appétit démesuré pour le pouvoir.

Le chef des hommes d'armes de Rohan, Guy de Plélan est, comme son maître, un soudard sans foi ni loi vivant de rapines. Lui et sa bande de spadassins pillent chaumières et châteaux.

Amaury de Malestroit, quant à lui, guerroie contre les huguenots. Il a laissé sa femme, Marguerite de Guer, aux bons soins de Toussaint Rocher un chasseur de métier.

Ce Toussaint est un homme des marais. Son enfance s'était passée sur les bords de l'Oust, et depuis plusieurs années, il est le veneur du château de Malestroit. De Malestroit et son beau-père, Monsieur de Guer combattent avec la Ligue du duc de Mercœur. Leurs succès les emmènent de plus en plus loin de chez eux.

Ils songent à la belle Marguerite, épouse de l'un et fille de l'autre, mais ils ne s'en font pas, la confiance en Toussaint était absolue.

Quand jeune, Marguerite fut en âge de se marier, elle repoussa Guy de Plélan, lui préférant le seigneur de Malestroit. Depuis, de Plélan voue une haine mortelle aux deux époux.

Cette nuit-là, profitant de l'absence de son époux, il est bien décidé à enlever Marguerite dans son château de Malestroit. Pas moins de cinquante cavaliers l'accompagnent dans ce funeste projet.

De Plélan arrive au château, qui n'était que peu gardé, et entre à coups d'épées et de masses. Il interdit à quiconque de piller avant que la châtelaine ne lui soit remise.

Il s'installe dans la grande salle du château, boit du vin et attend. Elle demeure introuvable et l'impatience s'empare de lui. Armé d'une torche, il parcourt les couloirs du château, espérant que chaque porte lui livrerait Marguerite.

Heureusement, peu de temps après, les hommes reviennent bredouilles, ayant juste un jeune adolescent avec eux. Ivre, de Plélan décide de faire pendre le jeune homme, mais en même temps, aussi un de ses propres hommes en guise de punition.

— Comment te nommes-tu ? lui demanda le capitaine.

— Chantepie !

— Et bien Chantepie, la pie chante... qu'on le pende à un des arbres de l'avenue.

Cependant Chantepie s'adresse à Guy de Plélan et lui glisse à l'oreille :

— Monsieur, bien fou le chasseur qui tue son chien ! Car ce que vous cherchez, je peux vous y mener.

Ils discutent ainsi et Chantepie révèle qu'il existe plein de galeries souterraines qui permettent de quitter les lieux en toute discrétion.

On cherche donc les trappes d'accès et tous les soldats s'y s'engouffrent... Mais on chercha en vain.

Sur la route de Pontivy, le fidèle Toussaint Rocher chevauche à bride abattue, avec le fils d'Amaury de Malestroit dans les bras et la jeune épouse qui le suit. Toujours aux aguets, il avait vu arriver les huguenots et, aidé par Chantepie qu'il considérait comme son fils, il avait fui.

Noël Torrec, dit Chantepie, surnom dû à sa perpétuelle bonne humeur, moissonnait les macres et les apportait souvent au château de Malestroit. Sinon, il vivait dans le marais dont il connaissait chaque coin et recoin. C'était son domaine, et lui seul pouvait s'approcher impunément du gouffre de Trémeulé où planait cet énorme spectre qu'on nommait la Femme Blanche.

Les deux fuyards ne peuvent libérer leur esprit et ils s'arrêtent pour prier pour Chantepie qu'ils savent en grand danger.

Chantepie durant ce temps avait séduit de Plélan et lui avait fait découvrir les plaisirs des vins de Gascogne. Ils burent beaucoup et le félon commença à être éméché.

— Malestroit, se dit-il, toi qui m'as humilié, vaincu, déshonoré… j'aurai ta femme et ton héritier !

A la demande de de Plélan, Chantepie lui compta la légende de la Femme Blanche des marais :

— En ce temps-là les hommes d'armes de France, conquérants, ravageaient la Bretagne.

Noyale était fille de Hervé de Malestroit. Il n'y avait nulle dame de tout le pays, qui pût rivaliser de beauté avec Noyale. La guerre faisait rage. On combattait et de Malestroit fut vaincu. C'était la veille de la Chandeleur. Noyale avait quitté le château et attendait son père dans son manoir de Gourlâ.

Le capitaine français qui l'avait fait prisonnier, dit à Hervé :

— Tu es faible, nous sommes forts. Donne-moi ta fille pour en faire mon épouse et mes hommes d'armes reprendront le chemin de Redon, de plus, je te rendrai ton château.

De Malestroit alla trouver sa fille à Gourlâ et lui dit :

— Le Français t'aime, et il est le plus fort, il te veut pour femme, mais c'est toi qui décides.

— Je ne donnerai point ma main à un homme, parce que j'ai donné mon cœur à Dieu.

Alors Noyale saisit le bras de son père et l'entraîna vers les marais. Sur le rivage, il y avait trois chalands, elle monta sur l'un, poussa son père sur l'autre. Les Français restaient indécis. Noyale souriait et semblait appeler les Français du regard. Elle donna quelques coups de rames et s'engagea sur l'Oust et se mit à suivre la rapide rivière. Les Français aussi, dans le troisième chaland gagnaient le courant.

— A vos avirons ! criait le capitaine français.

Le crépuscule tombait. Noyale s'était arrêtée, se mit à genoux et pria. Le Français fonça sur elle, mais voilà que la femme et sa barque disparurent dans un tourbillon d'écume. Les Français ne purent empêcher leur barque d'être entraînée dans le tourbillon et ils furent précipités au fond du gouffre.

Chantepie s'arrêta de parler. Guy de Plélan et ses deux acolytes étaient ivres, mais pas assez encore, donc il poursuivit son histoire :

— Dame Noyale, depuis, revient chaque nuit et veille sur le trou de Trémeulé et elle sauve les de Malestroit qui seraient en danger. De surcroît, tout ennemi des Bretons qui approche est irrémédiablement entraîné dans le gouffre.

Le récit avait endormi les huguenots. Chantepie qui n'attendait que cela, se libéra et scellant un cheval, il prit la fuite.

En se réveillant, de Plélan comprit enfin le double jeu de Chantepie.

Toussaint Rocher et Marguerite durent faire une halte tant leurs montures étaient épuisées.

Sauvés ! se dirent-ils, quand ils entendirent le galop d'un cheval au loin.

Pris de panique, Toussaint cherche une barque. Ils écopent, puis y montent malgré l'état vétuste de cette embarcation.

Sur l'eau apparaît tout à coup la silhouette démesurée de la Femme Blanche. Toussaint cesse de ramer. Marguerite garde confiance et ils avancent. Hélas le chaland prend l'eau. Toussaint écope avec son chapeau de paille, mais l'eau pénètre de plus en plus et ils risquent de couler inévitablement.

— Tout est perdu..., murmura Toussaint en tombant de fatigue.

Marguerite s'agenouilla pour prier. C'est là qu'ils entendent une douce voix enfantine qui chante :

« Qu'il fasse chaud ou froid,
qu'il tonne ou bien qu'il vente
sur le bas-fond étroit,
je suis la macre errante,
et si quelqu'un parfois
dans la tempête chante,
c'est moi ! »

Toussaint reconnaît enfin la voix de Chantepie. Du coup l'espoir revient. La voix continuait :

« Il ne faut qu'un bateau
au petit Chantepie,
Car il voit sans envie
les pompes du château.
Vivant toujours sur l'eau,
il nargue la pépie
et ne veut voir la vie
qu'en beau ! »

Quelques minutes plus tard Chantepie les aborde avec sa barque, ils y montent et ainsi sont sauvés.

Toussaint dit à Chantepie :

— Noël, Noël ! Tu as gagné une belle et noble récompense. Tu peux devenir gentilhomme et chausser les éperons d'or.

Se tournant vers Marguerite, Chantepie dit :

— Madame, s'il fallait, je donnerais tout mon sang pour vous !

Les marais de l'Oust s'étendent sur plusieurs lieues entre le Forêt-Neuve et la forêt de Rieux d'un côté, et la lande de Saint-Vincent de l'autre. En été le bassin des marais est une vaste prairie, mais dès que les eaux d'automne arrivent la prairie devient un lac. Jadis des troupeaux entiers étaient disséminés dans les marais. Parfois aussi, au-dessus de ces eaux, s'étend un voile blanc, épais et compact, bien différent du brouillard.

Chantepie avance sur l'eau, menant la barque avec aisance et sûreté. Il ne veut point s'attarder, sachant que le sinistre de Plélan offrirait de l'or à ses hommes pour retrouver Marguerite, et il précise :

— Là où je vous emmène, vous serez en sécurité.

Un moment se passe, puis il dit :

— N'avez-vous jamais entendu raconter en chaire l'histoire de la passion de Jésus qui fut trahi pour trente deniers par un de ses hommes... Judas n'aurait point trahi, père Toussaint, s'il n'avait point su où trouver notre Sauveur. Profitons du brouillard et que madame Marguerite passe le seuil de son manoir de Gourlâ avant que personne ait pu l'apercevoir.

La dame de Malestroit et Toussaint ne peuvent s'empêcher d'admirer la sagacité précoce et le dévouement de Noël.

— Quand tu auras l'âge, dit-elle en souriant, monseigneur Amaury te fera chevalier.

Mais voilà que la barque entre dans l'Oust et est entraînée par le courant. La barque s'enfonce dans les remous et c'est là que Chantepie demande, impromptu, une grâce à Marguerite :

— Je voudrais la bague que vous donna messire Amaury, le jour de vos fiançailles.

Marguerite, tout étonnée lui demande :

— Mais que prétends-tu faire de mon anneau nuptial ?

— Je prétends, reprit Noël, le montrer comme gage d'une mission importante, dont je ne suis point digne peut-être, mais que, avec l'aide de Dieu je mènerai à bonne fin.

— Quelle mission ? demandent en même temps Marguerite et Toussaint.

— Ne faut-il pas, reprit Noël, que messire Amaury soit instruit du danger que courent sa femme et son héritier ?

Le front de Marguerite se déride tout à coup. Elle réfléchit un instant, puis dit :

— Noël, tu as le cœur d'un gentilhomme !

Chantepie prend la bague, se relève gaiement et dit :

— Voici le ramage de la Femme Blanche, il est temps de se mettre en besogne.

Le gouffre mugissait, en effet, et Chantepie dut avoir recours à ses rames.

Mais nous l'avons dit, le marais est son domaine, il voit des signes à peine perceptibles. Enfin, quand les trois fugitifs débarquent sur la rive, le brouillard enveloppe tout, on aperçoit le disque du soleil rougeâtre, mais ses rayons ne percent encore qu'imparfaitement la masse brumeuse. Et la dame de Malestroit peut passer, sans être vue, le seuil de son fief de Gourlâ.

Guy de Plélan, que nous avons laissé au château, se prend à réfléchir profondément… et il s'endort. Au réveil, son premier regard tombe sur le portrait de dame Noyale.

— Sorcière infâme ! s'écrie-t-il avec colère, c'est ton histoire maudite qui est cause de tout ceci. Il saisit un broc vide et le lance de toutes ses forces sur le portrait.

De Plélan se fait apporter une feuille de parchemin et dicte ce qui suit :

— Il est promis dix écus d'or de trente livres tournois à quiconque ramènera audit chevalier de Plélan la femme et le fils du papiste Amaury de Malestroit. Qu'on se le dise !

Après cela, de Plélan demande du vin… puis il quitte le château de Malestroit.

Pendant ce temps, à Gourlâ, Chantepie s'apprête à partir pour Quimper rejoindre de Malestroit. Marguerite tente de l'en dissuader, mais il est résolu.

A peine sorti, voilà qu'un soudard aux couleurs de Rohan se lance à sa poursuite armé d'une longue épée. Toussaint voyant ça, arme son arbalète et tire. Chantepie tombe avec son cheval, mais c'est le soudard qui est mort. Il était le sergent de Guy de Plélan chargé de crier la mise à prix de Marguerite et de son fils.

Chantepie, remis de ses émotions, enfourche le cheval du sergent et repart ventre à terre.

De Plélan, quant à lui, il avance doucement dans le pays. Il se tourne vers un de ses capitaines et lui dit :

— Blaise ! As-tu jamais entendu parler de cette damnée Femme Blanche des marais ?

— Je l'ai vue, et de près. Une nuit que nous descendions l'Oust avec des hommes, j'ai entendu un hurlement infernal. J'ai vu son bras, tel un mât de bateau s'étendre vers nous et ouvrir sa griffe. Nous fûmes sauvés par notre homme qui maniait la perche, il entonna une chanson et le spectre disparut lentement. Ce chanteur s'appelait Chantepie.

Alors de Plélan propose à ses hommes :

— J'offre un bonnet plein de nantais à qui me ramènera Chantepie.

Au moment même où il prononce ses paroles, un chant s'élève au loin. Ils reconnaissent le chant de Chantepie et, armés de leurs arbalètes, ils attendent pour tirer. Quarante traits partent ensemble, mais le chant continue...

Il fait nuit noire. De Plélan et ses hommes arrivent au bac de Rieux. Le passeur demande combien d'hommes ? Combien de chevaux ? Il dit que cela fera six traversées.

De Plélan, obsédé par Chantepie, se demande si ce passeur n'était pas précisément lui, déguisé et contrefaisant sa voix. Le passeur fit plusieurs traversées. En revenant pour la dernière, il repousse le bac et s'adresse à de Plélan :

— Guy de Plélan, dit-il sans déguiser sa voix, au nom d'Amaury de Malestroit, mon seigneur, je t'insulte et te provoque, lâche oppresseur de femmes. Dieu seul peut dire quels seront le jour et le lieu du combat, mais si Amaury de Malestroit ne peut ou ne daigne retirer son gage, moi, Noël Torrec, je te tuerai ! En attendant, souviens-toi que madame Marguerite est sous la garde de la Femme Blanche et qu'on ne l'attaque pas sans péril !

Chantepie saute sur le cheval du capitaine et s'en va.

Les hommes se précipitent dans la cabane du passeur et cherchent le vrai passeur, ils ne trouvent que deux femmes en prière.

Chantepie continue son chemin. Il rencontre nombre d'embûches, mais passe outre à chaque fois. Mais voilà qu'un homme l'accoste. Naturellement confiant, il comprend trop tard que le manant est un voleur. Il le dépouille de tout et demande enfin la bague de Malestroit. Chantepie, sans autre arme qu'un petit couteau, se rebelle pourtant. Sa pose belliqueuse fait rire le bandit qui est de plus en plus menaçant, quand soudain, on entend des galops s'approcher. Le bandit porte un coup d'épée à Chantepie, mais ne peut lui ravir la bague.

Les hommes, en arrivant mettent pied à terre et portent le corps inanimé de Chantepie à la ferme voisine.

Au bout d'un moment Chantepie émerge de son évanouissement. Il regarde sa main… et, voyant la bague, il se rendort.

Resté à Malestroit, de Plélan maintenant met un point d'honneur à retrouver Marguerite. Il pense sans cesse à la Femme Blanche, mais fanfaron il crie :

— Que vienne Chantepie avec sa Noyale ! Je les pourfendrai !

Au château, de Plélan tourne en rond, contemplant la tapisserie abîmée. Il prend une épée et, de rage, la plonge dans la tapisserie.

Il boit ! Un paysan entre et demande à lui parler. Il prétend venir de Gourlâ et s'appeler Renot. Il a entendu dire que de Plélan récompenserait quiconque permettrait de capturer Marguerite.

Mais il tergiverse, dit qu'il ignore où elle se trouve, il ne veut que la certitude d'être récompensé. De Plélan se fâche et fait mettre le rustre à la porte. Renot cependant ose encore :

— On va convenir de quelque chose.

— Et bien parle !

— Placez un homme au bord du marais. La nuit dès qu'il verra un feu au loin, qu'il vous avertisse, vous pourrez traverser avec vos hommes. Je vous dirai où est Marguerite.

Ce qui était dit fut fait.

Depuis peu, autour de Gourlâ, rode souvent ce Renot, un éterpeur, cette espèce de faucheur breton de landes. Il guette et épie les fenêtres. Souvent il s'approche, prétextant aiguiser son engin. Toussaint cependant flaire le traître, c'est pourquoi il empêche Marguerite de sortir et prend mille précautions pour la protéger. De ce fait donc pas de feu de l'autre côté du marais. Les jours défilent, puis les semaines, les mois et rien ne se passe.

Nous voilà à Noël, les cloches sonnent au loin et Marguerite est triste.

— Toussaint, dit-elle, je veux aller prier au pied de la croix du marais.

— La lune brille, il serait imprudent de sortir.

— C'est aujourd'hui Noël. Le pauvre enfant qui porte ce nom est peut-être mort. Il me faut prier ! Je le veux ! Et qui me verrait ?

Prudent, Toussaint prend son arbalète et accompagne Marguerite. Dès qu'elle a fini de prier ils s'en retournent quand elle aperçoit Renot les épiant, ce qui lui vaut un trait d'arbalète. Bien que blessé, Renot s'enfuit. Toussaint murmure :

— Nous voici à la merci de ce traître. Que Dieu nous vienne en aide !

Chantepie était resté longtemps malade. Il n'a plus ni cheval, ni sou, mais il est heureux, il a toujours la fameuse bague. Il vit de charité en chantant ses chansons et, cheminant ainsi, il arrive en vue de Quimper. Cela devait être la fin de son voyage, mais hélas, nulle trace des tentes de l'armée de Malestroit. Mille questions l'accaparent et il eût donné sa vie pour retrouver de Malestroit. Il se demande si ce dernier n'est pas mort.

Au moment où il se pose toutes ces questions, quelques vieillards quittent la ville à dos de mulets. Il reconnaît des moines :

— Que Dieu te bénisse ! même si tu es huguenot, dit le premier moine.

— Je suis catholique, répond Noël, et je me rends à Quimper.

Les moines passent, le bénissent, mais ne s'arrêtent pas. Seul le dernier, un frère convers à l'air bien triste, lui adresse la parole en ces termes :

— Tourne le dos à Quimper. Les hérétiques sont maîtres de la ville.

— Et le sire de Malestroit ? Et monsieur de Guer ?

— De Guer a passé de vie à trépas. Quant à de Malestroit il a pu fuir avec quelques hommes. Mon fils, que Dieu te garde !

Sur ces mots le frère convers pique sa mule pour rejoindre les moines.

Noël, qu'on dit Chantepie, reste à sangloter. Qui sauvera Madame Marguerite ? Il pleure et à force, il s'endort. Il fait un bien étrange rêve. Il voit la dame de Malestroit abandonnée au milieu des marais et poursuivie par un monstre hideux. Chantepie appelle la Femme Blanche et lui montre Marguerite qui se mourait. Alors elle saisit Marguerite d'une main et de l'autre, elle étouffe le monstre.

Noël, s'éveille en sursaut. Des cavaliers s'approchent, ils viennent de Quimper. Noël se jette derrière une haie et les entend rire et fanfaronner :

— Nous avons mis de Malestroit bien bas, mais tant qu'il sera vivant, il restera un danger pour nous.

Un autre répond :

— Et bien quoi ! Il mourra comme de Guer, en vaillant soldat !

— Son camp est à deux lieues, dit un autre, nous sommes soixante arquebuses. Je ne donne pas cher de lui.

Chantepie s'élance pour devancer les cavaliers, ceux-ci vont bon train. Personne ne soupçonne sa présence. Il distingue maintenant les soldats de Malestroit, une douzaine d'hommes autour d'un feu. Chantepie traverse la distance à toute vitesse et tombe aux pieds de de Malestroit.

— Fuyez ! crie-t-il, soixante arquebuses vous visent.

Le seigneur Amaury fait coucher ses hommes et chacun prend ses armes puis, après une première salve de tirs, ils se jettent sur les huguenots. Chaque coup d'épée est mortel. A la fin du combat, Chantepie, l'épée à la main, se trouve à côté de de Malestroit qui lui demande qui il est. Chantepie retire la bague, la donne à de Malestroit et parle de Marguerite et de toute son aventure.

— A cheval ! crie de Malestroit à ses hommes et les voilà qui galopent vers Vannes.

Marguerite de Guer regagne tristement le manoir de Gourlâ, tout affligée de la perte de son reliquaire. Toussaint, quant à lui, il avait depuis longtemps soupçonné Renot d'être un espion de de Plélan. Il méditait sur les forfaits de Renot et du danger qui guettait quand Marguerite pousse un cri.

— Voyez ! Voyez !

Une flamme, faible d'abord, lumineuse après, brille au milieu des arbres de la Forêt Neuve. Bientôt elle s'élance en jets de pourpre et illumine les troncs dépouillés.

Ils retournent en toute hâte au manoir. La première idée de Toussaint est de faire monter la dame de Malestroit et son fils dans le chaland, mais le marais était devenu un vaste lac, dont les courants rapides exigeaient une grande habileté. La lune s'était cachée sous un nuage épais, on ne voyait plus sur le lac que l'immense profil de la Femme Blanche dont les contours rayonnaient d'une lueur phosphorescente.

Ils entendent sur le marais un bruit qui n'était point celui du tournant de Trémeulé.

— Ecoutez ! dit Toussaint.

Puis il met ses mains en porte-voix et lance un cri étrange, celui d'un chat-huant, si particulier au Pays Vannetais.

Deux cris pareils répondent et Toussaint reconnaît le chant de Chantepie.

Un coup d'arquebuse claque et des pas de chevaux retentissent. C'est de Plélan qui passe.

Puis deux barques quittent le rivage, celle de Guy de Plélan et celle de Noël.

On voyait encore briller une lumière mourante, au milieu de la forêt, laissant sur le lac une traînée de pourpre. Arrivé sur les lieux, le sire de Malestroit, resté seul sur le rivage, essaye de tromper son angoisse en songeant au bonheur d'une réunion tant souhaitée, mais l'angoisse revient toujours, elle s'empare de son cœur et change l'espoir en crainte, le bonheur en torture.

Pendant ce temps les deux barques fendent l'eau. Chantepie avec sa maîtrise avance vite, mais au loin il entend les cris de de Plélan.

Lorsqu'enfin Chantepie accoste, il retrouve Toussaint, Marguerite et son enfant, en face du manoir. La lune était cachée. Ils courent jusqu'au marais et montent sur un chaland.

Marguerite se couche au fond, mais de Plélan de loin avait vu les reflets de sa robe blanche.

Les eaux de l'Oust avaient grandi, couvrant çà et là, îles et promontoires qui montrent encore leurs têtes au commencement de l'automne. Un seul point reste découvert sur le lac, c'est une espèce de cap formé par le prolongement de la chaîne de collines où est situé Gourlâ, dont le nom est l'Ile-aux-Halbrans. Les deux barques courent parallèlement au rivage et les deux équipages peuvent maintenant se distinguer mutuellement. La dame de Malestroit, éperdue et plus morte que vive, reste couchée sur les planches humides de la cale. La barque de de Plélan se rapproche dangereusement. Le chaland de Noël doit doubler l'Ile-aux-Halbrans l'entonnoir qui termine le lac à l'ouest. Le dénouement approche rapidement.

— Ecoutez, père Toussaint, dit Chantepie, leur barque vire. Tirez à l'arquebuse sur l'aviron de droite au moment où il sortira de l'eau !

Le coup partit et la balle vint frapper l'aviron à la naissance de la pelle. Chantepie en profite pour accoster et débarquer Toussaint, Marguerite et l'enfant, puis il rame vers le marais et se laisse rattraper par de de Plélan. Ce dernier, persuadé que Marguerite est au fond du bateau, crie de joie. Cependant, Chantepie esquive à chaque fois le bateau de de Plélan. Excédé, celui-ci se fâche et sort ses pistolets.

Le premier coup retenti et effraie les oiseaux. Chantepie répond par un chant. Il avance et disparaît dans un épais brouillard, mais de Plélan est tenace et le poursuit.

Chantepie qui chantait toujours se tait puis il crie :

— Guy de Plélan ! Au nom de Malestroit je t'ai provoqué autrefois en un combat mortel et sans merci. Je t'ai dit :

— Si monseigneur ne daigne venir aux jour et lieu que Dieu fixera, je viendrai, moi. Me voici !

— Ramez, ramez ! hurla de Plélan.

Noël rétrécit encore le cercle et son chaland disparaît dans les plis brumeux de la Femme Blanche.

— Je t'ai dit encore, lance Noël, madame Marguerite est sous la garde de la Femme Blanche des marais, servante de la vierge Marie. Ni vilain, ni gentilhomme ne l'attaquera sans péril de mort.

Noël s'interrompt pour donner un dernier coup de rame qui porte son chaland sur la lèvre même du gouffre.

— Démon ! hurla de Plélan, je vais t'atteindre toi et ta dame et je vous tordrai le cou !

A ces mots, sa barque est happée par le gouffre et disparaît. On entend les cris de détresse de ses hommes, puis le gouffre rend un bruit sourd.

Chantepie essuie la sueur de son front et, faisant faire un demi-tour à son chaland, il contourne l'Ile-aux-Halbrans. Lorsque Toussaint et Marguerite l'exhortent à se hâter durant la traversée, il répond :

— Guy de Plélan n'est plus à craindre, et une fois encore, la Femme Blanche a protégé son peuple.

Le lendemain, au château, Amaury de Malestroit dit à Noël :

— Tu as sauvé ma femme et mon fils, veux-tu être mon écuyer ?

— Serai-je un jour chevalier ? demanda Noël.

— Sur ma foi de gentilhomme, tu le seras !

— Les chevaliers ne se battent point sur l'eau, murmura-t-il tristement.

— Noël, dit la dame de Malestroit, il y a de vaillants hommes sur la mer !

— La mer !!! s'écrie Chantepie dont le visage rayonna d'enthousiasme ! La mer ! Je l'ai vue sur les côtes de Cornouaille.

— Noël, demain je t'enverrai à monsieur mon cousin de Tinténiac qui est maître de vaisseau du roi. Un noble homme tu seras.

Bien longtemps après, sur les ruines du petit manoir de Goulâ, un vieux gentilhomme éleva un beau château. Il en fit sa demeure, avec sa femme et ses enfants. Le vieux gentilhomme était capitaine dans la marine de S. M. le roi. Quant au château, il se nommait, et se nomme encore, Chantepie, et c'est dans sa grande salle aux vastes embrasures que nous avons entendu raconter pour la première fois la légende de la Femme Blanche des Marais.

D'après Paul Féval

Blason
de Malestroit
De gueules à neuf besants d'or : 3, 3 et 3.

L'Ankou

Me' zo da vestr ha mestr an holl[1].

Ainsi parlait l'Ankou…

Contrairement aux légendes françaises, le personnage central du légendaire breton n'est pas le diable, mais l'Ankou. Il est représenté sous l'aspect d'un squelette portant une faux, il a un large chapeau à guides et une cape noire. On ne le voit que la nuit, il conduit une charrette qui grince, menée par un cheval noir efflanqué. On appelle cette charrette *karrigel an Ankou*[2].

Mieux vaut ne pas le croiser si l'on veut rester vivant le plus longtemps possible. L'on dit que l'Ankou est le premier mort de l'année dans la commune. Son rôle est d'emporter dans l'autre monde ceux dont la dernière heure est arrivée. Il est le maître de l'*Anaon*[3].

1. « Je suis ton maître, et le maître de tous ».
2. « La charrette de la mort ».
3. L'au-delà où séjournent les âmes des trépassés.

La vision de Per ar Run

Au temps dont je vous parle, les tailleurs de campagne n'étaient pas nombreux. On venait souvent nous quérir de fort loin. Encore, pour être assuré de nous avoir, fallait-il nous prévenir plusieurs semaines à l'avance. J'avais promis d'aller travailler au Minic'hi, à trois lieues de chez moi, dans une ferme qui s'appelait Rozvilienn. Je me mis en route un après-midi de dimanche, à l'issue des vêpres, de façon à arriver pour souper à Rozvilienn. On m'avait demandé pour toute une semaine. Je tenais à être au travail dès le lundi matin.

— Ah ! C'est vous, Per ? me dit Katell Hamon, la ménagère, en me voyant apparaître dans la cuisine.

— C'est moi, Katell... Mais je n'aperçois pas ici Marco, votre mari. Peut-être n'est-il pas encore revenu du bourg ?

— Hélas ! Il n'y est même pas allé... Voici une quinzaine de jours qu'il est couché là, sans bouger.

Elle me montrait le lit clos, près de l'âtre.

Je m'approchai et, m'agenouillant sur le *bank-tossel* (banc avec accoudoirs et dossier), j'écartai les rideaux. Le vieux Marco était étendu de tout son long, immobile. Sa figure était creusée par la maladie. Je pensai en moi-même : « Celui-ci a presque pris sa tête de mort. » Néanmoins je lui fis mine riante, je le plaisantai, comme c'est l'habitude en pareil cas.

— Ça, Marco ! Qu'est-ce que tu fais donc là ? En voilà une posture pour un homme de ton âge et de ton tempérament !... Te laisser terrasser ainsi, toi, un homme en chêne !

Il me répondit je ne sais quoi, il avait la respiration si oppressée, la voix si faible que le son de ses paroles n'arriva pas jusqu'à mes oreilles.

— Comment l'avez-vous trouvé, Per ? me demanda Katell quand j'eus pris ma place à table, parmi les gens de la ferme.

— Heu ! dis-je, il n'est certainement pas bien, mais avec des corps bâtis comme l'est Marco, il y a toujours de la ressource.

Je ne disais pas le fond de ma pensée, ne voulant pas effrayer Katell. En allant me coucher, je songeais :

— C'est fini !... Il ne passera pas la semaine... En vérité, Perig, tu ne tailleras plus de braies pour ton vieux client de Rozvilienn !...

Sur cette réflexion mélancolique, je me fourrai dans mes draps.

On me traitait à Rozvilienn, non pas en tailleur, mais en hôte. Au lieu de me faire coucher à la cuisine ou à l'écurie, comme cela arrivait souvent à mes confrères, on me réservait la plus belle pièce de toute la maison. C'était une vaste chambre qui, du temps où Rozvilienn était château, avait dû servir de salle.

Elle communiquait avec la cuisine par une porte étroite, percée dans le pignon, et avait sur la cour une haute et large fenêtre d'autrefois, qui s'ouvrait presque du plancher au plafond. Car elle avait un plancher, cette chambre, un parquet de chêne, un peu délabré, il est vrai, faute d'entretien, mais qui, avec les restes d'anciennes peintures, encore visibles çà et là, sur les murailles, ne laissait pas de donner à tout l'appartement un certain air de noblesse. Le lit était à baldaquin et faisait face à la fenêtre.

D'habitude, lorsque l'heure du bonsoir avait sonné, je m'arrêtais un instant sur le seuil de la chambre et, avant de fermer la porte, je criais d'un ton d'importance aux gens de Rozvilienn encore réunis dans la cuisine :

— Saluez le marquis de *Pont ar veskenn* (Pont du dé à coudre) qui va, dans son lit à baldaquin, rejoindre madame sa marquise.

Cette facétie ou d'autres du même genre les faisaient rire aux éclats. Le matin, au premier déjeuner, avec des manières cérémonieuses, ils me demandaient des nouvelles de ma nuit. Je leur débitais les histoires les plus extraordinaires. J'avais reçu la visite de la princesse aux cheveux d'or ou celle de la princesse à la main d'argent. Vous voyez d'ici à quels développements cela prêtait. Je vous promets qu'alors il n'y avait personne de triste.

Mais, cette fois-ci, comme bien vous pensez, il ne pouvait être question ni de princesses ni de marquises. J'avais le cœur navré de me dire qu'un de ces prochains soirs je m'entendrais réveiller pour aller assister ce bon Marco à ses derniers moments. C'était vraiment un digne homme que Marco Hamon, serviable, loyal, compatissant. Je me mis à me remémorer toutes ses qualités et, ce faisant, je m'endormis.

Combien de temps dura mon somme, c'est ce que je ne saurais dire. Toujours est-il qu'il me sembla soudain entendre craquer le bois vermoulu du parquet, comme si quelqu'un traversait la chambre. J'ouvris les yeux. La lune s'était levée. Il faisait clair comme en plein jour. Je parcourus du regard toute la pièce. Personne ! J'allais me replonger sous mes draps, quand je crus sentir une fraîcheur sur mes épaules. Je regardai du côté de la fenêtre et je vis qu'elle était ouverte. Je pensai que j'avais oublié de la fermer en me couchant. Je sautai à bas du lit, déjà j'avais la main sur un des battants, lorsque là, dans la cour, à deux pas de moi, je vis un homme qui allait et venait, les bras derrière le dos, du pas nonchalant de quelqu'un qui attend et qui se promène pour abréger l'ennui de l'attente. Il était grand, maigre le chef ombragé d'un chapeau large.

Au milieu de la cour, près du puits, stationnait un char de structure grossière, attelé de deux chevaux faméliques dont la crinière était si longue qu'elle traînait jusqu'à terre et s'emmêlait dans leurs pieds de devant. Les montants étaient à claire-voie, entre les barreaux pendaient au-dehors des jambes, des bras, voire des têtes, des têtes humaines, jaunes, grimaçantes, hideuses !

Il n'était que trop facile de deviner à quel boucher appartenait toute cette viande.

Croyez d'ailleurs que je restai à regarder ce spectacle moins de temps que je n'en mets à vous le décrire. Laissant la fenêtre telle qu'elle était, je regagnai mon lit à quatre pattes, j'avais une peur horrible que l'homme au grand chapeau me vît ou m'entendît. Une fois au lit, je m'enfonçai tout entier sous les couvertures, mais j'eus soin de ménager à la hauteur des yeux une sorte de petit soupirail, de trou de jour, par lequel je pouvais continuer de voir sans être vu.

Pendant près d'une demi-heure, l'homme au grand chapeau passa et repassa dans la lumière de la fenêtre, découpant à chaque fois son ombre gigantesque sur le parquet de la chambre. Tout à coup, dans la pièce même, je distinguai de nouveau le bruit de pas qui précédemment m'avait réveillé. C'était quelqu'un qui débouchait par l'embrasure de la porte donnant accès dans la cuisine.

Il ressemblait de point en point à l'autre, à l'homme de la cour, sauf qu'il était encore plus grand, encore plus maigre. Sa tête n'était pas proportionnée à son corps. Elle était menue, menue, et elle branlait si fort en tous sens qu'on craignait sans cesse de la voir se détacher. Ses yeux n'étaient pas des yeux, mais deux petites chandelles brûlant au fond de deux grands trous noirs. Il n'avait pas de nez. Sa bouche riait d'un rire qui allait rejoindre ses oreilles. Moi, je sentais des gouttes de sueur froide sourdre de mes tempes et ruisseler tout le long de ma poitrine, de mes cuisses et de mes jambes, jusqu'à mes pieds.

Quant à mes cheveux, ils étaient si raides que j'aurais pu, je crois, le lendemain encore m'en servir comme d'aiguilles. Ah ! Il n'y a pas beaucoup de gens à savoir comme moi ce que c'est que la peur ! Attendez !... Ce n'est pas tout.

L'homme à la tête démontée avait frôlé mon lit, en passant, mais il s'en était éloigné aussitôt pour aller se poster près de la fenêtre. Or, à ce moment, un deuxième personnage entra de la cuisine dans la chambre. Je l'entendis venir avant de le voir, car il faisait un fameux bruit ! On l'eût dit chaussé de sabots trop grands et trop lourds pour ses pieds. Il les traînait sur le plancher, les heurtait sans cesse l'un contre l'autre, trébuchait, se rattrapait, menait, en un mot, un tel vacarme que, ma foi, persuadé que c'était à moi qu'on en voulait décidément, et préférant la mort même à l'angoisse qui me dévorait, je rejetai mes draps et me dressai sur mon séant.

L'homme aux sabots s'arrêta immédiatement, il était à trois pas de mon chevet. Je le reconnus tout de suite. C'était Marco Hamon, le pauvre cher Marco. Il me lança un regard désespéré qui me fit dans le cœur comme le froid d'un coup de couteau. Puis, ayant poussé un long et triste soupir, il me tourna brusquement le dos. Tout disparut.

Les battants de la fenêtre se refermèrent avec violence. Quelques minutes encore, par les routes pierreuses, au loin sous la lune, retentit le wig-a-wag du chariot funèbre. Il n'y avait pas de doute possible, l'Ankou emmenait Marco.

Je n'osais plus rester seul dans la chambre. Je me réfugiai à la cuisine. J'y trouvai Katell assise dans l'âtre et à demi endormie près de la chandelle de résine qui éclairait à peine.

— Comment va Marco ? lui demandai-je.

Elle se frotta les yeux et murmura :

— Je suis restée le veiller. Je crois qu'il repose. Il n'a eu besoin de rien.

— Voyons ! dis-je.

Nous penchâmes nos têtes à l'intérieur du lit clos. Effectivement, Marco Hamon n'avait eu besoin de rien, il était mort ! Je lui fermai les yeux, non sans y avoir lu le même regard désespéré qu'il m'avait lancé tout à l'heure, en passant dans la chambre. Je suis sûr que Marco Hamon, avant de s'en aller, avait demandé à venir me trouver dans mon lit, « parce qu'il avait quelque chose à me dire ». J'eus le tort de l'effaroucher, étant moi-même affolé par l'épouvante. C'est le plus grand de mes remords.

Et maintenant, vous pouvez m'en croire, moi qui ai vu l'Ankou comme je vous vois : c'est une chose terrible que de mourir !

Anatole Le Braz
(*La légende de la mort*, même éditeur).

L'histoire de Marie-Job Kerguénou

Marie-Job Kerguénou était commissionnaire à l'Ile-Grande, en breton *Enez-Veur*, sur la côte trégorroise. Une fois la semaine, le jeudi, elle se rendait à Lannion, pour le marché, dans une charrette à demi « déglinguée », attelée d'un pauvre bidet. Quant au harnais, plus misérable encore que la bête, il était, comme on dit, tout sur ficelles. C'était miracle que la vieille et son équipage ne fussent pas restés vingt fois en détresse dans la route de grève, coupée de fondrières vaseuses et semée de roches, qui, aux heures de mer basse, met l'île en communication avec le continent. D'autant que Marie-Job était toujours de nuit à franchir ce passage, partant le matin bien avant l'aube et ne rentrant guère qu'avec la lune, quand il y en avait. C'était miracle, pareillement, qu'elle n'eût jamais fait de mauvaise rencontre, car enfin ne sont pas les rôdeurs qui manquent dans ces parages de Pleumeur et de Trébeurden, et les marchandises dont la carriole de la commissionnaire rapportait habituellement sa charge étaient pour tenter des gens peu scrupuleux qui ne se livrent à la quête des épaves de mer que parce qu'ils n'ont pas mieux à glaner.

On lui demandait quelquefois :

— Vous n'avez pas peur aussi, Marie-Job, à voyager de la sorte, nuitamment, toute seule par les chemins ?

A quoi elle répondait :

— Ce sont les autres, au contraire, qui ont peur de moi. Ils croient, au bruit que fait ma charrette, que c'est celle de l'Ankou.

Et c'est vrai que, dans l'obscurité, on pourrait, ma foi, s'y méprendre, tant l'essieu grinçait, tant les ferrailles cliquetaient et tant le cheval lui-même avait l'air d'une bête de l'autre monde. Puis, s'il faut tout dire, il y avait une raison encore et que la vieille Marie-Job n'avouait pas, c'est qu'elle était réputée, dans le pays, pour être un peu sorcière. Elle savait des « secrets », et les chenapans, même les plus audacieux, préféraient se tenir respectueusement à distance plutôt que de s'exposer à ses maléfices.

Une nuit pourtant, il lui arriva l'aventure, que voici.

C'était en hiver, sur la fin de décembre. Depuis le commencement de la semaine, il gelait à faire éclater les pierres des tombeaux. Bien qu'habituée aux pires intempéries, Marie-Job avait déclaré que, si le froid était aussi vif, elle ne se rendrait sûrement pas au marché de Lannion, non pas tant par ménagement pour sa propre personne que par amitié pour Mogis, son cheval, qui était, comme elle disait, toute sa famille. Mais voilà que, le mercredi soir, à l'heure de l'*Angelus*, elle vit rentrer chez elle sa meilleure pratique, Glaoda ar Gov, la marchande de tabacs.

— Est-ce vrai, le bruit qui court, Marie-Job, que vous ne comptez pas aller demain au marché ?

— Quoi donc ! Glaoda ar Gov, aurais-je la conscience d'une chrétienne, si je mettais Mogis dehors par un temps comme celui-ci où les goélands eux-mêmes n'osent pas montrer leur bec ?

— Je vous le demande, ce nonobstant, pour l'amour de moi. Vous savez si je vous ai toujours donné à gagner, Marie-Job...

De grâce, ne me refusez point. Ma provision de tabac carotte touche à sa fin. Si je ne l'ai pas renouvelée pour dimanche, que répondrai-je aux carriers, quand ils viendront tous, à l'issue de la basse messe, acheter de quoi chiquer pour la semaine ?

Il faut vous dire que l'Enez-Veur est l'île des carriers. Ils sont là, pour le moins, au nombre de trois ou quatre cents qui travaillent la roche pour en faire de la pierre de taille, et ce ne sont pas des gaillards commodes tous les jours, comme vous pensez, surtout qu'il y a parmi eux autant de Français que de Bretons. Sûrement, Glaoda ar Gov ne se tourmentait pas sans raison, car ils étaient gens à mettre sa boutique à sac s'il advenait que son débit, le seul de l'île, ne leur fournît pas ce dont ils avaient besoin, Marie-Job Kerguénou comprenait bien cela. C'était elle qui, chaque jeudi, avait mission d'aller quérir le tabac aux bureaux de la régie, et, en vérité, ça la chagrinait fort d'être cause que, le dimanche suivant, sa commère recevrait des reproches et peut-être des duretés. Mais, d'autre part, il y avait Mogis, le pauvre cher Mogis. Puis elle avait comme un pressentiment que, pour elle-même, ce serait une mauvaise chose de partir. Une voix lui conseillait en dedans :

— Ne change point ta résolution, tu avais décidé de rester, reste !

L'autre cependant suppliait toujours. Alors, Marie-Job, qui était brusque dans ses manières, mais qui avait le cœur le plus sensible, finit par lui répondre :

— C'est bien, vous aurez votre tabac.

Et elle se dirigea incontinent vers la crèche pour faire la toilette de Mogis, comme à la veille de chaque voyage. Le lendemain, à l'heure de la marée basse, elle quittait l'île, dans son équipage coutumier, ses mitaines rousses aux mains et sa cape

de grosse bure sur les épaules, criant « *Ai'ta !*[1] » à Mogis dont la bise piquait les oreilles, comme si elle les eût criblées d'aiguilles. Ni la vieille femme ni son vieux cheval ne se sentaient en train. Ils arrivèrent cependant à Lannion sans encombre. Dans l'auberge où Marie-Job faisait sa descente, et qui était à l'enseigne de *An Eor Arc'hant*[2], sur le quai planté, l'hôtesse, quand elle la vit reparaître, après ses commissions terminées, lui dit :

— Jésus ! Maria ! Vous ne songez pas à repartir, au moins ! Savez-vous que vous serez changée en glace avant d'atteindre *Enez-Veur* ?

Et elle insista pour la retenir à coucher. Mais la vieille fut inflexible.

— Comme je suis venue je m'en retournerai. Donnez-moi seulement une tasse de café bien chaud et un petit verre de gloria.

Tout de même, on voyait bien qu'elle n'avait pas sa mine des bons jours. Au moment de prendre congé de l'hôtesse de *An Eor Arc'hant* elle lui dit d'un ton triste :

— J'ai idée que le retour sera dur. Il y a dans mon oreille gauche quelque chose qui sonne un mauvais son…

Mais cela ne l'empêcha pas de fouetter Mogis et de se de se remettre en route, sous le soir hâtif de décembre, qui tombait, après avoir fait un signe de croix, en vraie chrétienne qui sait qu'il faut toujours avoir Dieu de son côté. Jusque passé Pleumeur, tout alla bien, sauf que le froid devenait de plus en plus vif et que Marie-Job, sur son siège, parmi les paquets dont sa carriole était pleine, sentait son corps et son esprit s'engourdir. Pour essayer de se tenir réveillée, elle tira son chapelet et, tout en conduisant d'une main, commença de l'égrener de

1. « Avance donc ! ».
2. « L'Ancre d'argent ».

l'autre. Pour être plus sûre de résister au sommeil, elle récita tout haut les dizaines. Mais le bruit même de sa voix acheva de la bercer comme une chanson, de sorte que, malgré ses efforts, elle finit, sinon par s'endormir, du moins par perdre conscience. Brusquement, à travers sa torpeur, elle eut le sentiment qu'il se passait quelque chose d'insolite. Elle se frotta les yeux, rappela sa pensée et constata que le coche était arrêté.

— Eh bien Mogis ? grommela-t-elle.

Mogis secoua ses oreilles pointues, mais ne bougea point. Elle le toucha du fouet. Il ne bougea pas davantage. Alors elle le frappa avec le manche. Il bomba son échine sous les coups et demeura inébranlable. On voyait ses flancs haleter comme un soufflet de forge et deux fumées blanchâtres s'échapper de ses naseaux dans la nuit glacée, car il était nuit pleine à cette heure et les étoiles brillaient toutes bleues au firmament.

— Voici du nouveau, songea Marie-Job Kerguénou.

Mogis, depuis dix-sept ans bientôt qu'ils faisaient ménage ensemble, comme elle disait, s'était constamment montré un animal exemplaire, ne voulant que ce que voulait sa maîtresse. Qu'est-ce donc qui le prenait ainsi, ce soir, à l'improviste, quand il avait autant de raisons de se hâter vers le chaud de sa crèche qu'elle, Marie-Job, vers le chaud de son lit ? Elle se décida, non sans maugréer, à descendre de son banc, pour le savoir. Elle s'attendait à trouver quelque obstacle, peut-être quelque ivrogne couché en travers de la chaussée. Mais elle eut beau regarder, fouiller l'ombre en avant d'elle (ils étaient à l'endroit où le chemin dévale vers Trovern, pour s'engager ensuite dans la grève), elle n'aperçut rien d'extraordinaire. La route fuyait déserte entre les talus qui seuls, projetaient sur elle, çà et là, l'ombre de leurs chênes ébranchés :

— Allons, Mogis ! dit la vieille, en manière d'encouragement.

Et elle saisit le cheval par la bride. Le cheval renifla bruyamment, secoua la tête, et s'arcbouta sur ses pieds de devant, refusant de faire un pas.

Alors, Marie-Job comprit qu'il devait y avoir quelque empêchement surnaturel. Je vous ai dit qu'elle était un peu sorcière. Une autre à sa place eût été saisie de frayeur. Mais elle, qui savait les gestes qu'il faut faire et les paroles qu'il faut prononcer selon les circonstances, dessina une croix sur la route avec son fouet, en disant :

— Par cette croix que je trace avec mon gagne-pain, j'ordonne à la chose ou à la personne qui est ici, et que je ne vois point, de déclarer si elle y est de la part de Dieu ou de la part du diable.

Elle n'eut pas plus tôt dit, qu'une voix lui répondit du fond de la douve :

— C'est ce que je porte qui empêche votre cheval de passer.

Elle marcha bravement, son fouet au cou, vers l'endroit d'où venait la voix. Et elle vit un petit homme très vieux, très vieux, qui se tenait accroupi dans l'herbe, comme rompu de fatigue. Il avait l'air si las, si triste, si misérable, qu'elle en eut pitié.

— A quoi donc songez-vous, mon ancien, de rester assis là, par une nuit pareille, au risque de périr ?

— J'attends, fit-il, qu'une âme compatissante m'aide à me relever.

— Qui que vous soyez, corps ou esprit, chrétien ou païen, il ne sera pas dit que l'assistance de Marie-Job Kerguénou vous aura manqué, murmura l'excellente femme en se penchant vers le malheureux.

Avec son secours, il parvint à se remettre sur ses jambes, mais son dos restait plié comme sous un invisible fardeau. Marie-Job lui demanda :

— Où donc est ce que vous portez et qui a la vertu d'effrayer les animaux ?

Le petit vieux répondit sur un ton plaintif :

— Vos yeux ne peuvent le voir, mais les naseaux de votre cheval l'ont flairé. Les animaux en savent souvent plus long que les hommes. Le vôtre ne continuera son chemin désormais que lorsqu'il ne me sentira plus ni devant ni derrière lui, sur la route.

— Vous ne voulez cependant pas que je reste ici jusqu'à *vitam æternam*. J'ai besoin de rentrer à *Enez-Veur*. Puisque je vous ai rendu service, à votre tour conseillez-moi. Que faut-il que je fasse encore ?

— Je n'ai le droit de rien demander : c'est à vous d'offrir.

Pour la première fois de sa vie peut-être, Marie-Job Kerguénou la commissionnaire demeura un instant embarrassée.

— Ni devant, ni derrière lui, sur la route, songeait-elle. Quel moyen trouver ?

Brusquement elle s'écria :

— Une fois dans ma voiture, vous ne serez plus sur la route. Montez !

— Dieu vous bénisse ! dit le vieux petit homme. Vous avez deviné.

Et il se traîna tout courbé vers la charrette où il eut mille peines à se hisser, quoique Marie-Job le poussât des deux mains. Quand il se laissa tomber sur l'unique siège, on eût dit que l'essieu fléchissait et il y eut un choc sourd, comme un bruit de planches heurtées. La bonne femme s'installa tant bien que mal auprès de cet étrange compagnon et Mogis, tout de suite, prit le trot avec une ardeur qui n'était guère dans ses

habitudes, même quand il commençait à respirer l'odeur de l'étable.

— Alors, c'est aussi *Enez-Veur* qui est le but de votre voyage ? interrogea Marie-Job, au bout de quelques instants, histoire de rompre le silence.

— Oui, dit brièvement le vieux qui ne semblait pas causeur et demeurait recroquevillé en deux, sans doute sous le poids de ce fardeau mystérieux qu'on ne voyait pas.

— Je n'ai pas souvenir de vous y avoir jamais rencontré.

— Oh ! Non, vous étiez trop jeune quand j'en suis parti.

— Et vous arrivez de loin, à ce qu'il paraît ?

— De très loin.

Marie-Job n'osa le questionner davantage. D'ailleurs, on entrait dans la grève, où il y avait à faire attention, à cause des fondrières de vase et des roches de pierre noire éparses le long de la mauvaise piste qui tenait lieu de chemin. La commissionnaire ne fut pas sans remarquer, à ce propos, que les roues de la charrette s'enfonçaient dans le sable plus que de coutume.

— Sapristi, marmonna-t-elle entre ses dents, il faut que nous soyons terriblement chargés !

Et, comme elle avait pris très peu de commissions en ville, comme, d'autre part, le vieux petit homme, tout rabougri, ne devait guère peser plus qu'un garçonnet, force était de supposer que c'était ce qu'il disait porter qui pesait si lourd. Et cela ne laissait pas de donner beaucoup à réfléchir à la bonne femme, peut-être aussi à Mogis lui-même qui, malgré son entrain, commençait à faiblir et butait presque à chaque pas. Lorsqu'il atteignit enfin la terre d'Enez-Veur, il n'avait plus un poil de sec.

Là, vous savez, il y a deux embranchements, l'un tournant à gauche vers l'église paroissiale de Saint-Sauveur, l'autre filant tout droit sur le bourg, où Marie-Job Kerguénou avait sa « demeurance». Mogis ayant fait halte de son propre mouvement, sans doute afin de reprendre haleine, elle en profita pour dire à son muet compagnon dont elle était plus que pressée de se séparer :

— Nous voici à l'île, l'ancien. Dieu vous conduise en votre route !

— Soit ! gémit le vieux petit homme.

Et il essaya de se lever, mais ce fut pour retomber aussi vite sur le siège, sinon de tout son poids, du moins de tout le poids de la chose inconnue. Et, de nouveau, l'essieu ploya, de nouveau le bruit de planches heurtées se fit entendre.

— Jamais je ne pourrai, soupira-t-il avec un accent si douloureux que Marie-Job en fut remuée jusqu'aux entrailles.

— Allons, dit-elle, quoique je ne comprenne rien à vos manières et quelque hâte que j'aie d'être chez moi, s'il y a encore quelque chose en quoi je puisse vous servir, parlez.

— Eh bien ! répondit-il, menez-moi jusqu'au cimetière de Saint-Sauveur.

— Au cimetière ! A pareille heure !...

Marie-Job fut sur le point de répliquer qu'avec tout son bon vouloir elle ne pouvait pas faire cela pour lui, mais Mogis ne lui en laissa pas le temps. Comme s'il eût entendu la phrase du vieux petit homme, il s'engagea sur la gauche, dans le chemin de Saint-Sauveur. Marie-Job ne savait plus que penser. Quand ils arrivèrent auprès de l'enclos des morts, la grille, contrairement à l'usage, était ouverte. L'étrange pèlerin eut un cri de satisfaction :

— Vous voyez que je suis attendu, dit-il. Ce n'est, en vérité, pas trop tôt.

Et, retrouvant une vigueur qu'on ne lui eût jamais soupçonnée, il sauta presque légèrement à terre.

— Tant mieux donc, dit Marie-Job en s'apprêtant à prendre congé.

Mais elle n'était pas au terme de son aventure, car à peine eut-elle ajouté, comme il convient :

— Kenavo ar wech all ! (Au revoir et à la prochaine !)

Que le vieux petit homme repartit :

— Non pas, s'il vous plaît !... Puisque vous m'avez accompagné en ce lieu, vous n'êtes plus libre de vous en aller avant que j'aie parachevé ma tâche, sinon, le poids que je porte, c'est vous qui l'aurez à l'avenir sur vos épaules... Je vous le conseille dans votre intérêt et parce que vous avez été compatissante à mon égard. Descendez et suivez-moi.

Marie-Job Kerguénou, je l'ai dit, n'était pas une personne facile à intimider, mais, au ton avec lequel le vieux petit homme prononça ces paroles, elle sentit que ce qu'il y avait de plus raisonnable à faire, c'était d'obéir. Elle mit donc pied à terre, après avoir abandonné les guides sur la croupe de Mogis.

— Voici, reprit l'autre, j'ai besoin de savoir où est enterré le dernier mort de la famille des Pasquiou.

— N'est-ce que cela ? répondit-elle. J'étais du convoi. Venez !

Elle de s'orienter parmi les tombes dont les dalles de pierre grise se pressaient côte à côte, assez nettement visibles sous la clarté des étoiles. Et quand elle eut trouvé celle qu'il cherchait :

— Tenez ! La croix est toute neuve. Il doit y avoir dessus le nom de Jeanne-Yvonne Pasquiou, femme Squérent. Moi, mes parents oublièrent de me faire apprendre à lire.

— Et moi, il y a longtemps que je l'ai désappris, riposta le vieux petit homme. Mais nous allons bien voir si vous ne faites pas erreur.

Ce disant, il se prosterna, la tête en avant, au pied de la tombe. Et alors se passa une chose effrayante, une chose incroyable… La pierre se souleva, tourna sur un de ses bords comme le couvercle d'un coffre et Marie-Job Kerguénou sentit sur son visage le souffle froid de la mort, tandis que, sous terre, retentissait un son mat, comme le bruit d'un cercueil heurtant le fond de la fosse. Elle murmura, blême d'épouvante :

— *Doue da bardono d'an Anaon* (Dieu pardonne aux défunts).

— Vous avez d'un seul coup délivré deux âmes, dit près d'elle la voix de son compagnon.

Il était debout, maintenant, et tout transformé. Le vieux petit homme avait redressé sa taille et apparaissait subitement grandi. La commissionnaire put enfin voir à plein son visage… Le nez manquait et la place des yeux était vide.

— N'ayez point de peur, Marie-Job Kerguénou, dit-il. Je suis Mathias Carvennec dont vous avez sans doute entendu parler, jadis, par votre père, car nous fûmes camarades de jeunesse. Il vint, avec les autres gars de l'île, jusqu'au haut de la côte où vous m'avez rencontré, nous faire la conduite, à Patrice Pasquiou et à moi, quand nous fûmes pris pour l'armée par le sort. C'était au temps de Napoléon le Vieux. Nous fûmes envoyés à la guerre l'un et l'autre, dans le même régiment. Patrice fut frappé d'une balle, à mes côtés, le soir, à l'ambulance, et il me dit :

— Je vais mourir, voici tout mon argent, tâche qu'on m'enterre dans un endroit facile à reconnaître, de telle sorte, si tu survis, que tu puisses ramener mes os à *Enez-Veur* et les faire déposer auprès des reliques de mes pères, dans ma terre de Bretagne.

Il me laissait une somme considérable, au moins deux cents écus. Je payai pour qu'on le mît dans une fosse à part, mais, plusieurs mois après, quand on nous dit que la guerre était finie

et que nous allions être congédiés, ma joie fut si vive que je négligeai la recommandation de Patrice Pasquiou. Malgré mon serment, je rentrai sans lui. Comme mes parents, dans l'intervalle, avaient quitté *Enez-Veur,* pour prendre une ferme à Loquémau, c'est là que je vins les rejoindre. Là aussi je me mariai, là je fis souche d'enfants, là enfin je mourus, il y a quinze ans. Mais je ne fus pas plus tôt dans ma tombe qu'il me fallut me lever. Tant que je n'aurais pas acquitté ma dette envers mon ami, je n'aurais pas droit au repos. J'ai dû aller chercher Pasquiou. Voici quinze ans que je marche, ne voyageant que du coucher du soleil au chant du coq et faisant à reculons, les nuits paires, la moitié plus la moitié de la moitié du chemin que j'avais gagné les nuits impaires. Le cercueil de Patrice Pasquiou, sur mes épaules, pesait le poids de l'arbre entier qui en avait fourni les planches. C'est lui que vous avez entendu, par instants, rendre ce son de bois qu'on heurte. Sans votre bénignité et celle de votre cheval, j'en aurais encore eu pour plus d'une année avant d'arriver à la fin de ma pénitence.

Maintenant mon temps est accompli (*ma amzer 'zo peurechu*). Dieu vous récompensera sous peu, Marie-Job Kerguénou. Rentrez chez vous en paix et, demain, mettez toutes vos affaires en ordre, car ce voyage sera le dernier que vous aurez fait, vous et votre Mogis. A bientôt, dans les Joies (*e-barzh ar Joaioù*) !

A peine eut-il achevé ces mots que la commissionnaire se trouva seule parmi les tombes. Le mort avait disparu. A l'horloge de l'église minuit sonnait. La pauvre femme se sentit toute transie, elle s'empressa de remonter dans sa carriole et atteignit enfin sa maison. Le lendemain, quand Glaoda ar Gov vint prendre livraison de son tabac, elle trouva Marie-Job au lit :

— Vous êtes donc malade ? lui demanda-t-elle avec intérêt.

— Dites que je touche à ma passion, lui répondit Marie-Job Kerguénou. C'est à cause de vous, mais j'ai assez vécu, je ne regrette rien. Ayez seulement l'obligeance de m'envoyer un prêtre.

Elle mourut le jour même, Dieu lui pardonne ! Et, après qu'on l'eut mise en terre, il fallut également planter Mogis, il était complètement froid, quand on alla voir dans sa crèche.

Anatole Le Braz
La légende de la mort, même éditeur.

Ar Vag-Noz, la barque fantôme

Parfois, le dernier voyage vers la mort s'effectue à bord de la Bag-Noz, la barque de nuit. Cette très ancienne légende est présente, avec des variantes, dans de nombreux endroits du littoral breton.

La Bretagne a deux visages, celui de la terre et celui de la mer, l'Argoat et l'Armor. Les légendes de la mort elles aussi s'adaptent à l'environnement, et dans le monde des côtes, des îles et des marins, c'est la *Bag-Noz* qui s'occupe du passage de la vie à la mort. Il est représenté comme une barque silencieuse et incroyablement rapide, que l'on ne peut que très rarement approcher. Anatole Le Braz dans son œuvre maîtresse *La Légende de la mort* parle d'un « bateau fantôme » que l'on voit apparaître quand un évènement tragique est survenu. La fonction de la *Bag-Noz* est de s'occuper de l'âme des marins disparus en mer qui n'ont pas pu être enterrés. Sans lui, ils se verraient pris au piège des profondeurs marines. Quand le navire fait une apparition, on entend d'ailleurs les cris des damnés de la mer qui attendent le dernier repos.

Plusieurs récits de navigateurs racontent avoir vu cette mystérieuse embarcation, et même parfois s'en être approchés. La rencontre avec la *Bag-Noz* se termine toujours de la même façon, le bateau s'éloigne si vite qu'on ne peut le rattraper et les hurlements recommencent à mesure que la *Bag-Noz* prend de la distance.

Le barreur de l'embarcation serait, selon les légendes, le premier ou le dernier noyé de l'année.

Selon les différents lieux en Bretagne, la *Bag-Noz* peut avoir quelques particularités. Près de Saint-Gildas, les marins qui vivent dans la débauche peuvent le soir entendre frapper à leur porte sans que personne ne se trouve derrière. Ils sont alors attirés par une force surnaturelle jusqu'à la côte où la barque de nuit les attend pour leur dernier voyage. Dans le Vannetais, ce sont les *Bolbiguéandets,* une sorte de korrigans, qui entraînent les voyageurs isolés vers la *Bag-Noz.* A Audierne on entend le bruit des avirons qui fendent les eaux quand la barque de nuit arrive. Ce qui est toujours un mauvais présage, exactement comme le bruit de la charrette de l'Ankou. Dans le Trégor, les légendes conseillent de ne pas tenter de suivre la barque de nuit au risque d'être entraîné avec elle dans le monde des morts. Dans le golfe du Morbihan, la *Bag-Noz* a la particularité d'embarquer des chiens démoniaques qui torturent les âmes à son bord. Il existe donc de nombreuses variantes locales de la *Bag-Noz,* mais au final son rôle est toujours le même et s'assimile quelque peu à une version maritime de l'Ankou : messager de la mort et passerelle vers le monde des disparus. Cette légende possède aussi des points communs avec d'autres cultures et d'autres époques. Dans les mythologies grecque et égyptienne, un bateau accompagnait également les âmes des défunts vers les enfers. Il fallait d'ailleurs pouvoir rémunérer le passeur d'âmes. Avec la *Bag-Noz* on reconnaît aussi cette idée de rétribution pour que les morts trouvent enfin le repos. On dit

ainsi que les marins portaient des boucles d'oreille en or pour avoir toujours sur eux de quoi payer la traversée. De la même façon, il n'était pas rare de voir jusqu'il y a peu des marins enterrés avec une pièce de monnaie dans la main, afin de garantir leur voyage vers l'autre monde.

Voici le témoignage recueilli par Anatole Le Braz :

Toutes les fois qu'il doit se produire quelque sinistre dans les parages de l'île de Sein, l'on voit apparaître un bateau-fantôme, tantôt incliné sur les eaux sombres, la pointe de son « gui » trempant dans la vague, tantôt dessiné en silhouette indécise sur le fond orageux du ciel.

On le désigne sous le nom de *Bag-Noz* (barque de nuit), parce que c'est surtout à la tombée de la nuit qu'on le voit soudain surgir, sans qu'on puisse dire de quelle direction il

vient, ni quelle route il fait, car il s'évanouit tout à coup, au moment où on le regarde, pour se montrer, l'instant d'après sur un autre point de l'horizon. Il vogue toute voile dehors, avec un pavillon noir en berne.

Les barques de l'île l'ont souvent croisé quand elles rentraient du large, aux premiers signes avant-coureurs du mauvais temps. Quelques-unes même ont essayé de l'accoster, pensant que c'était quelque bateau en détresse, d'autant que son équipage – qu'on dit être nombreux – ne cesse de crier et d'appeler, comme pour demander du secours, avec des voix suppliantes, des voix tristes à fendre l'âme. Mais, sitôt qu'on faisait mine d'approcher, la vision s'effaçait et les voix elles-mêmes devenaient si lointaines qu'on ne savait plus si c'était dans les profondeurs de la mer ou dans les profondeurs du ciel qu'on les entendait hurler.

On raconte cependant qu'une nuit, un pilote de l'île parvint à serrer le bateau-fantôme d'assez près pour constater qu'il n'y avait personne à bord, sauf, sur l'arrière, l'homme de barre. Le pilote héla cet homme :

— Puis-je quelque chose pour vous et désirez-vous que je vous remorque ?

Au lieu de répondre, l'homme fit jouer le gouvernail et le bateau disparut.

Si le pilote avait eu la présence d'esprit de dire *Requiescat in pace*[1], il aurait sauvé toute cette batelée de marins défunts. L'homme de barre en question est toujours à ce que l'on prétend, le dernier noyé de l'année. Des ramasseuses de goémon, étant un soir à la pointe de Kilaourou, dans l'est de l'île, virent les voiles de la *Bag-Noz* passer à raser la pointe. Parmi elles se

1. Signifie en latin d'église « reposez en paix ».

trouvait une veuve Fauquet, dont le mari, quelques semaines auparavant, avait disparu dans la chaussée de Sein, sans que la mer eut rendu son cadavre. Or, quel ne fut pas son émoi de reconnaître dans le personnage qui menait la barque funèbre le mari qu'elle avait perdu ! C'était si bien lui qu'elle ne put s'empêcher de tendre les bras vers son *Anaon*, en criant :

— *Jozon ! Jozon kaezh !* (Joseph ! Mon pauvre Joseph !)

Mais lui ne détourna seulement pas son visage. Et la barque s'éloigna, silencieuse, ne laissant même pas derrière elle la trace d'un remous dans les eaux qu'elle fendait.

Anatole Le Braz
(*La légende de la mort*, même éditeur)

Les chevaux de la nuit

Venant de Paris par chemin de fer, je descendis en fin d'après-midi à Landivizio. C'était la première fois que je me rendais en Bretagne, où le temps de ce mois de mars 1892, doux et humide, se montrait plus clément qu'à Paris. La nuit se hâtait de clore le jour, mais l'éclairage municipal, bien que faible, l'empêchait d'effacer complètement les rues de cette petite ville dont l'architecture bretonne, voilée par l'atmosphère crépusculaire, me dépaysa. Sensation accrue à la vue de ses habitants en costume local et par les étranges sonorités de leur langue, qui évoquèrent pour moi une époque révolue.

Je dînai à la table d'hôte du meilleur hôtel de la ville et, malgré la possibilité d'y coucher confortablement, je décidai de repartir le soir même vers ma destination. L'impatience de mon cœur voulait me rapprocher encore de Kerentran où je n'étais attendu que le lendemain. Mais, sachant que la nuit me serait moins longue à proximité de Joceline, je désirais passer ce temps à l'auberge voisine de son manoir.

Après le repas, je m'informai à haute voix d'un moyen de locomotion. On me répondit qu'il était impossible d'en trouver à cette heure tardive et mon vis-à-vis, un homme pourtant jeune et robuste, au regard hardi, me reprocha ma témérité. D'autres l'approuvèrent, disant qu'on voyait bien que je n'étais pas du pays, ni même Breton, sinon un tel désir ne me serait jamais venu.

— Ici, on ne voyage pas pendant les heures noires, coupa une voix autoritaire, au bout de la table.

— La nuit n'appartient pas aux vivants, conclut une autre voix, sentencieuse comme une menace.

Et tous se turent, laissant s'établir un silence réprobateur qui eut pour effet de me décider à partir sans plus attendre, quitte à être obligé de faire à pied les vingt kilomètres qui me séparaient de Kerentran. Mon bagage léger ne m'encombrait pas, mais j'avoue avoir alors compté sur le passage d'un quelconque véhicule.

La nuit était claire d'une lune généreuse, celle-là même qui, par sa diffuse clarté, est favorable aux amoureux. Je n'eus aucune peine à trouver mon chemin dont le tracé précis avait, une fois encore, orné la dernière lettre de Joceline, si bien que j'en connaissais par cœur chaque croisement, chaque calvaire et chaque hameau.

Joceline !... J'allais enfin retrouver Joceline de Kerentran. Deux mois sans la revoir, mais autant de jours à la lire, à la découvrir nouvelle chaque matin, l'avaient rendue définitive à mon âme. Combien je bénissais cette soirée où mes amis R..., ces incorrigibles marieurs, peut-être à dessein de me faire quitter une hasardeuse vie de célibataire, nous avaient rapprochés l'un de l'autre.

Elle était assise dans une des bergères qui encadraient la cheminée, mais ne profitait pas de son confort. Buste droit, hanche pressée contre l'accoudoir, elle trahissait ainsi une réserve qui ajoutait à la grâce de son mince corps d'adolescente et à sa diaphane blondeur de Celte.

La beauté de ses cheveux, longs et tirés sur la nuque en une épaisse natte résillée d'argent, me frappa d'abord. Douce profusion que j'imaginais souple à épouser la courbe de son épaule, et capable, si elle se fût trouvée nue, de voiler sa gorge, redoublant ainsi le plaisir des caresses car ma première impression fut sensuelle. Je crus avoir trouvé une proie pour mon désir.

Mais, si j'employais une stratégie rompue à tous les pièges du caractère féminin et capable d'amener à mes filets les plus rebelles, là, ce fut l'échec. Pire, je la quittai vaincu, c'est elle qui emporta, sans même avoir combattu et par la confiance de son regard, ma totale liberté d'esprit.

Pendant deux jours, je voulus me délier d'elle, me refusant à la revoir malgré mon envie croissante et la brièveté de son séjour à Paris, qui s'amenuisait d'heure en heure, car elle devait retourner chez ses parents, en Bretagne. Mais, le matin de son départ, soudain conscient de perdre le seul être fait pour moi, je me précipitai avant qu'il ne fût trop tard.

Mon silence avait joué en ma faveur. Joceline se jeta dans mes bras et m'avoua des sentiments égaux aux miens. Hélas il fallait nous quitter. D'elle je n'eus qu'un baiser, un seul, le meilleur sans doute, celui que d'autres, venant ensuite et trop répétés, auraient estompé l'oubli.

Ce baiser d'une seule fois parfumait encore mes lèvres. Et ses lettres, qui me la révélèrent mieux que de longs tête-à-tête, m'en avaient appris sur elle bien plus que les siens n'en sauraient jamais…

Combien de kilomètres avais-je déjà consacrés à Joceline au cours de ma marche dans la douceur nocturne, lorsque, arrivé à une croix plantée sur un monticule et qui m'opposait le trait démesuré de son ombre, un fort crissement d'essieu se fit entendre au loin, derrière moi.

Je m'arrêtai aussitôt, écoutant avec plaisir les plaintes du fer contre le bois qui se frottait au gré des secousses, et je bénis le passage providentiel d'une charrette dont le conducteur, moyennant un Louis ou deux, pourrait, je n'en doutais pas, me conduire à Kerentran.

Je l'aperçus ! Elle se rapprochait très vite, tirée par trois chevaux blancs à l'échine et au poitrail battus par une longue crinière noire. Ils étaient attelés en flèche et lancés au galop. Leurs sabots, curieusement non ferrés, faisaient résonner comme une barrique le sol caillouteux de la chaussée. On eût dit les sourdes palpitations d'un énorme cœur de bois.

Me plaçant au milieu de la route, je fis de larges gestes et criai. Mais, malgré l'ardeur de mes appels, je dus échapper aux regards de l'intrépide conducteur. L'attelage arriva comme le vent et ne ralentit pas sa course… Je m'écartai d'un saut et eus juste le temps de me baisser pour éviter un coup de fouet qui laissa à mes oreilles un féroce sifflement.

Furieux, je ne pus retenir une violente insulte. Alors les fougueux chevaux furent immobilisés en quelques mètres. A cette allure, le meilleur cocher, au risque de rompre rênes ou freins, n'aurait pu les arrêter en moins de cent.

Surpris, j'hésitai à m'approcher dans la crainte que l'homme ne me frappât, me laissant là, blessé ou pire. Enfin, après quelques excuses pour ménager sa susceptibilité, je me décidai.

Arrivé à sa hauteur, je vis qu'il se tenait debout, ventre contre la ridelle, le regard dirigé droit devant lui. Il était trapu, couvert d'une pèlerine sombre, et immobile tel un roc, mais je ne pus distinguer ses traits, cachés par un feutre aux larges bords tombants. Ensuite m'apparurent ses deux compagnons, coiffés

et vêtus de noir, chacun monté sur les deux chevaux de queue, celui de tête dépourvu de cavalier. Autre trait qui acheva de me dérouter sur leur conception de conduite d'un tel attelage.

Aucun des trois hommes silencieux et raides ne tourna la tête vers moi, malgré l'insistance des demandes que je leur adressais. L'équipage, hommes et chevaux, restait étrangement statufié.

Cependant, comme ils ne m'opposaient pas de refus, et qu'ils allaient dans ma direction, je n'hésitai pas longtemps et montai à l'arrière de la charrette, qui était longue et étroite. Elle dégageait un souffle de puanteurs fétides où l'acide odeur d'écume et de corne brûlée se mêlait à celle de cuirs moisis et d'étoffes pourries.

Là, allongée sur le plancher disjoint, une forme humaine semblait dormir, indifférente à l'inconfort et à l'odeur nauséabonde. Mais je n'eus pas le loisir de la contempler, d'un cinglant coup de fouet, le conducteur fit soudain repartir ses bêtes. Je m'agrippai à la ridelle pour ne pas tomber.

Nous roulâmes ainsi à une telle rapidité qu'après avoir, malgré moi, heurté de tout mon poids le corps du voyageur étendu, qui ne se réveilla point, je les crus coupables d'un crime. Et, soudain inquiet, je me questionnai sur les mobiles de ces gens qui se comportaient et fuyaient si sauvagement.

Mais, ce qui se passa ensuite fut encore plus surprenant. Nous avions parcouru une bonne lieue, lorsque brusquement, nous quittâmes la grand-route pour nous engager sans ralentir dans un chemin de terre qui se trouvait à angle droit. Le conducteur et ses acolytes étaient de fiers meneurs car un autre équipage, lancé à cette vitesse, n'aurait pu accomplir une telle manœuvre sans verser.

A quelques centaines de mètres, je distinguai les fenêtres éclairées d'un sombre bâtiment de terme à l'intérieur duquel on veillait. Là, sans doute, allait s'achever cette course mouvementée. J'en fus à la fois heureux et déçu.

L'attelage s'arrêta si brutalement dans la cour que je manquai me fendre le crâne contre l'un des montants de fer. Les deux cavaliers sautèrent lestement à terre et coururent à la porte qu'ils ouvrirent grande, entrant d'un trait dans la salle. Mais les quelques personnes qui se tenaient devant un lit d'alcôve sur lequel sommeillait une vieille femme en chemise ne semblèrent pas les voir.

Les deux hommes s'approchèrent et, sans hésiter, saisirent la femme, l'un par les pieds, l'autre par les épaules. Réveillée en sursaut, elle chercha à se défendre, eut de brefs cris rauques, puis ne résista plus. Ils la portèrent ensuite, silencieuse et inerte, à la charrette et la jetèrent par-dessus la ridelle. Elle tomba à côté de moi sans faire le moindre bruit et resta aussi immobile que l'autre voyageur.

D'abord saisis et muets, les gens de la ferme se mirent à crier et à gémir pendant que les chiens, qui n'avaient pas aboyé à notre arrivée, hurlaient à présent au fond de leurs niches.

Stupéfait et glacé d'effroi, j'aperçus la vieille, toujours là-bas, raide sur son lit d'alcôve, comme morte, insensible sous les pleurs de son entourage consterné, alors que son double se trouvait à mes pieds.

Epouvanté, je voulus fuir, mais les hommes remontés, l'attelage fouetté repartit au galop. Frémissant de peur, je suppliai le conducteur qu'il me laissât. Mais il resta indifférent.

Nous allâmes un long temps. Enfin, il immobilisa son attelage non loin d'un hameau, et me parla pour la première fois.

Sa voix grondait en lui, pleine de sourds échos :

— Tu m'as demandé d'aller à Kerentran. J'irai donc. Mais fais-toi patient. Je ne pourrai m'y rendre que dans deux nuits. La jeune demoiselle du manoir sera alors prête pour nous…

Et sur le geste qu'il fit pour cingler ses chevaux, les bords de son feutre se relevèrent un instant. Je vis sa face tendue, bouche grande ouverte, yeux fixes et blancs. Je ne m'attardai pas à le regarder, d'un bond je sautai et m'enfuis, courant à perdre souffle jusqu'à la plus proche maison.

L'incroyable équipage se trouvait déjà loin que je frappais toujours vainement à une porte aussi hostile que la nuit. La gorge nouée, je cognais avec mes poings contre le battant qui vibrait à se fendre. Je me savais écouté de l'intérieur parce qu'un cri de surprise, vite muselé, avait fait suite à mon premier appel, mais il était visible qu'on ne désirait pas m'ouvrir.

Désespéré, j'allai à la maison voisine que je fis résonner de mes coups, et j'avoue que seul l'espoir de me trouver entre quatre murs éclairés par de simples tisons me tenait debout.

— Ouvrez… Ouvrez, ne me laissez pas dans la nuit… criai-je enfin, ma voix soudain redevenue exigeante de m'entendre décida ceux qui se trouvaient là à déverrouiller leur porte.

Voyant qu'on l'entrebâillait avec hésitation, j'eus envie de l'ouvrir, d'une poussée. Mais le subit halo d'une chandelle me dévoila enfin un visage d'homme blême d'angoisse.

— Qui ?... Qui êtes-vous donc ? me jeta-t-il, en cherchant à lire sur mes traits.

Je répondis que j'étais un voyageur égaré qui se rendait chez le marquis de Kerentran.

Quelques minutes après, je réchauffais mon courage à un feu d'âtre qui soufflait une âcre mais réconfortante fumée et que l'homme s'empressait d'activer. Sa femme m'offrit un plein bol de *lambig*. Je le bus d'un trait et il me sembla d'eau, tant les émotions avaient bouleversé mes sens.

Je leur racontai ma mésaventure et, à mesure, leur pâleur s'accentua au point que j'eus l'impression qu'ils se vidaient de leur sang.

— ...Nous ne nous étions pas trompés sur son bruit, monsieur !... soupira l'homme, ...lorsque vous avez frappé à notre porte, nous avons cru que c'était Lui qui venait chercher l'un de nous deux.

Et il m'apprit que j'avais voyagé avec l'Ankou, l'ouvrier de la Mort, et ses servants.

Nous étions allés à Kernoter « prendre » la vieille Loarer qui traînait une langueur. Et, parce que nous étions passés à Kerras, où nous nous trouvions, on pouvait dire que la mort allait à Plougourvest emporter Christophe Ropartz, le bûcheron qui, la veille, avait reçu un arbre sur les reins et agonisait.

Malgré l'évidence, et bien que ne parvenant pas à trouver une autre interprétation plus rassurante, je me refusais à croire une telle explication. Aussi, je cherchai à tranquilliser ces gens :

— Ce sont des charroyeurs qui… commençai-je, dans ma volonté absolue de justifier ces étranges travailleurs de la nuit.

Mais, incapable de trouver une raison qui m'eût d'abord rassuré moi-même, je leur décrivis le conducteur bien en chair et vigoureux. Il ne pouvait être de l'au-delà puisqu'il m'avait parlé avec une voix de vivant. Et je leur rapportai ses propos qui précisaient son intention de se rendre sous peu à Kerentran.

Ils se signèrent avec précipitation et la femme, pressant entre ses mains tremblantes son visage où étaient venues de subites larmes, me dit :

— Ah monsieur, vous venez de voir l'autre côté de la mort, car vous faites là le portrait d'Hervé Lenn, de Plouzenedé, défunt depuis décembre qui, dernier parti de l'année passée, est Ankou de droit pour notre région durant cette année-ci. Vous l'avez provoqué, monsieur. Il n'a pas voulu de vous, mais il lui faut un gain et il ne revient jamais sur son choix. Apprêtons-nous à pleurer le triste sort de la gentille demoiselle de Kerentran. Elle est perdue. Rien n'y pourra !

Saisi par le ton convaincu de la femme, bouleversé par l'attitude de son homme qui l'approuvait avec des gestes d'accablement, je me sentis submergé par l'impuissance. A mon tour je m'abandonnai aux frissons de leurs frustes croyances.

Ils se lamentaient ou priaient sur un ton lugubre, résignés à toutes les adversités. Moi, j'errais dans le désespoir le plus atroce, celui qui étreint les âmes vaillantes capables de lutter, mais brisées par l'inconnu infernal.

Nous passâmes la nuit face au feu ronflant, tisonné par l'un ou l'autre plus qu'il n'était nécessaire. Nous nous regardions à la dérobée, avivant ainsi, réciproquement, notre angoisse. Nous n'aurions pu dormir. Il fallait que nous nous sentions tous trois vivants entre vivants. Le moindre bruit extérieur nous tournait subitement la tête vers la porte verrouillée et nous la fixions aussitôt, avec une telle attention que la moindre glissée de bûche nous faisait alors sursauter.

Le jour enfin revenu, délivré par le premier rayon du soleil et comme débarrassé d'une épaisse camisole noire, je quittai ces gens, toujours hébétés de nuit, que je jugeais responsables de mon inaction nocturne. Je repris ma route. La marche, ainsi qu'une vivifiante senteur d'humus, allégea mon esprit et me confirma dans ma résurrection. Mais les paroles d'Hervé Lenn, l'Ankou, revinrent bientôt en moi, pesantes tel un glas.

J'arrivai au manoir de Kerentran, harassé. En apprenant que j'étais venu à pied, les parents de Joceline doutèrent de mon bon sens : n'avaient-ils pas envoyé une rapide calèche à Landivizio pour me prendre au train du matin ? Je sus faire oublier ma conduite sous le couvert d'un malentendu, et ne mentis qu'à moitié en avouant qu'une confusion d'horaire m'avait fait arriver la veille et, me croyant plus vaillant marcheur, j'avais pris la route avant l'aube.

Enfin, Joceline m'apparut, gracile et pâle, s'immobilisant à la porte du salon, arrêtée au seuil de nos retrouvailles, belle de cette distinction qui accentuait les multiples charmes de son être et la fit soudain seule présente à mes yeux. Saisi d'une trop forte joie, je baissai la tête.

Alors, brisant sa réserve, oubliant les siens qui purent ainsi juger de l'intensité de ses sentiments, elle vint à moi, d'un élan. Je la reçus dans mes bras pour la protéger déjà.

Ses parents se retirèrent sans bruit et le léger claquement de la porte refermée nous lia encore plus l'un à l'autre.

— Vous ! C'est vous ! me dit-elle, éperdue, avec tant de regards expressifs que j'y pouvais lire, non seulement ce

qu'avaient été pour elle ces semaines de séparation et les dernières heures de son attente, mais également ce que seraient nos années à venir, toutes celles qu'elle désirait me consacrer, instant après instant, sa vie entière. Sa vie !

Devant cette aveugle confiance en l'avenir et sa généreuse innocence, je me retournai pour lui cacher mon chagrin. Elle me demanda de la regarder dans les yeux. Je le fis et me forçai à sourire. Elle crut à une grande lassitude et, pour la chasser, m'offrit un baiser, riche de toute son attente.

Après le déjeuner où les attentions de chacun firent déjà de moi le fils de la maison, je repris espoir et volonté. Puisque je connaissais le projet de l'Ankou et que j'étais fort de ce secret, je pouvais aisément le berner. Ne disposai-je pas de deux jours pour éloigner Joceline du manoir familial et de ce maudit pays ? J'allais l'enlever à sa Bretagne, fief sournois soumis à une archaïque façon de moissonner les humains, et où la Mort besognait encore comme aux temps primitifs. Cette coutume ne pouvait s'étendre hors des limites de ce pays celtique. Ma décision fut vite prise.

Servi par l'attachement aveugle de Joceline et espérant la confiance de ses parents, que je m'étais gardé d'alarmer en leur révélant l'incroyable fatalité à laquelle j'étais peut-être stupide de croire, je leur fis part de mon impatient désir de présenter ma future femme à ma mère. Si chacun y consentait, nous partirions le soir même.

M. de Kerentran, formé aux habitudes strictes de la vieille noblesse brertonne, se redressa, stupéfait par mon audace. Il s'apprêtait à me remettre dans ma position de prétendant encore au premier stade de ses prétentions, lorsque sa femme, qui connaissait le cœur des mères et pensa à celui de la mienne, le calma d'un regard qui appelait l'indulgence et la compréhension.

Etonné par ma demande inattendue pour elle, puisque nous avions depuis longtemps fait d'autres projets qui devaient me tenir une semaine à Kerentran, Joceline n'osa fléchir son père. Mais quand, après maintes promesses, celui-ci accepta enfin, contre son gré, elle ne put retenir un joyeux battement de mains, telle un enfant à qui on offre un plaisir inattendu.

A ce moment-là, on dut juger ma joie bien grise, car je m'assombris en pensant que, dorénavant, son destin irait selon mes forces.

Le lendemain nous étions à Paris et, de savoir Joceline écartée de la route des hommes de la Mort aurait pu atténuer ma vigilance, mais je ne pouvais m'accorder le droit à la sérénité qu'après l'achèvement de la fatidique nuit, celle qui venait. Je n'étais plus paralysé par un stérile accablement et mon esprit cherchait, pesait chaque manœuvre ou chaque subterfuge capables de faire échec au destin.

La solution la plus efficace me fut apportée, et offerte, par un intime à qui je laissai entendre mon souci d'avoir à cacher, d'un mari jaloux et au courant de sa liaison avec moi, une amie chère.

L'époux en question nous avait fait prendre en filature par tout ce que la capitale comptait de curieux professionnels. Il ne nous était même plus possible de traverser une rue sans être suivis, et nous risquions d'être surpris où que nous nous cachions. La nuit la plus importante devait être la prochaine, définitive par la décision que j'attendais ensuite de mon amante, lasse d'une telle vie et à qui je voulais prouver qu'il existait un paradis accessible.

Le fil était gros, mais je sus mettre tant de conviction dans mes paroles qu'aussitôt j'eus en main la clef de la garçonnière

la plus secrète, au dernier étage de l'immeuble le plus discret de l'île Saint Louis. Là, un oiseau n'aurait pu reconnaître une fenêtre. Chaque issue extérieure avait l'apparence du mur dans lequel elle était percée, et son propriétaire lui-même se demandait parfois, lorsqu'il arrivait devant sa porte, astucieusement dissimulée dans la décoration du palier, si celle-ci existait réellement.

Nous dînâmes très tôt chez ma mère qui adopta tout de suite Joceline et ne me cacha pas sa joie de me voir enfin attaché à celle qu'elle espérait. La nuit arrivant, je prétextai être en retard à un rendez-vous ; des amis nous attendaient. Et je me montrai si impatient que ma mère se méprit sur mes intentions, redoutant un de mes subits excès amoureux, susceptibles de détruire la belle confiance de ma jeune fiancée. En cherchant à nous retenir, elle croyait défendre mon bonheur.

Je dus arracher Joceline aux attentions maternelles et, inquiet, je la contraignis pour la première fois à mon autorité.

L'ayant précipitamment fait monter dans un fiacre, je fouettai l'ardeur du cocher par un généreux pourboire. Assise, raide de stupeur, elle me dévisagea, s'efforçant de comprendre mon attitude, et lorsqu'elle m'en demanda les raisons, je grognai une vague réponse agacée qui fit briller ses yeux de larmes retenues.

J'aurais voulu la serrer contre moi, la consoler et tout lui expliquer, mais, ne voulant pas trahir mon angoisse, je m'imposai le silence. J'avais hâte, cette dure épreuve passée, de lui révéler les motifs de mon comportement et de la voir à nouveau sourire, pour me pardonner avec la douceur que je lui connaissais.

L'immeuble où nous nous rendîmes donnait sur une rue étroite. Sombre dans le sombre, perdu parmi d'autres façades, c'était un secret de pierres au milieu d'un amoncellement de pierres : l'île Saint-Louis, elle-même au cœur d'un massif d'autres pierres. Le cocher passa plusieurs fois devant sans le remarquer et dut le chercher longtemps. Il n'était même pas nécessaire que je fisse sauter les ponts de l'île pour nous trouver isolés du monde. Bien malin Hervé Lenn, l'Ankou de Plouzenedé si, venant là après avoir abattu cent lieues, il pouvait y retrouver la discrète et furtive demoiselle de Kerentran.

Une fois que nous fûmes montés, je crus d'abord m'être trompé d'étage, et j'épuisai presque toutes mes allumettes pour découvrir la fente de la serrure. Surprise et inquiète, Joceline ne voulut pas entrer. Je la tirai, refermai la porte sur nous, l'éprouvant aussitôt d'une violente poussée. Elle était solide comme la dalle l'un tombeau.

Je voulais la force du noir avec nous, aussi me gardai-je d'allumer la moindre lampe, et ma douce fiancée, se croyant livrée à une brute d'homme, ne put retenir de timides sanglots. Prise dans mes bras, elle m'échappa, buta contre un meuble invisible et tomba à terre avec un léger cri.

Malgré la tension de tout mon être, mobilisé pour l'ultime lutte, je la consolai par les mots les plus doux que je pus trouver. Elle accepta de venir s'asseoir sur un canapé que j'avais trouvé en tâtonnant et, tremblante d'un émoi encore jamais ressenti, me donna enfin sa main. Son émotion cessant, je lui offris mon épaule pour qu'elle y posât sa tête, et l'assoupis avec un baiser de quiétude.

La nuit coulait, emportant une à une les heures redoutées. Combien en restait-il avant le jour ? Une, ou deux peut-être.

Soudain, montèrent de la rue de sourds martèlements semblables aux palpitations d'un énorme cœur de bois creux. Je

me redressai violemment et réveillai Joceline par mon cri de stupeur. Pressant ma main sur ses lèvres, manquant de l'étouffer, je la forçai au silence. Mon sang battait au rythme des sabots nus dont je reconnaissais, atterré, les horribles piétinements.

Bientôt ils cessèrent, et le silence me fut atroce.

Il était venu. Rien ne pouvait l'arrêter, le détourner de son but. Distance et feintes n'émoussaient pas ses désirs. Maintenant, ses hommes allaient monter et me prendre Joceline, l'emporter à jamais.

Non, ils ne l'auraient pas !

Me levant, la tirant par la main, je cherchai un endroit où la cacher pour la soustraire à leur vue lorsqu'ils entreraient. Ma décision était prise. Je m'offrirais à eux et ils pourraient ainsi repartir avec leur compte d'âmes.

Mes doigts affolés trouvèrent enfin les battants d'un haut placard. Je les tirai violemment et obligeai Joceline à y pénétrer. Mais elle refusa désespérément d'obéir à cette nouvelle et inacceptable brutalité. D'une violente poussée je la fis entrer et refermai les panneaux épais. Ensuite, je me précipitai à la porte barrant de mon corps le passage aux sinistres arrivants.

Je restai ainsi quelques instants, déchiré non par la mort que j'acceptais, mais par la pensée que j'allais être séparé pour toujours de Joceline, la laissant seule devant un drame incompréhensible et d'avance, je souffrais tout son désespoir.

Mais le miracle se produisit, qui me jeta à genoux dans un violent sanglot à Dieu. J'entendais à nouveau le monstrueux galop des chevaux de la nuit.

Ils repartaient ! Ils repartaient ! J'avais réussi à déjouer l'Ankou. Il n'avait pu trouver notre retraite.

Alors, m'abandonnant au sol, je sanglotai de joie et ne pouvais même plus crier à Joceline qu'elle était sauvée, que nous étions sauvés.

Enfin, je parvins à me relever pour aller la délivrer. J'ouvris les hauts battants et, devant son silence, la cherchai des deux mains.

Je ne rencontrai rien. Et mes yeux percèrent l'énigme de ce néant. Hurlant ma douleur, je réalisai que c'était la nuit même : un effroyable vide glacé, le noir profond que cachait cette fenêtre par où j'avais précipité Joceline.

Claude Seignolle
(Avec l'aimable autorisation de l'auteur)

L'Ankou est-il mort ?
...pas si sûr

En avril 1968, pendant les vacances de Pâques, un de mes amis Yann-Fañch, a vécu une histoire bien étrange.

Il habite toujours une maison en pierre de la deuxième moitié du XIXe siècle, qu'il a restaurée.

Elle se situe dans une petite commune des Côtes d'Armor, entre Loudéac et Rostrenen, en pleine campagne, à 4 km du bourg.

Deux amis étudiants (l'un des deux était à la faculté de Nanterre, mais ce n'était pas Dany Cohn-Bendit...), se sont invités chez lui, très intéressés par le surréalisme et, par conséquent, par le légendaire celtique. Deux domaines qui passionnent aussi Yann-Fañch : il est intarissable sur le sujet.

Ce samedi soir, l'ambiance était plutôt festive dans la maisonnée. Les discussions animées se prolongèrent tard dans la nuit, autour de la cheminée, avec trois verres et une bouteille de lambig. Mon ami narrait aux deux étudiants une légende locale « l'herbe d'oubli ». L'on dit dans le coin qu'un amoureux qui veut rejoindre, à travers champs, clandestinement sa petite amie dans la nuit, doit faire très attention de ne pas fouler au pied l'herbe d'oubli. Si par mégarde il marchait dessus, alors il irait tourner en rond dans le pré toute la nuit, cherchant en vain son chemin et ce n'est que quand le jour se lève qu'il peut s'échapper du pré infernal.

La difficulté pour le jeune amoureux transi (de froid ?) sera d'expliquer à sa promise pourquoi il lui a posé un lapin ? Il me semble douteux qu'elle gobe cette histoire d'« herbe d'oubli » ou alors, c'est vraiment que l'amour rend aveugle ! Comme je l'ai dit, Yann-Fañch est intarissable sur le merveilleux celtique et le voilà parti sur les intersignes, notamment celui de la « ferseille »[1] qui chouanne. Et pourquoi s'arrêter en si bon chemin, il enchaîne avec des histoires d'Ankou et là : surprise ! Tous entendent clairement une charrette attelée qui passait sur le chemin devant la maison.

L'occasion était trop belle pour le facétieux Yann-Fañch qui en rajouta une couche : « A tous les coups, c'est la charrette de l'Ankou ! »

1. Chouette effraie en gallo.

Et sans y accorder plus d'importance, tout le monde est allé dormir.

Le lendemain matin, comme il n'y avait plus de beurre, le maître de céans se rendit à la boulangerie-épicerie du bourg pour le ravitaillement. La boulangère sexagénaire qui le connaissait bien, lui dit, pour le moins choquée, que la charrette de l'Ankou était passée par chez eux la nuit dernière !!!! Effectivement, au bout du chemin, il y avait une ferme et c'est là qu'une femme était morte cette nuit-là. Elle était atteinte d'un cancer et, pour abréger ses souffrances, elle s'était pendue pendant que son mari dormait.[2]

Rentré chez lui, Yann-Fañch narra toute l'histoire, ce qui provoqua un certain désarroi, en effet :

— Il n'y a que la ferme au bout de ce chemin ! Il ne va pas plus loin.

— La ferme a des tracteurs, aucun cheval.

2. Le paysan veuf vendit la ferme deux ans plus tard. Le nouveau propriétaire s'empressa d'installer un bouc noir dans une de ses crèches, pour conjurer le mauvais sort. On ne saurait être trop prudent…

— Qui aurait l'idée de conduire une charrette attelée en pleine nuit ?

— Et il n'y a plus ni charrette ni chevaux de trait depuis 20 ans dans le pays.

Toutes les questions que mon ami et les deux étudiants parisiens se sont posées, sont restées sans réponse. Aucune explication rationnelle.

Quoiqu'il en soit, les étudiants n'ont pas cru devoir prolonger leur séjour en Bretagne. Dès le dimanche ils sont repartis. Ils avaient vécu de trop près la légende de la mort en Bretagne…

Hé oui, comme le dit Yann-Fañch, « le merveilleux est un château dont les clés sont à l'intérieur… »

Yoran Delacour

Les Gorel

Voulez-vous que je parle un peu, et avant tout, de la mystérieuse âme bretonne ?

Bon. Alors écoutez, lisez…

Les faits remontent à 1897. J'étais alors jeune médecin à Karaez en Cornouaille, où j'avais pris la succession de mon père âgé qui, accaparé par ses malades, n'avait jamais trouvé le temps de se soigner lui-même, si bien qu'à la longue, vainqueurs, ses rhumatismes déformants le tenaient immobile dans son lit ou dans son fauteuil. À croire également qu'ayant eu une vie trop bougeante, la nature le forçait de la sorte, malgré lui, à donner un dû de repos à l'organisme.

Et il faut bien reconnaître qu'à cette époque, dans les campagnes bretonnes, les gens de notre profession ne restaient pas souvent au lit ; et s'ils ne couraient pas les rues, aussi peu nombreux que les jours sans pluie, ils n'en galopaient pas moins sur les routes, chemins et sentiers les plus impraticables, sans jamais connaître de longs répits.

Mais j'en viens à ce soir de novembre où un homme du hameau de Ti ar Gall usa un peu de sa charité pour faire à pied dix kilomètres de nuit, afin de demander à quelqu'un de Poullaouen de finir les dix autres, pour me prévenir d'aller au plus vite soigner Liza Gorel, souffrant de brûlures et déjà sur la pente de trépas.

A la hâte, j'achevai mon repas devant le messager, resté là, planté raide. Un jeune valet de ferme qui, ne connaissant que les décors d'étable, était impressionné par notre intérieur confortable et regardait partout avec ébahissement.

J'attelai ma voiture, le fis monter à côté de moi et fouettai le cheval. Le garçon ne savait rien d'autre que Liza Gorel, la femme de Zacharie, mère de Fañch et Jozon Gorel, les forestiers, en levant haut une marmitée de graisse bouillante, se l'était maladroitement renversée en plein sur le visage et la poitrine.

En passant à Poullaouen, je le déposai chez ses maîtres et, dans la nuit, heureusement claire, guidé par la large chaussée cailloutée de la route de Morlaix, bien entretenue, je poursuivis ma course à bonne cadence.,

Je savais où tourner et, ensuite, à peu près comment trouver Ti ar Gall, un hameau et ses quelques champs fichés tel un coin dans la forêt de Saint Ambroise.

Bientôt, la masse noire des arbres serrés se dressa devant moi. Je quittai la grand route et j'allai à droite, m'enfonçant entre des terres labourées et les genêtaies hirsutes.

L'endroit était sinistre, la nuit plus pesante qu'ailleurs et le chemin méchant. Mais je dois reconnaître que, grâce aux cahots ainsi qu'aux grincements des roues de ma voiture, je fus suffisamment secoué et tenu attentif aux chocs pour ne pas me laisser tout à fait prendre par une inquiétude à l'affût.

Je trouvais cependant bizarre que personne ne fût venu au-devant de moi avec un fanal et, lorsque j'arrivai face à deux chemins, anonymes l'un et l'autre, je craignis de me perdre en choisissant au jugé, condamné à errer toute la nuit comme cela m'était récemment arrivé du côté de Kroaz-Kerdudon. Mon indécision ne dura guère, d'assez proches hurlements de chien fendirent le silence, des hurlements dont le sens ne trompait pas.

Liza Corel mourait par là-bas.

Je pris aussitôt la bonne direction et fis galoper mon cheval afin de ne plus perdre de temps.

Grâce à leur chien appelant à la mort, je trouvai enfin la maison des Gorel, désagréablement surpris d'être si manifestement négligée, alors que mes soins étaient urgents et pouvaient sauver l'accidentée.

C'était une chaumière basse et délabrée comme il y en avait encore beaucoup à l'époque en Bretagne. Seule la fenêtre étroite montrait une vie intérieure, ce voile de lumière ocre que font les mauvaises chandelles paysannes, fumeuses et grésillantes. Je voulus pousser la porte. Elle était solidement fermée.

Je frappai à coups-de-poing pendant que le chien, attaché à un arbre non loin de moi, menaçant et apeuré, mélangeait aboiements et plaintes.

Enfin, au bout d'un long moment, on ouvrit. Face à moi parurent trois hommes, gourdins levés, qui avancèrent sur le seuil, bouchant aussitôt la porte.

A vrai dire, je compris tout de suite qu'on ne m'attendait pas du tout.

C'était, je l'appris par la suite, leur voisin, le seul, car le hameau n'avait plus que cinq habitants, qui, aux subits cris de douleur de Liza Gorel, avait risqué un œil par la fenêtre et pris l'initiative de me faire avertir. Il était resté à Poullaouen chez des cousins car pour rien au monde il n'aurait voulu entendre plus de l'agonie de la femme en tortures, ni des jurements de ses hommes hargneux contre elle, et qui la maudissaient malgré ses souffrances.

Je me trouvais donc seul là, devant les trois Gorel silencieux, menaçants, et la mourante livrée à la mort depuis des heures, faute de soins.

Lorsque j'eus dit qui j'étais, ils montrèrent de l'inquiétude et se regardèrent entre eux, semblant se questionner s'ils devaient me laisser entrer ou non. Mais, à entendre les soufflées de gorge de la brûlée j'avançai résolument, en colère, et, les ayant repoussés de la porte, j'entrai, me dirigeant aussitôt vers la table sur laquelle ils l'avaient allongée sans même lui relever la tête, qui pendait, rejetée en arrière dans le vide, les cheveux tenus en boule par une graisse figée et grumeleuse.

Je me détournai devant l'atroce état de chair cloquée dans lequel se trouvait son visage, horrible masque boursouflé, aux paupières soudées sur les yeux sans doute éclatés, parcouru d'ombres mouvantes qui, à coups de trous noirs, achevaient cette face macabre déjà fondue comme par un des brasiers de l'au-delà.

Me ressaisissant enfin, je regardai partout où la femme avait été atteinte. Ensuite, je remarquai, devant l'âtre, une marmite couchée au milieu d'une flaque de graisse.

Je supposai alors qu'ayant décroché de la crémaillère cette marmite où fondait du lard, manquant de force dans les bras, ou s'étant brûlé une main, elle avait lâché une des anses.

Sa poitrine et son ventre avaient tout reçu. Pour chasser la douleur qui s'infiltrait jusqu'à sa peau, la malheureuse s'était arraché le corsage et la jupe imprégnés.

Mais, ce qui me parut impossible, c'est qu'elle ait pu lever la marmite plus haut que nécessaire et se recouvrir entièrement la tête de graisse mortelle.

Je demandai qu'on m'apporte d'autres chandelles. Aucun des trois hommes n'obéit et je compris qu'ils étaient toujours indécis entre m'assommer ou me jeter à la porte.

Plus inquiet que dégoûté, je soulevai et tirai la Gorel sur la table afin de mieux l'examiner. Mais, ce faisant, je déclenchai un cruel redoublement de ses plaintes agoniques, en grande partie contraintes car sa langue, atteinte, était gonflée dans sa bouche, laissant juste passer un mince filet de souffle... Sa vie s'éteignait lentement mais sûrement.

Ses lèvres, tendues à craquer, se fendirent de l'effort qu'elle fit pour jeter hors d'elle ce surplus de douleur, mais ne saignèrent pas. Et, brusquement, ses paupières se levèrent, me livrant en entier, brillants de souffrance, ses yeux épargnés.

Alors, de voir ces pupilles claires et hagardes dans ce visage volcanique, là, entouré de ces hommes mauvais et indifférents au martyre de leur épouse et mère, là, seul dans ce hameau plaqué contre la nuit des bois tel un parasite, loin de toute autre vie humaine, j'avoue que je sentis trembler en moi une sourde peur grandissante.

Je ne pouvais déjà plus sauver cette malheureuse, irrémédiablement perdue et, en regardant les trois Gorel, je compris que, même si je le pouvais, mieux valait que je n'en fasse rien, sinon au risque de ma propre vie.

Zacharie, le père, me fixait tel un hibou et me jetait des regards haineux, son aîné se déplaçait derrière moi sans bruit, telle une ombre ennemie, me faisant frissonner l'échine, et le plus jeune, lui, s'était fermement adossé à la porte fermée. Quant à ce chien lugubre, qui, dehors, hurlait sa tristesse, il ne faisait qu'exciter la hargne ambiante.

Ce fut la mort de Liza Gorel qui me sauva.

Elle se débattit si fort contre l'Ankou, enfin venu à Ti ar Gall avec sa charrette fantôme moissonner cette nouvelle cliente, qu'elle roula de la table et tomba à terre dans une terrible résonance, mélange de sons durs et mous.

Je me précipitai. Elle ne souffrait plus. Lisant la confirmation de sa fin sur mon visage que je tournai ensuite vers eux, les Gorel cessèrent leurs menaces et leurs traits se détendirent d'un fugace sourire, vite remplacé par l'impatience de ne plus me voir là. Zacharie fit un sec claquement de langue vers la porte, tant pour moi que pour son fils, qui s'écarta tout de suite. Je partis aussi vite que si, venant de tuer moi-même la Gorel, ils me donnaient la chance de fuir.

Je retrouvai mon cheval qui hennit sa joie de me revoir. Et je dois avouer qu'après la caresse que je fis sur son museau, il me rendit d'affectueux et consolants coups de crinière qui me réconfortèrent, ce dont j'éprouvais le besoin après la scène atroce à laquelle je venais de participer.

Maintenant, immobile au sol contre le pied de son arbre, roulé, tête et queue entre les pattes, le chien des Gorel grognait de sourdes plaintes d'effroi, à croire qu'il avait réellement vu entrer et ressortir le macabre ouvrier de la Mort : l'Ankou en personne, impitoyable dans ses sinistres missions.

Je montai dans ma voiture et partis sans tarder avant que les hommes, se ravisant, ne sortent et m'assaillent, où me tirent dans le dos les coups de fusil des lâches.

Lorsque j'eus atteint la fourche où j'avais hésité en venant à Ti ar Gall, j'aurais dû me sentir un peu plus à l'aise, mais l'hor-

rible trépas de Liza Gorel continuait à m'être un incisif cauchemar dans lequel j'errais encore sans parvenir à me réveiller tout à fait. De surcroît, les larges fondrières du chemin m'obligeaient à tirer sur les rênes pour ralentir, usant ainsi mon reste de courage.

La nuit, très sombre du côté de la forêt de Saint Ambroise, paraissait lumineuse de l'autre, sur la longue genêtaie herbeuse que je longeais et qui m'annonçait la route Karaez proche. Je commençais à me détendre, là, je pourrais faire galoper à souhait mon cheval et mettre rapidement, un à un, vingt kilomètres entre les Gorel et moi, comme autant d'arbres protecteurs abattus en travers de la chaussée.

C'est alors que le cheval hennit de si étrange façon que l'angoisse revint, glaciale, sur ma peau. Je me penchai et touchai sa croupe. Elle frissonnait. Son instinct de bête devait l'avertir d'un danger proche.

A l'aide de courts sifflements, je m'efforçai de le rassurer, lui autant que moi. Mais il s'écartait sans cesse de la gauche, comme pour éviter de frôler la genêtaie et menaçait de nous verser dans le fossé opposé.

Je l'en empêchai de toutes mes forces. Nous n'avancions plus, comme retenus.

Soudain, il se dressa sur ses pattes de derrière, battit l'espace et souffla à pleins naseaux une terreur animale qui le recula violemment, panique qu'il me fut impossible de maîtriser avec les rênes. Sautant à terre, j'allai vite le saisir par le mors avant qu'il ne parte d'une course furieuse, droit devant lui, et ne risque de se briser les pattes dans un trou.

Je l'immobilisai enfin, mais il continua à frapper le sol à coups de sabots affolés. Je me tenais dos à la genêtaie.

Brusquement, une sensation indéfinissable me pénétra la nuque. Je me retournai d'un bond et j'eus l'impression d'être vidé de tout mon sang. Mon cœur cessa de battre. Là... à vingt pas devant moi, bien visible entre deux touffes de genêts espacés, Liza Gorel se tenait de profil, courbée vers le sol.

Je voulus fuir, mais je ne me sentais plus aucune force. J'apercevais, vivante, la femme que je venais de quitter, morte... Je distinguais avec netteté ses vêtements déchirés, ravagés par la graisse bouillante... Je voyais ses cheveux crêpés de gras figé... Sa tête boursouflée et cloquée... Oui, je voyais Liza Gorel et non une autre femme... Elle était venue là plus rapidement que nous et faisait les gestes de creuser le sol comme avec une bêche, mais elle ne tenait aucun outil... Rien !... Elle ne sifflait même pas son souffle... Elle était plus que silencieuse et pourtant bien réelle... Je ne la rêvais pas.

A mon tour, je me sentis muet, la voix me manqua pour hurler mon épouvante. Une effroyable panique me noua le ventre. Je suai ma peur à grosses gouttes. Liza Gorel ne paraissait pas nous avoir entendus, ni vus. Elle s'acharnait à un vain travail qui l'accaparait toute. De temps à autre elle cessait de faire semblant de creuser, se relevait bien droite et se tournait attentive, inquiète aussi, vers Ti ar Gall, puis, comme rassurée, elle reprenait de plus belle son incompréhensible tâche.

Alors je réalisai que, pour elle, nous n'existions pas. Ce fut mon cheval qui rompit l'envoûtement dans lequel je serais resté si j'avais été seul. Il prit la décision en hennissant à mes oreilles. J'eus juste le temps de sauter sur le siège. Déjà il m'emportait dans une course folle.

Je revins à Karaez, ivre d'angoisse, saoulé aussi par les ferraillements des roues et des sabots tant je fus mené à train d'enfer.

Arrivé, je réveillai malgré moi la maisonnée par l'écho de ma course, d'autant plus bruyante que, dans ma précipitation, je guidai mal la voiture et qu'un des moyeux heurta la porte métallique, la faisant résonner telle une cloche.

La fenêtre de la chambre de mon père fut aussitôt marquée de lumière, puis, peu après, celle de ma mère.

Je l'écartai et entrai, pendant qu'à l'aide d'une haute prière, elle s'empressait d'aller solidement refermer tant bien que mal la porte que je venais de défoncer en partie.

Je montai chez mon père. Lui seul pouvait me comprendre sans s'alarmer inconsidérément et m'éclairer avec calme sur ce que je venais de voir. Il m'écouta, immobile dans son lit.

Je ne lui cachai aucun détail de l'affaire, me gardant d'en ajouter aucun de mon cru afin de ne pas l'égarer dans ses déductions qui, toujours, étaient honnêtes et justes.

Redressé par deux oreillers, il hochait la tête, usant du peu de mouvement que voulait bien lui laisser son cou raidi, son visage était tendu et plus ridé que d'habitude, me montrant ainsi qu'il revivait mon aventure, comme à ma place.

Ma mère nous rejoignit, poussant des petits cris de femme à qui on a voulu faire du mal à son enfant et abusait de la patience de Dieu en redoublant ses prières d'action de grâce.

Mon père, tout de suite agacé, lui demanda sur un ton rude et inhabituel de nous laisser seuls. Sa propre stupéfaction la força autant à obéir que l'exigence de son mari, pourtant plein d'affection. Elle partit en pleurant qu'elle était toujours la sacrifiée.

En fait c'était le seul moyen – qu'il regretta aussitôt – pour qu'elle n'écoutât pas ce qu'il allait m'apprendre et qui n'aurait pas manqué de lui donner des cauchemars tenaces, elle qui imaginait si bien les nocturnes visiteurs fantômes, invisibles mais trahis par les craquements de parquets ou de meubles.

— Mon garçon, me dit-il alors gravement… je crois ne point trop me tromper en t'apprenant que tu viens d'être le témoin de quelque chose qui pourrait intéresser la Justice… Je crois assez bien connaître l'âme, le subconscient et la métaphysique de nos paysans pour l'affirmer. Mon expérience dans l'incompréhensible m'a été plus d'une fois utile lorsque je devais faire plus de déductions que de diagnostics… Ainsi puis-je t'avancer que ce que tu viens de voir, beaucoup l'ont vu dans d'autres circonstances et ceux-là se sont tus par crainte de quelques courroux aussi redoutables qu'indiscernables… Mais nous allons passer outre à ces menaces occultes et, comme je le crois, venger un mort.

L'autorité et le ton persuasif, mais calme, de mon père, avaient apaisé le reste de mon angoisse. Cependant, je l'écoutais avec une tout aussi grande fébrilité, celle de savoir ce que cachaient ses mystérieux propos :

— Tu étais trop jeune, poursuivit-il, pour te souvenir de la disparition du percepteur de Karaez, voici vingt ans, mais peut-être en as-tu entendu parler comme d'une énigme… C'était à la fin de l'hiver, après l'annuel déferlement des fortes gabelles où les caisses de l'Etat français débordent d'or, même ici où si peu de nos concitoyens sont en fortune… Mais, cinq Louis l'un, dix l'autre, à nous tous cela finit par remplir un grand coffre… Donc, celui-ci plein, le percepteur le fit charger dans la carriole de l'administration pour la conduire lui-même à Brest sous sa responsabilité… Il y alla seul comme à l'accoutumée, faisant ce voyage depuis des années sans même penser qu'on pourrait s'intéresser à ce qu'il transportait et qui passait peut-être aux yeux de tous pour une caisse de ces fastidieux formulaires que nous sommes condamnés à remplir comme des aveux spontanés, dès que nous gagnons quelque argent… Mais, cette fois, certains pensèrent au réel contenu de la carriole et… et, si l'on vit bien partir le percepteur de Karaez, on ne le vit jamais arriver à Brest, où l'on s'alarma aussitôt de son retard, car, vois-tu, cet argent-là, dès qu'il appartient à l'Etat, il a plus de valeur que le nôtre, et pourtant, c'est le même…

La maréchaussée, alertée, questionna les riverains de la route de Brest et nota que seuls les gens de Poullaouen l'avaient vu passer au petit matin… Ceux du Uhelgoad, point… On crut que, pour une raison personnelle, il avait fait le crochet de Morlaix... Mais les gens du Plessis se montrèrent formels, pas de carriole à gabelle sur la route de la sous-préfecture. Restait à la police de porter ses recherches entre le Uhelgoad et Poullaouen, à Lokmaria-Berrien, à Saint-Ambroise et à Ti ar Gall où chacun devint aussitôt suspect, alors que le percepteur avait pu se changer en voleur de lui-même, prenant une route de traverse en direction d'un pays lointain, assuré d'y vivre largement tout en faisant fructifier notre argent... Ce qui était fort possible jusqu'à cette nuit, car, à l'époque, on ne retrouva pas la moindre trace de l'homme aussi bien que de la carriole, du cheval et, bien sûr, du coffre…

Là, pour continuer, mon père prit le ton de la malice :

— Seulement les méfaits ne restent jamais impunis, les coupables finissent toujours par se trahir, même après leur mort... La preuve, tu viens d'en juger par toi-même au prix d'une fière peur… Allons, mon garçon, réjouis-toi de ce que tu as eu la chance de voir et, demain, à la première heure, rends-toi à la gendarmerie, où, sans hésiter, tu accuseras les quatre

Gorel de meurtre et de recel… Ce qui m'explique à présent pourquoi, depuis ce coup-là, ils se haïssaient et vivaient comme des loups, envieux entre eux d'un partage qu'ils ne voulaient jamais faire… Mais, maintenant que chacun a décidé d'éliminer les autres, tu vas momentanément leur sauver la vie en les faisant jeter en prison jusqu'à ce qu'ils donnent leur tête en juste dédommagement du mal fait… Quant à l'endroit où ils ont enfoui le coffre et, qui sait ? le corps du malheureux percepteur, tu sauras le montrer exactement…

Mon père ne s'était pas trompé. Après avoir arrêté Zacharie Gorel et ses fils, qui nièrent farouchement vol et crime, les gendarmes les conduisirent, menottés, jusqu'au bord de la genêtaie, là où j'avais vu l'âme de Liza Gorel se pencher et faire les mouvements de creuser la terre afin de prendre, en vain, sa part et, sans doute, celle des autres en plus.

Leur hargne arrivait à cacher leur stupeur, mais l'aîné claqua des dents lorsque les paysans requis commencèrent à enfoncer leurs bêches dans le sol herbeux.

On ne tarda pas à distinguer l'échine du coffre, bardé de rubans de fer malmenés par la rouille. On l'ouvrit. Tout l'or de l'Etat se trouvait là, réparti en sachets d'étoffe dont quelques-uns, moisis, béaient du ventre et montraient ces manières de petits soleils qui mettent tant de chaleur dans la bourse de ceux qui les possèdent.

Le coffre enlevé, on vit ce tapis de coton verminé qui, jadis, avait dû être marron. Le dos de la veste du percepteur, lui toujours dedans jeté à plat ventre avec le manche d'un poignard encore planté entre les omoplates, os de la carcasse complètement nettoyés de leur chair par de goulus appétits de l'au-delà,

dit-on, mais également, il faut bien le reconnaître, par ces infectes monstres communs que sont les minuscules vers terrestres.

Aujourd'hui, avec le recul de quarante années, et l'expérience acquise à mon tour, cette histoire ne me surprend plus, je dirai même, tout comme mon père, que je la trouve normale et dans l'ordre des « choses » secrètes que savent nos paysans bretons sans même savoir qu'ils le savent.

Claude Seignolle

(Avec l'aimable autorisation de l'auteur)

La maison du naufrageur

A la pointe du Raz, il faisait un temps affreux. Le vent soufflait en ouragan et la mer se brisait contre les rochers du rivage avec un bruit de tonnerre. La baie des Trépassés ressemblait à une chaudière en ébullition où tourbillonnaient ensemble le flot et le sable. L'Ile de Sein, au large, s'enveloppait d'un noir nuage et le passage qui la sépare du continent était sillonné de vagues énormes, hautes comme des montagnes, qui se pressaient, se bousculaient, s'entrechoquaient, enserrant les récifs

POINTE DU RAZ. — La Baie des Trépassés et la Pointe du Van. — LL

dans leurs remous gigantesques, la crête ceinte d'une couronne d'écume.

D'elle-même la prière du matelot montait aux lèvres :

Mon Dieu secourez-moi pour traverser le raz, car ma barque est petite et la mer est grande.

Ainsi qu'un vol de mouettes chassées par la tourmente, les barques des pêcheurs avaient regagné les criques et s'étaient mises à l'abri, et l'on pouvait croire qu'il n'y avait aucun homme assez audacieux pour affronter en ce moment la fureur de l'Océan.

Un navire cependant n'avait pas rallié le port. Par le travers de l'île de Sein, il courait d'un récif à l'autre, les voiles en lambeaux, la mâture brisée, jouet des vents et des flots qui unissaient leurs efforts à le mettre en miettes.

C'était un vaisseau anglais qui revenait des mers du Levant, les flans pleins de marchandises. La tempête l'avait surpris à la hauteur de Groix, et s'acharnant contre lui, le poussant devant elle, tel un bouchon de liège, elle l'avait engagé dans ce vestibule de l'enfer où elle était sûre de tenir sa proie. En vain agitait-il les signaux d'alarme. L'obscurité du ciel empêchait de les voir. En vain tirait-il le canon de détresse. L'ouragan empêchait de l'entendre. Il ne lui restait qu'à périr. Une vague plus lourde s'abattit sur lui. Le pont s'entrouvrit et il disparut dans l'abîme entraînant son équipage.

Un seul homme avait échappé au sort de ses compagnons, le capitaine, jeune et vigoureux marin, qui avait réussi à se cramponner à une épave. Pendant plusieurs heures, il flotta sur le gouffre, soulevé par les vagues, ballotté par les courants, nageant de son mieux.

Il était à bout de forces et se sentait défaillir, lorsque le flux finit par l'entraîner à une petite encablure du rivage.

— À moi ! À moi ! cria-t-il avec l'accent du désespoir.

Un pêcheur qui errait dans les rochers accourut au secours. Il lui jeta un filin, et malgré la lame qui bondissait en masse écumeuse sur les galets, il l'attira sur la plage. Sauvé ! Il était sauvé ! Du moins le pauvre naufragé le crut-il. Hélas ! Du moment où la mort a posé sa main livide sur un front, elle n'abandonne pas volontiers sa proie.

Sur l'épave à laquelle il devait la vie, l'Anglais avait amarré un coffret d'ébène qui contenait sa fortune et la caisse de son navire.

L'or s'y entassait jusqu'au bord. Les livres sterlings et les guinées y jetaient des reflets fascinants, véritable appât pour la convoitise.

— Tiens, pêcheur, dit-il, en soulevant le couvercle, prends-en ta part. Tu l'as bien méritée, puisque sans toi je serais au fond de l'eau.

Les yeux de l'homme de la côte brillèrent d'un éclat singulier. On sentait que la tentation pénétrait dans son âme de façon irrésistible, étouffant la voix de la pitié. Le sauveur cédait la place au criminel.

— Ma part ? gronda-t-il, je ne te trouve guère généreux, Saoz[1]. Mon action vaut davantage, il me faut le tout !

Et il arracha le trésor des mains du marin épuisé.

Une pensée traversa alors son esprit :

— Il me dénoncera. Qu'il meure !

Et saisissant le malheureux à bras-le-corps, il le précipita dans la tourmente. Il y eut un cri d'angoisse vers le ciel, un remous d'abîme qui s'entrouvre et se referme. La mer avait englouti sa proie. La pointe du Raz comptait un trépassé de plus.

---

1. *Saoz,* (pluriel *Saozon),* Saxon, désignent l'Anglais en breton.

Le crime n'avait pas eu de témoin. Il était donc facile au pêcheur Noun de jouir à son aise, sans être inquiété, du bien mal acquis.

C'était un personnage extraordinaire que ce pêcheur Noun. Personne au pays ne savait d'où il venait. Il était arrivé un jour, du côté de Douarnenez ou de plus loin, peut-être des régions du Menez C'homm, sans famille, sans argent, revêtu des livrées de la misère, le visage sombre, tel un paria que la société aurait chassé de son sein et qui n'aurait qu'une pensée, fuir les hommes, afin de vivre de la vie sauvage.

Il avait bâti sa cabane dans un ravin, sur la falaise, au milieu d'un éboulis de rochers, et là il passait ses jours, seul, loin de ses semblables, l'âme enivrée aux âpres voluptés de cette nature de désolation. Quand il ventait le plus fort, lorsque l'océan reprenait avec fureur la lutte contre son éternelle ennemie, la pointe du Raz, il ne manquait pas d'aller jouir du spectacle. Le vieil oiseau de mer, dissimulé dans un creux du rivage, guettait au loin les naufrages, attendant que le flot lui apportât sa provende pour agrémenter son menu.

Si l'on ne connaissait guère, parmi les riverains, le pêcheur Noun, tout le monde savait en revanche qu'il n'y avait pas un dépaveur de plus dangereuse espèce.

Ce jour-là, une fois son forfait consommé, il était rentré furtivement chez lui, avait fermé portes et volets et s'était mis à compter, recompter son trésor avec des attitudes d'avare qui a peur d'être surpris :

— Cent livres, cinq cent, mille livres !

Il était riche désormais, autant qu'il est permis à un pauvre pêcheur de le devenir.

Il aurait pu changer maintenant d'existence, mais à quoi bon ? Il avait horreur de la société des hommes et pour y

échapper, il avait fui aux extrémités de la terre. Ce n'était pas avec l'intention d'y rentrer. Il enfouit donc sa cassette et continua de vivre, comme par le passé, sans même profiter de sa fortune. La justice de Dieu pourtant se réservait de faire solder sa dette. Il existe une loi mystérieuse ici-bas qui veut que le coupable soit sans cesse sollicité à revoir les lieux témoins de son crime et a y expier sa faute. Sans y penser, instinctivement Noun retournait à l'endroit où il avait précipité l'Anglais dans l'abîme. Un jour, par une tempête affreuse qui rappelait l'autre, il était encore là, en proie à ses sombres réflexions, les yeux perdus au large lorsque, soudain, une lame monstrueuse, déferlant contre le rocher, grimpa jusqu'au sommet de la falaise, le saisit dans sa nappe et l'entraîna avec elle. On entendit un cri de désespoir et on vit deux bras levés en l'air dans un geste d'appel. L'eau s'agita et puis ce fut fini. Le lendemain on relevait un nouveau cadavre sur la plage baie des Trépassés, celui de Noun.

Les bonnes gens du pays lui firent du moins des funérailles solennelles. On n'osait guère lui parler de son vivant. Après sa mort, on ne craignit pas de prier pour son âme. On lui érigea une croix au coin du cimetière, et sur la croix on écrivit :

Ci-git Noun, l'inconnu, victime de la mer, Dieu ait son âme !

Qu'était devenu son trésor ? On ne le savait. On ne connaissait que sa maison. Comme il n'avait pas d'héritiers, une famille de pêcheurs nombreuse et peu fortunée la jugeant à sa convenance s'y installa avec son maigre mobilier. Elle était là, à deux pas de la mer, à l'abri des vents, dans un éden tapissé de mousse, parmi les senteurs parfumées des fleurs de grève. La maison était grande, confortablement aménagée et on devait y vivre de bonheur.

— Il se mettait vraiment bien, ce brave Noun, se répétaient les nouveaux occupants, rien d'étonnant qu'il ne fût pas plus communicatif. Il lui suffisait de ce qu'il possédait. La bonne idée qu'il a eue de partir ! La cage est ravissante. Nous la rendrons joyeuse.

Les pauvres gens se bâtissaient déjà une vie de félicité. Hélas ! En ce monde il y a toujours inconvénient à se laisser aller aux espérances prématurées.

Il n'y avait pas encore une semaine qu'ils étaient installés dans l'habitation qu'une étrange rumeur courait la contrée. Il paraît que Noun revenait la nuit. La première fois ils avaient seulement perçu le bruit de son pas lourd martelant le sol de terre glaise, mais le lendemain et le surlendemain, chaque soir, ils l'avaient vu en personne.

On le reconnaissait facilement à sa haute taille, à son visage bronzé par le salin, à ses traits durs de vieux pilleur de mer.

Comment entrait-il ? On ne se l'expliquait pas, tout était fermé. A minuit, il était là, s'installait sur un escabeau et commençait à compter des rouleaux de monnaie d'or qu'il retirait à pleines mains d'une cassette.

Y avait-il quelque chose de pénible à cette opération ? Sans doute, car, pendant qu'il s'y livrait, la sueur perlait de son front, des larmes coulaient de ses yeux, et il ne cessait de pousser des plaintes. Arrivé à la moitié de sa besogne, il s'arrêtait, incapable de continuer, se levait de son escabeau et disparaissait en murmurant :

— Il me faudra donc l'éternité pour compter cet or ! Saoz, Saoz, ta vengeance est dure !

En vain le recteur fut-il appelé à exorciser la maison, ses prières furent impuissantes. Le spectre était chez lui. Il continua

de revenir et chaque soir épouvantait les nouveaux locataires de son lamentable refrain :

— Saoz, Saoz, ta vengeance est dure !

On fut obligé de lui céder la place. La maison demeura sans habitants.

Les portes et les volets clos, dans son ravin embaumé de parfums de la fleur de grève, elle est encore debout aujourd'hui. La pluie et le vent en ont lézardé les pierres et emporté le toit, mais les murailles ont tenu bon. Elles s'élèvent là, loin des autres habitations, noircies par les brumes, effritées par le vent de mer, séjour préféré des goélands et des courlis.

Si l'on demandait aux habitants ce que c'est :

— C'est le *Ti du* (Maison noire), répondent-ils, la maison maudite.

Et si le vent souffle en tempête, déchaînant le Raz, ils ajoutent :

— Voilà l'âme de Noun qui revient, poursuivie par l'Anglais, elle réclame des prières. *De profundis !*

François Cadic

COMMENTAIRE EXPLICATIF

Qui ne connaît la pointe du Raz, cette horrible merveille sortie de la main du créateur, projetée ainsi qu'un glaive effilé au milieu de l'océan ? Un plateau nu, semé de cailloux et de bruyère, dressé à cinquante mètres au-dessus du flot, des deux côtés, des écueils livides, déchiquetés, dont les cimes émergent au large, semblables à des têtes de morts, et un ciel bas à travers lequel courent de gros nuages que balaie sans cesse la tempête, une mer tourmentée que traversent de redoutables courants, que le dur rocher du rivage oblige à se replier sur elle-même en remous immenses, tel est le paysage qui s'offre aux yeux du spectateur effrayé.

A droite, s'ouvre la Baie des Trépassés dont le nom rappelle d'affreux sinistres :

Son sable pâle est fait des ossements broyés et les bruits de ses bords sont les cris des noyés. (Brizeux - *Les Bretons*),

A gauche, on entend le sourd grondement de l'enfer de Plogoff, abîme au fond duquel les vagues s'engouffrent avec fracas et qui n'est autre que le vestibule des damnés. Devant soi, la chaussée sablonneuse de Sein, l'île sacrée où jadis vivait un collège de druidesses qui sacrifiaient aux divinités. Derrière soi, les eaux noires de l'étang de Laoual, sorte de mer morte qui garde dans ses profondeurs les maisons et les palais d'Is la pécheresse :

L'épouvante est partout sur ce haut promontoire chacun de ces noms dit assez son histoire. (Brizeux).

Renchérissant sur l'horreur de la nature, l'imagination des hommes, en tout temps, peuple ces lieux de fantômes, d'apparitions diaboliques, de légendes terribles.

Aussi bien, de quels horribles spectacles cette côte de fer ne fut-elle pas le témoin. Que d'épaves de navires, que de cadavres de marins charriés aujourd'hui encore par la tourmente parmi ses rochers.

Comme s'il n'avait pas suffi des violences et des traîtrises de cette sinistre pourvoyeuse de la mort qu'est la mer, il y eut une époque où les gens du pays exercèrent, sans vergogne, le plus affreux des métiers, celui de naufrageur. Cela n'est pas de la légende, hélas ! Et le nombre des Noun était considérable.

Les Annales maritimes nous ont conservé le souvenir des méfaits commis par les pilleurs d'épaves de la côte du Léon qui, les soirs de tempête, balançaient des torches aux cornes de leurs bœufs, afin d'attirer sur leurs écueils les navires en détresse. Elles fourmillent aussi de détails sur les vilaines pratiques des riverains de la pointe du Raz.

Aux yeux de ces hommes rudes, restés longtemps barbares et qui ne faisaient pas plus de cas de leur vie que de celle de leurs sem-

blables, il n'y avait là que l'exercice d'un droit, le droit de Bris, appelé en Bretagne *lagan*. Ils étaient des enfants de la mer. Quoi de plus naturel que d'être nourris par elle ?

Contre ce droit inhumain dont l'origine, au dire des historiens, remonterait aux invasions des Normands et qui se serait établi en représailles des excès de ces pirates, les souverains s'élevèrent en vain avec force. L'obstination des riverains eut le dernier mot. Les souverains durent venir à composition. Ils acceptèrent leur part de bénéfice sans scrupule et l'on raconte même que l'un d'entre eux, Guyomarc'h, comte de Léon, en était venue se vanter à la cour des ducs de Bretagne, de posséder parmi ses domaines, le plus riche diamant de l'univers, et ce diamant était le rocher sur lequel se produisait le plus de naufrages.

Il fallut toute l'énergie des intendants de Louis XIV pour ramener à la vie chrétienne ces populations de naufrageurs dont quelques-unes, celles de Goulven, de Kerlouan et de Guissény, ont conservé le surnom de Pagans ou païens, comme un triste legs du passé.

Ces affreuses pratiques aujourd'hui ne sont plus de mise. Le dernier des Noun est mort et nulle part on ne saurait trouver

d'hommes plus disposés à secourir les marins en perdition que les riverains des côtes du Léon et de la pointe du Raz. Il serait exagéré de dire cependant que toute trace d'habitude suspecte a disparu parmi eux. Leurs maisons renferment encore parfois de beaux meubles, de caractère étranger, qui contrastent avec leur physionomie délabrée, leurs caves sort remplies de vins généreux qu'on ne s'attend guère à découvrir au milieu de cette pauvreté, et trop souvent il arrive que, dans l'espace d'une nuit, les marchandises d'un navire lancé sur les écueils, ont disparu, après le sauvetage des naufragés, malgré la vigilance de la police.

Que voulez-vous ? Le vieux sang des pilleurs d'épaves coule encore dans les veines et la mer est si prodigue de présents. Peut-on refuser ses libéralités ?

Celle qui passa la nuit dans un ossuaire

C'était un soir de grande journée à Kernoter. Il y avait là, réunis, les domestiques principaux de trois ou quatre fermes des environs. Le souper avait été copieux et largement arrosé, comme c'est l'usage en pareille circonstance. Quand tous eurent bu et mangé à leur content, on fit cercle autour du foyer : les hommes allumèrent leurs pipes, les femmes s'assirent à leurs rouets, et une conversation générale s'engagea.

D'abord – cela va sans dire – on devisa des incidents de la journée qui avait été laborieuse.

Les gens de Kernoter et ceux des fermes qui leur avaient prêté bonne aide étaient partis dès trois heures du matin, pour Lokmikael-an-Traezh (Saint-Michel-en-Grève), un voyage de cinq lieues, un long voyage, lorsqu'il s'agit de le faire au retour avec des tombereaux chargés de sable humide par-dessus bord.

A ce propos, on parla harnais, on vanta l'étalon gris de Roc'h-Laz, le plus fier limonier qu'il y avait à la ronde, puis on en vint à dire un mot des bourgs que l'on avait traversés. Chacun fut d'avis que le meilleur cidre d'auberge se buvait chez les Moullek, à Plouillio (Ploumilliau) :

— Oui, appuya Maodez Merrien, un des gars, et si l'on m'en donnait seulement par jour une douzaine de chopines à boire, j'irais volontiers remplacer l'Ankou de Ploumilliau pendant une semaine ou deux.

— Ne plaisantez pas ainsi, Maodez, dit la maîtresse de Kernoter. Vous aurez peut-être affaire à l'Ankou plus tôt que vous ne voudrez.

Cette réflexion de Marie Louarn suffit pour incliner la conversation vers les choses de la mort. Une servante cita l'exemple de quelqu'un qui s'était moqué d'Erwanig Plouillo et qu'on avait trouvé noyé le soir même.

— Tout ça, c'est des histoires de bonnes femmes, ricana un des assistants.

– Les morts sont morts, ajouta un autre, un mort ne peut rien contre un vivant.

— N'empêche, reprit la servante, que, si on vous proposait de passer la nuit dans le charnier, vous ne parleriez pas si haut.

Tous les gars de se récrier en chœur :

— Quand les hommes ont de la boisson sous le nez, ils sont prêts à manger le diable et ses cornes !

— Oui, en paroles ! Car, à l'action, ils ne sont pas si braves !

C'est ce que l'on vit bien ce soir-là, à Kernoter.

Yvon Louarn, le maître, n'avait bu que modérément, afin de mieux griser son monde. Il s'était fourré dans le coin de l'âtre, et de là il écoutait plus qu'il ne parlait.

En entendant les gars se récrier de la sorte, au propos tenu par la servante, il intervint :

— Eh bien ! prononça-t-il, feignant un grand sérieux, il ne sera pas dit que j'aurai perdu une si belle occasion de mettre au défi des gaillards de votre valeur. Je donne demain matin un écu de six francs à celui d'entre vous qui aura le courage de passer toute cette nuit dans l'ossuaire.

Les gars s'entre-regardèrent, riant d'un rire forcé, faisant mine de tourner la chose en simple jeu. Deux ou trois gagnèrent la porte, comme pour satisfaire un besoin.

— Allons ! insista Yvon Louarn, tâtez-vous ! J'ai dit un écu de six livres. Un écu de six livres à gagner en une seule nuit ! Vous n'aurez pas souvent pareille aubaine. Qui se décide ?

Personne ne se décidait. Tous cherchaient une défaite. Ce fut Maodez Merrien qui la trouva le premier :

— J'accepterais la gageure, dit-il, si la journée n'avait été si rude et si longue. Mais ce soir, Yvon Louarn, je ne donnerais pas pour vingt écus de six livres mon lit de balle d'avoine dans l'écurie du Mezou-Meur.

Et, là-dessus, il se leva.

Les autres appuyèrent son dire et se disposèrent à imiter son exemple.

Le maître de Kernoter allait sans doute leur décocher quelque trait d'ironie, lorsque, du milieu des femmes, une petite voix claire se fit entendre :

— Maître, disait la petite voix, me donneriez-vous, tout comme à l'un de ceux-ci, me donneriez-vous les six francs, si je faisais ce qu'ils n'osent faire ?

Celle qui hasardait cette question était une fillette de treize ou quatorze ans, mais si chétive, si menue qu'elle n'avait pas l'air d'en avoir dix. On l'appelait Monig, tout court. Elle n'avait pas de nom de famille, parce qu'elle n'avait jamais connu aucun parents. C'était une « enfant de l'aventure ». On l'avait recueillie à la ferme, par pitié, on l'y employait comme vachère. Elle n'avait pour gages que sa nourriture et son vêtement. D'ordinaire, elle n'élevait jamais la voix à la veillée, où on l'occupait à dévider le fil qu'avaient filé les autres servantes. Elle

s'acquittait de sa tâche, à l'écart, silencieusement, tout au plus l'entendait-on chuchoter, en travaillant, quelque prière, car elle était dévote, l'esprit toujours tendu vers les choses de la religion.

Grande fut la surprise de Marie la fermière quand elle vit la langue de Monig se délier si hors de propos :

— Écoutez donc cette mijaurée ! s'écria-t-elle. On a bien raison de dire que l'envie d'argent est la perte des âmes. Voici une malheureuse qui, pour six livres, consentirait à se damner si on la laissait faire !... N'avez-vous pas de honte, petite va-nu-pieds que vous êtes ?

— Croyez, maîtresse, que si je gagne cet argent, je n'en ferai pas mauvais usage, répondit humblement la petite gardeuse de vaches.

— Tu en feras l'usage qu'il te plaira, dit le fermier, pourvu que tu le gagnes. Je ne suis pas fâché de voir une femmelette comme toi relever un défi devant lequel ces hommes reculent. Seulement, nous t'accompagnerons jusqu'au charnier, nous fermerons sur toi la porte, et tu n'en sortiras que demain matin, à l'aube, quand nous irons t'ouvrir.

Ainsi fut fait, malgré les protestations indignées de Marie Louarn.

L'ossuaire était plein d'ossements. Mais, dès que Monig fut entrée, les ossements se rangèrent contre les murs, s'empilant les uns sur les autres pour lui faire une place où elle pût s'étendre comme dans son lit.

Monig commença par s'agenouiller, invoqua la protection des âmes défuntes, puis s'allongea sans crainte sur le sol de terre humide qui sentait la mort.

A peine se fut-elle étendue qu'une torpeur délicieuse envahit tous ses membres, et des musiques douces, lointaines, se mirent à murmurer autour d'elle, comme pour la bercer.

Elle ne se souvenait plus d'être dans un ossuaire. Elle était ailleurs, mais elle ne savait pas où, dans un pays tout bleu, tout bleu. Elle ne distinguait rien. Elle essayait d'ouvrir les yeux pour voir, mais ses paupières étaient aussi lourdes que si elles eussent été de plomb.

Elle dormit ainsi sa pleine nuitée, d'un sommeil surnaturel.

A l'aube, elle fut tout étonnée de se retrouver dans le charnier. La porte était déclose, et le maître de Kernoter disait à la fillette :

— Voici l'écu de six livres, Monig. Il est à vous, vous l'avez lien gagné.

— Je vous remercie, mon maître, répondit l'enfant.

Et elle se rendit à l'église avec la pièce blanche. Le recteur était à son confessionnal, elle l'y alla trouver, lui conta ce qu'elle avait fait et, lui remettant l'argent, le pria de dire une messe à l'intention de l'âme du purgatoire qui en avait le plus besoin :

— Peut-être est-ce l'un de mes parents inconnus qui en bénéficiera, ajouta-t-elle. C'est pour cela que j'ai toujours rêvé, depuis que je suis en âge de raison, d'avoir à moi quelques sous. Les âmes défuntes le savaient. Aussi m'ont-elles protégée cette nuit.

— Eh bien ! dit le recteur, en lui donnant l'absolution, vous allez être tout de suite satisfaite. La messe que je vais dire sera vôtre.

Monig y assista pieusement et prit part à la communion.

La messe finie, comme elle s'apprêtait à sortir, l'âme légère, pour gagner Kernoter, elle se croisa sous le porche avec un homme à cheveux blancs, il semblait vieux comme la terre, et cependant il avait le corps droit, la démarche aisée.

Il aborda la fillette, avec une profonde révérence :

— Jeune demoiselle, porteriez-vous ce billet à Kersaliou ?

— Oui bien, homme vénérable, répondit-elle en prenant le billet qu'il lui tendait.

Le vieillard eut un sourire si bon, un remerciement si tendre, que Monig croyait encore voir le sourire, entendre le remerciement, tandis qu'elle s'acheminait vers Kersaliou, et jamais elle n'avait eu au cœur une joie si douce.

— Quelle belle figure il avait ! pensait-elle.

Kersaliou est un manoir noble dont dépendait, avant la Révolution, le domaine de Kernoter. Une avenue de grands hêtres y conduit. Lorsque la petite vachère s'engagea dans l'avenue, les feuilles des hêtres se mirent à bruire, à bruire, et presque à chanter, comme si chacune d'elles avait été un oiseau.

— Je ne sais pas, se disait Monig, mais il me semble qu'il va m'arriver aujourd'hui quelque chose d'extraordinairement heureux. J'ai comme un pressentiment que la rencontre du vieillard me portera bonheur.

Elle allait entrer dans la cour de Kersaliou, quand elle se trouva face à face avec le propriétaire du manoir.

Elle le bonjoura.

— Où allez-vous, ainsi, ma petite ? lui demanda-t-il.

— Chez vous, monsieur de Kersaliou.

— Et qu'allez-vous faire chez moi ?

— Vous apporter ce billet qui m'a été remis pour vous.

Elle raconta son aventure du porche, et combien le vieillard lui avait paru beau, malgré son grand âge.

— Le reconnaîtriez-vous, si on vous faisait voir son portrait ? interrogea le gentilhomme qui, à la lecture du billet, était subitement devenu tout pâle.

— Certes oui, je le reconnaîtrais.

— Venez donc.

Il l'emmena au manoir et lui en fit parcourir toutes les chambres. Quoique Kersaliou fût bien déchu de son ancienne splendeur, les appartements y avaient gardé fort grand air. Aux murs, dans de vastes cadres enrichis de dorures, étaient suspendus des portraits représentant d'illustres personnages de la maison noble de Kersaliou.

Le seigneur actuel promena Monig de l'un à l'autre. Devant chacun, il lui demandait :

— Est-ce celui-ci ?

— Non, répondait-elle, ce n'est pas encore celui-là.

Ils défilèrent ainsi devant tous. Monig avait beau regarder avec attention, dans aucun d'eux elle ne reconnaissait l'imposante et vénérable figure du vieillard rencontré sous le porche.

Le maître de Kersaliou demeura un instant sans mot dire, la mine songeuse et désappointée. Tout à coup il se frappa le front :

— Suivez-moi au grenier ! ordonna-t-il à la fillette.

Ce grenier était plein d'une foule de choses des temps d'autrefois. Il y avait là de vieilles draperies en loques, de vieilles statues mutilées, de vieux tableaux criblés de trous. Le gentilhomme se mit à fouiller parmi ces tableaux. A mesure qu'il les dégageait de tout ce fatras, il les tendait à Monig qui les essuyait avec le revers de son tablier.

— Le voilà ! s'écria soudain la petite.

Elle avait reconnu les traits du vieillard quoique la couleur fût un peu effacée.

— C'est bien, dit le maître de Kersaliou. Descendons maintenant à mon cabinet.

Là, il ouvrit un gros livre dans lequel étaient inscrits tous les noms des membres de sa famille et, après l'avoir consulté :

— Ma chère Monig, prononça-t-il, écoutez-moi. Le vieillard que vous avez rencontré sous le porche était le trisaïeul de mon grand-père. Voici plus de trois cents ans qu'il est mort. Depuis trois cents ans, il languissait, faute d'une messe, dans les flammes du purgatoire. Cette messe, il fallait qu'un pauvre la payât spontanément, de ses maigres deniers. C'est ce que vous avez fait, ainsi qu'en témoigne le billet que vous m'avez remis et qui est de l'écriture du défunt. Grâce à vous, mon ancêtre de la sixième génération a été sauvé. Il me charge de vous en récompenser, d'une façon digne de lui et digne de vous. Désormais, vous ne servirez plus ailleurs qu'en ma maison. Je vous promets que vous y serez traitée avec égards. Dites seulement si vous consentez à ce que je vous propose.

La pauvre petite gardeuse de vaches était si loin de s'attendre à une telle bonne fortune qu'elle resta comme clouée sur

place, incapable de proférer une parole. Mais le maître de Kersalou devina aisément que c'était le saisissement et la joie qui la rendaient muette.

A partir de ce jour, elle vécut au manoir. Elle y trouva le bonheur, mais, comme disait Yvon Louarn, de Kernoter, pour l'écu de six livres, elle l'avait bien gagné.

Anatole Le Braz
La légende de la mort, même éditeur.

COMMENTAIRE EXPLICATIF

Il n'y a pas de peuple pas sur la terre qui ait, autant que le Breton, le culte des morts et qui l'ait célébré en termes aussi touchants. La plupart de ses poètes lui ont consacré quelques-unes de leurs

œuvres et il n'est pas un seul de ces conteurs qui ne se soit senti poussé à un moment donné, à raconter les choses de l'au-delà.

Sans doute l'aspect du pays explique-t-il cette disposition d'esprit, dans une certaine mesure. Un ciel sombre, qui a l'air vêtu de crêpe, une terre dont les vastes déserts d'ajoncs sont empreints de mélancolie, une côte sans cesse battue, par l'ouragan et qui semble vivre une vie d'épouvante.

Effet de la mentalité d'un peuple aussi chez lequel l'amour de la famille est tellement développé que, dans sa pensée, le trépas même n'est pas capable de briser les liens qui rattachent les enfants aux parents, chez lequel les croyances à la survivance des âmes tiennent au plus intime de l'être, au point qu'à ses yeux la mort, loin d'être l'ouvrière du néant, n'est autre que la messagère dont la mission est simplement de faire changer d'habitat aux humains.

Chez d'autres, Noël et Pâques sont les fêtes nationales. Chez lui la fête des morts prend la première place. Ailleurs, le mois aimé, le mois chanté, est le joli mois de mai, plein de soleil et de verdure. Le mois de novembre, miz du, le mois noir, pendant lequel le soleil disparaît dans la brume et où tombent les feuilles, a les préférences du breton.

Plus volontiers son esprit mystique s'en va vers les joies éternelles de l'autre monde que vers les avantages éphémères de celui-ci. Qu'importent ceux-ci en définitive ? Et comme le dit une de ses chansons :

Les biens vous viennent, les biens vous quittent,
Les biens ne servent de rien,
Les biens, quand ils sont gagnés,
Ne sont que feu et fumée.[1]

Au soir de la Toussaint, à peine a-t-on fini de célébrer à l'église les gloires des bienheureux, que la campagne s'enveloppe d'un voile de

1. *Madoù a zeu, madoù a ya,*
Madoù a servij da netra,
Ar madoù pand int gounezet,
Ned int nemet tan ha moged.

deuil. Les cloches s'éveillent dans leurs tours et, à travers bois, landes et grèves, se jettent de l'une à l'autre le glas funèbre. Aux premières ténèbres, il y a par les airs des théories de trépassés qui voltigent comme essaims d'abeilles vers les lieux où ils ont aimé.

Cette nuit est à eux. Dans un instant, quand tout le monde sera couché, ils entreront dans la ferme où l'on a mis au feu une belle bûche pour qu'ils puissent se réchauffer, et sur la table des mets en abondance, pour qu'ils puissent se rassasier. Bientôt, auprès de la fenêtre, on entendra des voix dolentes répéter une complainte pleine de tristesse :

Cette nuit, diront-elles, est nuit précieuse,
Venue du ciel, venue de Jésus,
Jésus nous a envoyés,
Vous réveiller si vous dormez.
Vous réveiller de votre premier somme,
Afin de prier Dieu pour l'âme
Qui s'en est allée de ce monde.[2]

Ce sont les délégués des morts qui arrivent. Tailleurs, tâcherons, garçons de charrue, mendiants, ils sont là des groupes d'hommes qui, trois par trois, quatre par quatre, parcourent les villages, plaidant la cause des trépassés. Ils sont attendus. Dans la ferme on écoute. Chacun retient son souffle. Les trépassés eux-mêmes seraient là qu'on n'éprouverait pas plus d'émotion.

— Entrerons-nous, notre maître ? demande un des chanteurs.

— Entrez ! lui est-il répondu, et alors, autour de la bûche qui brûle la famille se réunit pour entendre la complainte.

---

2. *Honnen zo an noz prizius,*
Deuet ag an neñv, deuet gant Jezuz,
Jezuz en deus hon daveet,
D'ho tihuniñ, mard oc'h kousket.
D'ho tihun àr hos hun kentañ,
Da bediñ Doue gant an eneñv
Zo aet d'e hent ag ar bed-mañ.

Il faut avoir assisté au milieu du grand silence de la nuit, à cette réunion funèbre, parmi les préoccupations graves qui hantent les esprits, pour se rendre compte de l'impression de saisissement qui s'empare des assistants.

Avec le lever de l'aurore, les envoyés du purgatoire terminent leur pieuse tournée, et leur premier geste est de prélever sur le produit de la quête la somme nécessaire à la célébration d'une messe.

Touchante coutume certes, mais qui tend malheureusement à disparaître. On la retrouve encore à peine en quelques cantons de la Cornouaille et du Vannetais. C'est là, dans les communes qui environnent Pontivy que l'on aime à redire la belle et plaintive complainte des

trépassés. C'est là que l'on se plaît à raconter de belles légendes sur la mort. C'est de là que l'histoire du Revenant du Miz du est venue, de Noyal-Pontivy. On l'a reproduite ici comme l'une des mieux connues parmi le vaste cycle consacré aux mystères de l'au-delà.

François Cadic

Les intersignes

Les intersignes annoncent la mort. Mais la personne à qui se manifeste l'intersigne est rarement celle que la mort menace.

Si l'intersigne est aperçu le matin, c'est que l'événement annoncé doit se produire à bref délai (huit jours au plus). Si c'est le soir, l'échéance est plus lointaine, elle peut être d'une année et même davantage.

Personne ne meurt sans que quelqu'un de ses proches, de ses amis ou de ses voisins n'en ait été prévenu par un intersigne.

Les intersignes sont comme l'ombre, projetée en avant, de ce qui doit arriver.

Si nous étions moins préoccupés de ce que nous faisons ou de ce qui se fait autour de nous en ce monde, nous serions au courant de presque tout ce qui se passe dans l'autre.

Les personnes qui nient les intersignes en ont autant que celles qui en ont le plus. Elles les nient uniquement parce qu'elles ne savent ni les voir, ni les entendre, peut-être aussi parce qu'elles les craignent et qu'elles ne veulent rien entendre ni rien voir de l'autre vie.

Certaines gens ont plus que d'autres le don de voir.

Voici le cas :

— Un enfant vient de naître. Le recteur, que l'on est allé trouver, a fixé l'heure du baptême. Mais vous savez comme les gens de la campagne sont peu exacts. Père et matrone, parrain et marraine flânent en chemin, s'attardent aux auberges s'il y en a sur la route, n'arrivent, au bourg que longtemps après l'heure convenue. Le prêtre s'est lassé de les attendre vainement ou a été appelé par quelque autre devoir de son ministère. Nos gens se rendent au porche, trouvent l'église déserte. À leur tour de s'y morfondre. Il n'y fait pas chaud. L'enfant crie. La matrone, la *gwrac'h an holen* (la sorcière-au-sel), déclare que si l'on reste là, le nouveau-né risque « d'attraper sa mort ». On gagne quelque endroit mieux abrité, l'auberge la plus voisine. On y patiente, en vidant quelques chopines, jusqu'au retour du prêtre. L'enfant est passé au cimetière, terre bénite, et en est sorti sans avoir été fait chrétien. Il aura le don de voir.

L'aventure se produit souvent. De là vient que tant de Bretons ont la faculté de voir ce qui reste invisible aux yeux de la plupart des hommes.

Anatole Le Braz
La légende de la mort, même éditeur.

L'intersigne du berceau

Marie Gouriou demeurait au village de Maen-Gwenn (la Pierre-Blanche), près de Pempoull (Paimpol). Son homme était à Islande où il faisait la pêche.

Ce soir-là, Marie Gouriou s'était couchée, après avoir placé sur le *bank-tosel* (banc avec dossier et accoudoirs), tout contre son lit, le berceau où dormait son petit enfant.

Elle était assoupie depuis quelque temps, lorsque dans son sommeil elle crut entendre l'enfant pleurer. Elle ouvrit les yeux, regarda.

Jesus ma Doue ! (Jésus mon Dieu !) La chambre était pleine de lumière, et un homme, penché sur le berceau, berçait doucement le petit, en lui chantant à mi-voix un refrain de matelot. L'homme avait rabattu sur son visage le capuchon de son ciré, en sorte qu'on ne pouvait distinguer ses traits.

— Qui êtes-vous ? s'écria Marie Gouriou, épouvantée.

L'homme leva la tête. La femme Gouriou reconnut son mari.

— Comment ! Tu es déjà de retour ?...

Il n'y avait guère plus d'un mois qu'il était parti.

Elle remarqua que ses habits ruisselaient, et cela sentait très fort l'eau de mer.

— Prends donc garde, dit-elle, tu vas mouiller l'enfant... Attends, je vais allumer du feu.

Elle avait déjà les deux jambes hors de son lit et s'apprêtait à passer son jupon. Mais la lumière étrange qui emplissait la maison s'évanouit aussitôt. Marie cherche à tâtons les allumettes, en frotta une, et constata que son mari n'était plus là.

Elle ne devait plus le revoir. Le premier chasseur qui revint d'Islande lui apprit que le navire où s'était embarqué son homme s'était perdu corps et bien, la nuit même où Gouriou lui était apparu penché sur le berceau de son fils.

Anatole Le Braz
La légende de la mort, même éditeur.

Huit intersignes pour la même mort

Toutes les fois qu'est mort quelqu'un des miens, j'en ai été avertie par un intersigne. Mais les intersignes qui m'ont le plus frappée, ce sont ceux qui précédèrent la mort de mon mari. J'en eus de toute sorte, pendant les sept mois que dura sa maladie.

Un soir que je l'avais veillé un peu tard, je m'étais endormie de lassitude, sur le banc, auprès du lit. Je fus réveillée brusquement par un bruit semblable à celui d'une fenêtre qui s'ouvre.

— Allons ! pensai-je, c'est le vent qui fait des siennes.

Il venait de me passer sur la figure un souffle humide et frais, comme s'il sortait d'une cave; je me rappelai que j'avais oublié du lin peigné sur la haie du courtil où je l'avais mis à sécher, et je me dis :

— Pourvu que le vent n'ait pas déjà emporté mon lin !

Je me levai précipitamment. À ma grande surprise, la fenêtre était hermétiquement close. J'allai à la porte et je l'ouvris. Il faisait une nuit claire, pleine d'étoiles. Le lin était toujours sur la haie, les arbres du courtil se tenaient immobiles. Pas une ombre de vent.

Je ne m'inquiétai pas trop de ce premier fait si mystérieux qu'il me parut. À quelques jours de là, à la tombée du jour, je filais, sur le pas de la porte, en compagnie d'une voisine. Tout à coup, je m'entendis appeler par mon mari qui était couché à l'autre bout de la maison, dans un lit près de l'âtre. J'accourus.

— Que te faut-il ? lui demandai-je.

Il ne me répondit point, et je vis qu'il dormait profondément, la tête tournée du côté de la muraille.

Je revins vers la voisine.

— Est-ce que vous n'avez pas entendu Lucas m'appeler, tout de suite ?

— Si bien.

— Comment expliquer cela ? Il dort maintenant d'un sommeil de blaireau…

Un mois ou deux s'écoulèrent. Mon homme n'allait ni mieux, ni pis. Cette nuit-là, je venais de m'étendre à son côté et je commençais à prendre mon repos, quand j'entendis, dans le grenier, juste au-dessus de ma tête, le pas de quelqu'un qui marchait avec précaution. Puis, ce furent comme des chuchotements entre plusieurs personnes. Puis, un fracas de planches qu'on remue. Enfin les coups répétés d'un marteau enfonçant des pointes.

Tout cela était bien extraordinaire, car la trappe du grenier n'avait pas été levée depuis plus d'une semaine et, en tout cas, il n'y avait dans ce grenier qu'un peu de balle d'avoine, quelque menu fagot, et pas une seule planche.

Je criai à haute voix :

— Qui est-ce donc qui fait là-haut tout ce bruit, pour empêcher des chrétiens de dormir ?

Je fis ensuite le signe de la croix et j'attendis. Mais dès que j'eus parlé le bruit cessa.

Le lendemain, j'allai à la rivière laver des draps. Pour se rendre de chez nous au Guindy, il n'y a pas de route, mais un étroit sentier qui longe, sur presque tout le trajet, des talus plantés d'aulnes. Je m'étais à peine engagée dans le sentier que j'entendis un pas derrière moi et aussi une respiration haletante, ainsi qu'un bruissement dans les branches d'aulne qui surplombaient. Chose étrange, je reconnus distinctement le pas de mon mari, le pas qu'il avait du temps où il était bien portant, quand il rentrait de sa journée dans une des fermes d'alentour.

Je me retournai.

Personne !!!

Je passai la matinée au lavoir. Au retour, je n'entendis plus rien, mais le faix de linge que je portais se mit à peser sur mes épaules d'un tel poids qu'on aurait juré que la toile s'était changée en plomb. J'ai compris depuis ce que cela signifiait. Parmi ces draps se trouvait celui qui devait servir trois jours après à ensevelir mon pauvre cher homme.

Car, trois jours après, Lucas mourut. *Doue da bardono d'an Anaon !* (Dieu pardonne aux défunts !) Ces trois jours durant, les signes se succédèrent de façon presque ininterrompue.

Une nuit, c'était la porte qui battait avec violence, une rumeur de foule pénétrant dans la maison, des pas nombreux montant l'escalier et le redescendant. La nuit suivante, c'étaient des sonneries lointaines de cloches, une lumière brûlant d'une flamme pâle au chevet du lit où nous couchions, puis des chants de prêtres qui s'en venaient, par les champs, de la direction du bourg,

J'en étais arrivée à ne plus pouvoir fermer l'œil. Mais ce fut la dernière nuit qui fut la plus terrible. Mon mari, qui ne paraissait pas plus mal, m'avait défendu de veiller. Quand j'eus constaté qu'il reposait, j'essayai de m'assoupir à mon tour. Mais, à ce moment, les cahots d'une charrette se firent entendre. C'était d'autant plus surprenant qu'il n'y avait aucune voie charretière dans le voisinage de notre maison. Lorsque nous étions venus l'habiter, nous avions dû y transporter nos meubles dans des brouettes. Cependant c'était bien vers notre maison que se dirigeait la charrette. Le cri de l'essieu mal graissé se faisait de plus en plus distinct. Je l'entendis bientôt tout contre le pignon. Je me levai sur les genoux. Sur le mur contre lequel s'appuyait le bois du lit, il y avait une lucarne. Je regardai par cette lucarne, pensant que je verrais passer la charrette. Mais je ne vis rien que l'aire toute blanche, au clair de la lune, et les formes noires des arbres sur les fossés des champs. L'essieu continuait pourtant de grincer et la charrette de cahoter. Elle fit le tour de la maison une première fois, puis une seconde, puis une troisième. Au troisième tour, un coup formidable s'abattit sur la porte. Mon mari se réveilla en sursaut :

— Qu'y a-t-il ?

Je ne voulus pas l'attrister et je répondis :

— Je ne sais pas.

Mais je grelottais d'épouvante.

Il faut croire qu'on ne meurt pas de frayeur, puisque j'ai survécu à cette nuit-là. Mon homme trépassa le lendemain, qui était un samedi, sur le coup de dix heures.

Anatole Le Braz

La légende de la mort, même éditeur.

L'enterrement fictif des noyés, le *Proella*

À Ouessant (Enez Eusa), où tous les hommes sont marins, la mer prélève sur la population un nombreux tribut de victimes. Les cadavres que l'on retrouve ont leur dernière demeure assurée dans le cimetière. Mais la liste est longue de ceux que l'océan ne rend jamais. Pour que ces noyés sans sépulture ne soient pas condamnés à errer sans fin dans l'autre monde, les Ouessantins pratiquent pour le repos de leur *Anaon* (Âme) un simulacre d'enterrement. L'ensemble de la cérémonie s'appelle un *proella*.

On procède de la manière suivante :

Dès que le syndic des gens de mer, en résidence à l'île, a été prévenu administrativement de la disparition d'un îlien, il mande, non la mère ou la veuve, ou la fille du mort, mais l'homme le plus ancien de la parenté, et il lui fait part du décès probable du disparu. L'ancien se met aussitôt en route à travers l'île, entre chez tous les proches de la famille, dont le nombre dépasse quelquefois soixante et même quatre-vingts, et leur annonce la triste nouvelle, en se servant de cette formule invariable :

— Vous êtes avertis qu'il y aura, ce soir, *proella* chez un tel.

Et ce n'est qu'à la tombée de la nuit qu'il se rend à la maison du mort. Il entre dans la cour à pas de loup, va regarder par la fenêtre si la femme, qui ne sait pas encore qu'elle est veuve, est chez elle, et s'il l'aperçoit dans la cuisine, frappe trois petits coups à la vitre. Après cette sorte de préambule et de préparation, il passe la porte, en se contentant de prononcer la phrase sacramentelle :

— Il y a *proella* chez toi ce soir, ma pauvre enfant.

Les femmes du voisinage, accourues derrière lui, se précipitent alors dans la maison et, par leurs gémissements et leurs cris, font bruyamment chorus avec la douleur de la famille. C'est ce qu'on appelle « mener le deuil ». Plus les plaintes sont aiguës et déchirantes, plus elles réjouissent l'âme du mort. Tout en se livrant à ces démonstrations, on vaque aux apprêts funèbres. Sur la table, déblayée des restes du repas, on étale une nappe blanche, puis, sur cette nappe, on dispose en croix deux serviettes pliées, et enfin, au croisement de ces serviettes, on couche une petite croix, fabriquée instantanément avec deux de ces bouts de cire que l'on fait bénir à l'église le jour de la Chandeleur. Cette croix est censée représenter le défunt. Une assiette, dans laquelle on verse le contenu du bénitier de la maison et où l'on met à tremper un rameau de buis, complète avec des chandelles allumées de part et d'autre sur les bancs, cette décoration funéraire improvisée.

De tous les coins de l'île, cependant, les proches arrivent pour le *proella*. Et la veillée de mort commence. Une « prieuse » de profession récite les prières habituelles et l'assistance donne les répons. Quelquefois, entre deux De profundis, la prieuse entonne l'éloge du disparu. Il y avait naguère dans l'île, une vieille femme réputée pour ce genre d'oraisons funèbres ou, comme on dit, ces *prezeg* (prêches).

Le lendemain, le clergé vient, comme pour un enterrement ordinaire, chercher le « corps », c'est-à-dire la petite croix de

cire jaune posée sur les serviettes blanches et portée à bras, ni plus ni moins que s'il s'agissait d'un vrai cercueil. Toute la foule suit, les hommes tête nue, les femmes encapuchonnées dans leurs mantes. Le catafalque est dressé au milieu de l'église pour recevoir la croix du *proella*. L'officiant célèbre la messe, donne l'absoute, puis va à une sorte d'armoire scellée dans le mur d'un des bas-côtés et y enferme la croix, parmi nombre d'autres qui l'y ont devancée. Elle demeurera dans cette sépulture provisoire jusqu'au soir du 1er novembre. Ce jour là, à l'issue à l'issue des vêpres, on transporte processionnellement toutes les croix de *proella* entassées au cours de l'année, dans un monument spécial bâti au centre du cimetière pour servir de tombeau collectif à tous les Ouessantins disparus en mer. Et ce monument, semblable à une petite citerne que ferme un grillage, est désigné, lui aussi, par le nom de *proella*.

Anatole Le Braz
La légende de la mort, même éditeur.

Les Lavandières de la nuit

Les Bretons sont les fils du péché, comme les autres, mais ils aiment leurs morts. Ils ont pitié de ceux qui brûlent dans le purgatoire et ils tâchent de les racheter du feu d'épreuve. Chaque dimanche, après l'office, ils prient pour leurs âmes, sur la terre où pourrissent leurs pauvres corps.

C'est dans le mois noir[1], surtout, qu'ils font acte de chrétiens. Quand la messagère de l'hiver arrive, chacun pense à ceux qui sont allés vers la justice de Dieu. On fait dire des messes à l'autel des morts, on leur allume des cierges, on les voue aux meilleurs saints, on va avec les petits enfants sur leurs pierres et, après vêpres, le recteur sort de l'église pour bénir leurs fosses.

C'est aussi cette nuit-là que le Christ leur donne quelque soulagement et leur permet de revenir visiter les foyers où ils ont vécu. Les morts sont alors aussi nombreux dans les maisons des vivants que les feuilles jaunies dans les chemins creux. Voilà pourquoi les vrais chrétiens laissent la nappe mise et le feu allumé, pour qu'ils puissent prendre leurs repas et réchauffer leurs membres engourdis sous la froidure des cimetières.

Mais s'il y a de vrais adorateurs de la Vierge et de son Fils, il y a aussi des enfants de l'ange noir qui oublient ceux qui ont

1. Miz Du : mois de novembre en breton.

été le plus près de leur cœur. Gwilherm Postik était un de ceux-là. Son père avait quitté la vie sans avoir reçu l'absolution et, comme dit le proverbe, « Kadiou est toujours le fils de son père ». Aussi n'était-il occupé que de plaisirs défendus, dansant pendant l'office, quand il le pouvait, et trinquant pendant la messe avec les gueux acheteurs de chevaux. Dieu n'avait pas manqué cependant de lui envoyer des avertissements. Il avait vu, dans la même année, sa mère, ses sœurs et sa femme frappées du mauvais air, mais il s'était consolé de la mort des premières en recueillant leur héritage, et, quant à Katell, il avait dit comme tous les veufs :

Puisque je n'en ai plus une à moi,
Mon lot est dans chacune.
Et il avait agi selon son dire.

Le recteur[2] avait eu beau l'avertir au prône qu'il était une pierre de scandale pour toute la paroisse. Loin de corriger Gwilherm, cet avertissement public n'avait eu pour résultat que de le faire renoncer à l'église, comme il était facile de le prévoir, car ce n'est pas en faisant claquer le fouet que l'on ramène un cheval échappé. Aussi se mit-il à vivre plus à son aise que jamais et sans plus de foi ni de loi qu'un renard de taillis.

Or il se trouva dans ce temps-là que les beaux jours prirent fin et que la fête des morts arriva. Tous les gens baptisés mirent leurs habits de deuil et se rendirent à l'église afin de prier pour les trépassés. Mais Gwilherm, lui, revêtit ses habits de fête et prit la route du bourg voisin où se réunissaient des matelots sans religion et des filles sans honneur.

Tout le temps que les autres employaient à soulager les âmes en peine, il le passa, dans cet endroit, buvant du vin de feu[3],

2. Recteur se dit *Person* en breton et signifie curé.
3. Vin de feu se dit *gwin-ardant* en breton et signifie eau de vie.

jouant avec les matelots et chantant aux filles des rimes composées par les meuniers. Il continua ainsi presque jusqu'au milieu de la nuit et ne songea à s'en retourner que lorsque les autres se sentirent fatigués du péché. Lui, c'était un corps de fer pour le plaisir, et il quitta l'auberge le dernier, aussi ferme et aussi dispos qu'au moment où il était entré.

Seulement, il avait le cœur chaud de boire. Il chantait tout haut, par les routes, des chansons que les plus hardis disent ordinairement tout bas. Il passait devant les croix sans baisser la voix et sans ôter son chapeau, et il frappait, à droite et à gauche, sur les touffes de genêts avec son bâton, sans avoir peur de blesser les âmes qui remplissaient, ce jour-là, les chemins.

Il arriva ainsi à un carrefour où se présentaient deux routes conduisant à son village. La plus longue était gardée par la protection de Dieu, tandis que la plus courte était hantée par les morts. Bien des gens, en traversant la nuit, avaient entendu des bruits et vu des choses dont on ne parlait que lorsqu'on était beaucoup et à portée du bénitier, mais Gwilherm ne craignait que la soif et les filles laides. Il prit donc la route la plus courte, en faisant résonner ses galoches sur les cailloux du chemin.

Cependant la nuit était sans lune et sans étoiles, les feuilles couraient emportées par le vent, les sources coulaient tristement le long du coteau, les buissons frissonnaient comme un homme qui a peur et, au milieu de ce silence, les pas de Gwilherm retentissaient dans la nuit ainsi que des pas de géant, mais rien ne l'épouvantait et il marchait toujours.

En passant près du vieux manoir ruiné, il entendit la girouette qui lui disait :

— Retourne, retourne, retourne !

Gwilherm continua son chemin. Il arriva devant la cascade et l'eau murmura :

— Ne passe pas, ne passe pas, ne passe pas !

Il posa son pied sur les pierres polies par la rivière et la traversa. Comme il atteignait un chêne vermoulu, le vent qui sifflait dans les branches répéta :

— Reste ici, reste ici, reste ici !

Mais Gwilherm frappa, en passant, de son bâton l'arbre mort et pressa le pas.

Enfin, il entra dans le vallon hanté. Minuit sonna à trois paroisses. Gwilherm se mit à siffler l'air de *Julig ar ververo.* Mais, au moment où il sifflait le quatrième vers, il entendit le bruit d'une charrette non ferrée[4], et il l'aperçut qui venait vers lui couverte d'un drap mortuaire.

Gwilherm reconnut la charrette de la mort. Elle était traînée par six chevaux noirs et conduite par l'Ankou, qui tenait un fouet de fer, et répétait sans cesse :

— Détourne ou je te retourne !

Gwilherm lui fit place, mais sans se déconcerter.

— Que fais-tu donc ici, monsieur de Ker-Gwenn ? lui demanda-t-il effrontément.

— Je prends et je surprends, répondit l'Ankou.

— Tu es donc un voleur et un traître ? continua Gwilherm.

— Je suis le frappeur sans regard et sans égard.

— C'est-à-dire un sot et un brutal. Alors je ne m'étonne plus, mon mignon, que tu sois des quatre évêchés, car on peut t'appliquer tout le proverbe. Mais où vas-tu aujourd'hui pour être si pressé ?

— Je vais chercher Gwilherm Postik, répliqua le fantôme en passant.

Le bon vivant éclata de rire et poussa plus loin.

4. *Karrigel an Ankou* en breton signifie la charrette de la mort.

Comme il arrivait devant la petite haie de prunelliers qui conduit au lavoir, il aperçut deux femmes blanches qui étendaient du linge sur les buissons.

— Sur ma vie ! Voilà des jeunes filles qui n'ont pas peur du serein[5], dit-il. Pourquoi êtes-vous si tard dans la prairie, mes petites colombes ?

— Nous lavons, nous séchons, nous cousons ! répondirent les deux femmes en même temps.

— Quoi donc ? demanda le jeune homme.

— Le linceul du mort qui parle et qui marche encore.

— Un mort ! Pardieu ! Vous me direz son nom.

— Gwilherm Postik.

Le garçon rit plus fort que la première fois, et descendit le petit chemin raboteux.

5. Signifie la tombée du soir, de la nuit.

Mais à mesure qu'il avançait il entendait plus distinctement les coups de battoirs des lavandières de nuit sur les pierres de la *douez*[6], et bientôt il les aperçut elles-mêmes, frappant leurs draps mortuaires, en chantant le triste refrain :

Si chrétien ne vient nous sauver
Jusqu'au jugement faut laver.
Au clair de lune, au bruit du vent.
Sous la neige, le linceul blanc.

Dès qu'elles aperçurent le joyeux compagnon, toutes accoururent avec de grands cris, en lui présentant leurs suaires et lui criant de le tordre pour en faire sortir l'eau.

— Un petit service ne se refuse pas entre amis, répondit Gwilherm gaiement, mais chacune son tour, belles lavandières, un homme n'a que deux mains, pour tordre comme pour embrasser.

Il déposa alors son bâton et prit le bout du drap mortuaire que lui présentait une des mortes, en ayant soin de tordre du même côté qu'elle, car il avait appris des anciens que c'était le seul moyen de ne pas être brisé.

Mais pendant que le linceul tournait ainsi, voilà que d'autres lavandières entourent Gwilherm, qui reconnut sa tante et sa femme, sa mère et ses sœurs. Toutes criaient :

— Mille malheurs à qui laisse brûler les siens dans l'enfer ! Mille malheurs !

Et elles secouaient leurs cheveux épars, en levant leurs battoirs blancs et, à toutes les douez de la vallée, le long de toutes les haies, au haut de toutes les landes, des voix répétaient :

— Mille malheurs ! Mille malheurs !

6. En breton (et en gallo) signifie lavoir.

Gwilherm, hors de lui, sentit ses cheveux se dresser sur sa tête, dans son trouble, il oublia la précaution prise jusqu'alors et se mit à tordre de l'autre côté. A l'instant même le linceul serra ses mains, comme un étau, et il tomba broyé par les bras de fer de la lavandière.

En passant au point du jour près de la *douez,* une jeune fille d'Henvik, nommée Fantik ar Fur, s'arrêta pour mettre une branche de houx dans son pot de lait frais tiré et aperçut Gwilherm étendu sur les pierres blanches. Elle crut que le *lambig* l'avait abattu là, et elle s'approcha, avec un brin de jonc, pour l'éveiller, mais, voyant qu'il restait immobile, l'enfant prit peur et courut au village, pour avertir. On vint avec le recteur, le sonneur de cloches et le notaire qui était maire de l'endroit. Le corps fut relevé et placé sur une charrette à bœufs, mais les cierges bénits que l'on voulut allumer s'éteignirent toujours, ce qui fit comprendre que Gwilherm Postik était acquis à la damnation. Aussi son corps fut-il déposé en dehors du cimetière, sous l'échalier de pierre, là où s'arrêtent les chiens et les mécréants.

Émile Souvestre

An diaoul e Breizh, le diable en Bretagne

La Bretagne ne manque pas de légendes où le diable, surnommé entre autres Paol Korneg, est le héros malgré lui, on l'appelle aussi volontiers le « Malin ». Deux légendes similaires nous montrent, qu'en fait, en Bretagne, il a trouvé plus malin que lui.

A la sortie de Guérande/Gwenrann, sur la route d'Herbignac/Erbigneg, se dresse un moulin que l'on appelle toujours le « moulin du diable ».

L'histoire raconte qu'Erwan Kerbig, meunier de son état, avait entrepris la construction de son moulin. Les tempêtes de l'hiver avaient considérablement freiné les travaux. De plus, la petite somme d'argent qu'il possédait avait fondu comme neige au soleil. Découragé qu'il était ! Le diable, qui n'attendait que cela, vint le trouver et lui proposa un pacte. Il terminerait le moulin en une seule nuit et Erwan Kerbig, quant à lui, lui vendrait son âme. Tope-là, ce qui fut dit fut fait sauf que, juste avant l'aube, il restait au diable encore une pierre à mettre. Erwan profita de l'occasion et pendant que le diable lui tournait le dos, il glissa dans le trou du mur une statue de sainte Anne, la mère de la sainte Vierge, mais surtout la sainte patronne des Bretons. Voyant qu'il avait été berné, le diable

s'en fut, non sans proférer les pires menaces. Mais que valent les menaces du diable quand on est protégé par sainte Anne ?

Dans le pays vannetais, on raconte que l'ermite saint Kado avait fondé une chapelle sur une petite île nichée au coeur de la rivière d'Etel. Cette île porte d'ailleurs son nom.

Saint Kado voulut édifier un pont pour relier son île à la berge. Le diable arriva sur ces entrefaites et proposa à notre ermite de construire le pont en une seule nuit, avec bien sûr, à la clé un pacte : il prendrait la première âme qui traverserait le pont. Tope-là, ce qui fut dit fut fait. Effectivement, le matin, le pont était achevé. Quant à la première âme, ce fut un chat que saint Kado envoya pour franchir le pont. Là encore Paol Korneg fut berné par un Breton, saint de surcroît.

Yoran Delacour

Le cavalier infernal

La maison de Pelo le bûcheron s'élevait au bord de la route de Pleugriffet à Lanouée, ces deux communes voisines de Josselin, une vraie taupinière jaillie du sol sans forme ni plan. Quelques blocs de quartz mal équarris, des troncs d'arbres noyés dans de la glaise formaient le mur. Une calotte de joncs, soutenue par des poutrelles mal assorties, servait de toit.

Autour, la solitude était complète. On n'y entendait guère que de temps à autre le grelot des chevaux d'un cocher, à la belle saison le sifflet du merle et le refrain monotone de la tourterelle, et, la nuit comme le jour, le bruit d'orgue, écho d'une complainte d'âme en peine, qui sortait du bois de sapin voisin.

Pas plus que sa demeure, Pelo n'était riche. Son mobilier aurait tenu dans ses bras. Toute sa vie n'avait été qu'une lutte incessante contre la misère. Il lui avait fallu suer sang et eau pour lui arracher son pain et, aujourd'hui qu'il était vieux, la maudite s'accrochait à sa peau, encore plus tenace et plus âpre. Le caractère du pauvre homme s'en était aigri à la fin et le fond de son cœur était aussi triste que l'intérieur de sa cabane.

Heureux encore si, à son foyer, il avait éprouvé quelque satisfaction. Mais des enfants que sa femme lui avait donnés, il ne lui restait qu'une fille, et cette fille était pour lui une cause de profond chagrin.

A dix-huit ans, Mathurine était une belle gaillarde qui n'avait pas sa rivale au pays. Pas un jeune homme qui ne la connût. Coquette et d'allure très osée, elle ne s'inquiétait guère à l'idée de perdre sa réputation. Il n'y avait pas sans elle une danse, une veillée, une assemblée. Ils pouvaient pleurer à leur aise à la maison, son père et sa mère, s'ils avaient du temps de reste. Elle ne songeait qu'au plaisir. Ils pouvaient crier famine, si bon leur semblait. L'argent qu'elle gagnait à son métier de couturière était pour elle seule. L'inconduite avait tué les affections naturelles. Elle allait être la cause de sa perte, car il n'a jamais servit à personne d'oublier le premier des commandements de Dieu :

« Tes père et mère honoreras. »

On était en hiver et il faisait déjà nuit, une nuit sombre de tempête. Le vent au dehors se déchaînait avec rage secouant à les jeter à terre les murs lézardés de la chaumière, entrechoquant les arbres et clamant à travers la sapinière une plainte de damnation. On eût dit que le diable sévissait en personne.

Fatiguée, malade, l'âme brisée par la peine, la femme du bûcheron était couchée de bonne heure. Sa fille veillait près du foyer, nullement inquiète de savoir si elle avait besoin de *louzoù* (médicaments), soucieuse seulement de mettre la dernière main à une jobeline en mousseline claire qu'elle se réservait de porter au prochain pardon. Le père était rentré tard, harassé, transi, mourant de faim.

En voyant sa femme au lit, souffrante, et Mathurine auprès du feu à ses futilités de toilette, il sentit un mouvement de colère gronder dans son âme, il se contint cependant, mangea en silence l'écuellée de soupe déjà froide que celle-ci avait posée devant lui et se prit à réfléchir.

On devinait que le malheureux avait des larmes et de l'indignation plein le cœur. Au bout d'un instant il éclata :

— Mathurine, déclara-t-il d'un ton ferme, ce soir on ne sort pas.

La jeune fille le regarda avec un petit air impertinent :

— Et pourquoi, s'il vous plaît ? demanda-t-elle.

— Premièrement parce que tel n'est pas mon avis, ensuite parce qu'il ne convient guère qu'une jeune fille aille courir la nuit, et enfin parce que ton devoir est de rester là quand ta mère est malade.

Mathurine eut un léger haussement d'épaules :

— Malade ! répondit-elle, il y en a qui le sont davantage. Elle ne l'est toujours pas au point d'exiger une veilleuse. Elle saura bien se soigner toute seule.

Le bras de Pelo s'était levé, prêt à frapper et à corriger cette arrogance de la façon qu'elle méritait :

— Mathurine, s'écria-t-il, la voix tonnante, tu ne quitteras pas la maison ce soir, je te le défends expressément.

Sans rien répondre, l'orgueilleuse personne se retira dans le réduit qui lui servait de chambrette, et tranquillement, comme s'il n'avait été question de rien, se mit à sa toilette. Elle attendit que son père fût couché, puis quand elle s'aperçut qu'il dormait, vaincu par la fatigue, elle se glissa dehors. Déjà elle avait la main au loquet.

— Tu n'as donc pas de cœur, ma fille, de m'abandonner ainsi, gémit la voix de sa mère qui, au milieu de ses souffrances, n'avait pas fermé les yeux.

Le père à son tour se réveilla. Vivement il sauta du lit et d'un bond fut près de la porte. Mathurine l'avait prévenu. Elle était sortie.

— Que le diable t'emporte, fille maudite s'exclama-t-il. Puisses-tu ne remettre jamais les pieds ici.

Et Mathurine, du milieu des ténèbres, perçut le bruit de la porte qui se refermait avec fracas et que l'on verrouillait à double tour. Elle frissonna de tout son corps.

Il lui sembla qu'une voix au fond d'elle-même, celle de sa conscience lui répétait avec instance :

— Rentre à la maison, demande pardon à ton père, et ne sors plus, sinon il t'arrivera malheur.

— Va donc, lui murmurait d'un autre côté le tentateur à l'oreille, tu n'as plus rien à craindre. Te voilà libre. Profites-en. Tu sais qu'il y a veillée chez ta tante ce soir, au prochain village. La chambre est chaude. Il y a là-bas de gais compagnons. Du plaisir tu auras ! Pourquoi hésiter ?

Le diable fut le plus fort.

Pour se rendre à la maison de sa tante, la route passait le long du bois de sapin. Or, à cette heure de la nuit, sous les rafales qui inclinaient les troncs d'arbres jusqu'à terre, en brisant les branches mortes, ce bois avait l'air singulièrement sinistre. Aux clartés de la lune qui se dégageait des nuages, on aurait dit une assemblée de squelettes qui agitaient leurs membres décharnés et psalmodiaient des Requiem.

Une crainte terrible avait envahi l'âme de la malheureuse. Elle se sentait si seule et si faible, en face des forces déchaînées de la nature. Ses jambes se dérobaient sous elle, et elle avait peine à marcher. Que n'aurait-elle pas donné pour rencontrer en chemin une créature vivante, n'importe qui ? Oui ! n'importe qui, et, sans y songer, élevant la voix, elle s'écria tout haut :

— Fût-ce le diable en personne !

Pauvre Mathurine, elle ne se doutait guère que les souhaits adressés a l'Esprit du mal sont trop vite exaucés.

M·M

Comme elle sortait de la sapinière, voilà qu'elle aperçut au milieu de la route, un jeune étranger richement vêtu, de bonne mine et de manières avenantes, qui paraissait suivre la même direction qu'elle.

— Si vous allez à la veillée, jeune fille, dit-il, en l'abordant avec grâce, vous me permettrez de vous accompagner, car j'y vais aussi. J'y suis attendu.

— Volontiers, répliqua Mathurine, je vous en suis même très reconnaissante car je commençais à m'effrayer.

Et chassant ses noires pensées, oubliant la malédiction de son père, l'imprudente s'appuya sur le bras qu'on lui offrait, sans songer à savoir quel était l'homme qu'elle avait à côté d'elle. Il parlait si agréablement, ce bel inconnu, il tenait des propos si flatteurs que le temps s'écoulait trop vite en sa compagnie. Et puis le vent était calmé maintenant, la lune glissait doucement dans un ciel devenu serein, éclairant le paysage d'une lumière argentée.

Quand le toit de la métairie de sa tante émergea parmi les arbres, Mathurine ne put réprimer un mouvement de contrariété. Déjà !

Son entrée sensationnelle au milieu de l'assemblée des veilleurs la consola de cet ennui. Ce fut en effet dans la salle un murmure général de surprise et d'admiration :

— Quel joli couple, disait-on. Comme ils sont bien assortis. Mais où donc a-t-elle trouvé ce jeune homme ? D'où sort-il ?

A ces questions diverses, personne ne savait répondre :

— C'est peut-être un roi qui cherche à épouser une bergère, murmuraient les uns, ou un prince qui vient se marier à sa guise !

— C'est au moins un grand seigneur, déclaraient les autres. Ils viennent sans doute nous inviter leurs noces. En a-t-elle une chance, cette fille de bûcheron !

Mathurine entendait ces réflexions et son orgueil s'en exaltait outre mesure.

— Ah oui ! Elle en avait de la chance !

Il est d'usage aux veillées de la campagne que l'on travaille un peu, que l'on bavarde beaucoup, et souvent, pour finir, que l'on danse. Excellent moyen parfois de provoquer des accordailles entre jeunes gens et jeunes filles.

Ce soir-là on ne dérogea pas à la coutume. On venait de griller des châtaignes, de boire du cidre doux, de rire à cœur joie des fredaines des beaux lurons. Ne fallait-il pas dégourdir ses jambes ? Les couples se mirent en branle.

Or, tandis que la ronde allait son train, l'enfant de la maîtresse de la maison, en son berceau, près du foyer, dormait. On ne sait pourquoi, mais soudain il se réveilla, en poussant

des cris d'effroi. Sa mère le prit dans ses bras, pour le calmer. Vaine précaution. Le bébé se débattait, les regards tournés obstinément vers les danseurs. Au fur et à mesure que se rapprochaient de lui Mathurine et son cavalier, ses cris redoublaient et il cachait sa petite tête dans le sein de sa mère.

Evidemment il y avait là quelque chose qui n'était pas naturel. La mère à son tour observa le beau cavalier et voilà qu'elle aussi se sentit saisie de terreur. Sur le sol de terre pilée, elle avait remarqué les singulières empreintes qu'il dessinait en dansant. Plus de doute, il avait les pieds fourchus de Satan.

Aussitôt elle donna le signal de s'arrêter, et tirant sa nièce à l'écart :

— Mathurine, murmura-t-elle, je t'en supplie, reste ici cette nuit, car ton compagnon ne m'inspire aucune confiance. Je te conduirai moi-même demain chez tes parents.

La jeune file accueillit ce conseil par un éclat de rire.

— je vous trouve bien timorée, ma tante, répondit-elle, plutôt donc que je manque la plus heureuse occasion qui se soit offerte à moi de ma vie. Ce charmant inconnu m'a amenée ici. Il saura me ramener à la maison.

Et elle partit avec son cavalier. Mais cette fois le trajet fut loin d'être aussi gai qu'à l'arrivée. Mathurine avait beau babiller et se répandre en plaisanteries, son compagnon gardait le silence. Il était taciturne et morose et ne prononçait que des monosyllabes.

Une vague inquiétude s'empara d'elle. Après tout, qui était-ce, cet homme ? N'avait-elle pas eu tort de méconnaître les avis de sa tante ? Et s'il lui arrivait malheur !

En traversant le bois de sapin, elle tremblait. La vue de la chaumière de ses parents lui rendit courage. Il était d'ailleurs temps de rentrer, car de l'intérieur, le coucou de l'horloge chantait les douze coups de minuit.

Elle n'avait plus qu'à prendre congé de son cavalier. Elle leva les yeux sur lui. Horreur ! Les paroles de remerciement s'étouffèrent dans sa gorge. Ce n'était plus le bel inconnu qui conduisait la dame chez sa tante, c'était un monstre difforme, hideux, le diable en personne qu'elle voyait devant elle.

— Tu m'as appelé, jeune fille, dit-il, d'une voix ironique, et j'ai répondu à ton appel. Il est juste que je sois dédommagé de mon dérangement. Je t'accorde néanmoins une dernière faveur. Frappe à la porte de ton père. Je ferai sept fois le tour de la maison, pendant ce temps. Si la porte s'ouvre, tant mieux pour toi. Si elle reste fermée, tu seras à moi à jamais.

Eperdue, bouleversée, le cœur déchiré d'angoisse, Mathurine frappa, frappa encore. Personne ne lui répondit. Elle cria, elle implora, invoquant à son secours son père et sa mère, le bon Dieu, sainte Anne et les saints. On entendait ses lamentations de loin. Son père et sa mère, le bon Dieu, sainte Anne et les saints semblaient sourds. La porte ne s'ouvrait pas, et toujours le démon continuait à tourner.

Il achevait son septième tour, lorsque l'on entendit de l'intérieur une voix éclatante qu'animait la colère :

— Fille maudite, je te le répète, va au diable !

— Le diable t'a exaucée ! répliqua une autre voix avec ironie, et il y eut un cri d'angoisse de Mathurine.

Ce cri d'angoisse était si déchirant que la femme du bûcheron sauta de son lit. Ses entrailles de mère s'étaient émues. Elle ouvrit la porte et regarda dans les ténèbres, elle aperçut seulement à terre la coiffe en dentelles et les fins sabots de sa fille. Quant à celle-ci, elle avait disparu avec son cavalier, et jamais plus on ne la revit.

Depuis de longues années, la cabane de Pelo est détruite et personne dans le pays ne se rappelle avoir connu le vieux bûcheron. Mais les nuits d'hiver, quand il fait mauvais temps, lorsque le vent souffle triste et lamentable à travers la sapinière, les braves gens se signent en répétant : garons-nous, car Mathurine la danseuse doit être là avec son cavalier infernal. La malédiction de son père est toujours sur elle.

François Cadic

COMMENTAIRE EXPLICATIF

La veillée disparaît, et tout ceux-là qui sont amoureux de vieilles traditions devront la regretter vivement, car ce sera une habitude pittoresque de plus, enlevée à la Bretagne. Et ce n'est pas fini, actuellement, en ce début du XXIe siècle, Paris s'attaque aux fêtes bretonnes, au prétexte qu'elles fonctionnent avec des bénévoles. L'État veut faire disparaître le bénévolat sachant pertinemment que ça va sonner le glas des fêtes bretonnes. Comme le dit si bien Gilles Servat : « c'est la folle avoine au milieu des épis bien rangés ». Insupportable pour Paris.

Il y a un siècle, on n'aurait pas compris une Bretagne sans veillée tellement elle était entrée dans les mœurs. A peine les premières morsures du froid se faisaient-elles sentir, avec la tombée de l'automne, ramenant les longues soirées, que cela commençait.

Toutes les maisons ne servaient pas indistinctement aux réunions, mais dans chaque bourg et dans chaque village de quelque importance, il existait une ou plusieurs maisons qui avaient les préférences des veilleurs. Certaines avaient une réputation qui s'étendait loin. Celles-ci passaient pour attirer les jeunes gens qui voulaient rire et s'amuser, celles-là pour plaire davantage aux conteurs, aux chanteurs et aux amateurs du merveilleux.

Aussitôt les travaux de la ferme terminés, quand les bêtes avaient reçu leur pâture, jeunes gens et jeunes filles, voire les personnes les

plus mûres, se mettaient en route pour le lieu du rendez-vous. A neuf heures, tout le monde était arrivé.

D'ordinaire on se tenait dans la pièce principale, chacun s'installant à sa fantaisie, sur une chaise, sur un banc, sur le foyer ou la huche à pain, autour d'un immense feu qu'alimentaient d'énormes bûches.

Parfois aussi on s'assemblait à l'écurie, parmi la paille fraîche, une chandelle de résine fichée dans la muraille éclairant la scène, tandis que les bestiaux sommeillaient à l'entour, adoucissant l'atmosphère de leur haleine chaude.

Si les langues babillaient, les mains n'étaient pas oisives. Les jeunes filles tricotaient ou filaient la quenouille, les femmes tournaient le rouet, les hommes pilaient de la lande verte pour leurs chevaux ou tressaient de la paille pour confectionner leurs chapeaux, du jonc pour façonner les ruches d'abeilles. On grillait des châtaignes et on buvait le cidre doux à la ronde dans les pichets et à pleines écuellées.

La plus franche gaieté présidait à la conversation et la parole était à qui la prenait, et quiconque savait amuser ou intéresser. Les plaisanteries se croisaient, on échangeait les devinettes. on racontait les bons tours. Ce n'était que dans le cas où la causerie prenait une tendance un peu licencieuse que le maître ou la maîtresse de la maison interposait son autorité.

Toutes les classes de la société rurale se coudoyaient là dans une parfaite égalité, le laboureur et son valet, l'ouvrier agricole et l'artisan, le tailleur et le meunier. Le tailleur et le meunier, hommes de faconde, habiles à lancer le trait et d'imagination inventive, avaient presque toujours le premier rôle. Ils étaient les conteurs attitrés.

Leur rôle commençait lorsque chacun avait vidé son petit sac à nouvelles et qu'on était à bout de devinettes. Les enfants, plus curieux, servaient d'excitateurs :

— Allons, tonton Job, allons, Mataù Barbotér, à votre tour, vite une histoire.

Job et Mataù se laissaient tirer l'oreille... pour !a forme, puis ravis d'accaparer l'attention, ils y allaient de leurs histoires. Cela durait parfois des heures. Les jeunes gens qui, au début jouaient aux incrédules et aux esprits forts, étaient bientôt pris eux aussi et, à la fin, personne ne se serait permis de mettre en doute les légendes les plus invraisemblables du tailleur et du meunier.

Vers minuit, le maître de maison donnait le signal de la fin de la séance. On récitait une courte prière, avec un souvenir spécial pour les morts, et les veilleurs reprenaient, en chantant, le chemin de leurs demeures.

Pourquoi faut-il qu'aux meilleures choses, si l'on n'y prête attention, des abus viennent se mêler qui les gâtent ? Il arriva que ces réunions familiales perdirent leur bonne tenue. Trop souvent elles ne furent que des motifs à amusements frivoles pour la jeunesse, des occasions de se livrer à des danses licencieuses. Alors la voix des curés, gardiens de la morale, s'éleva, et l'anathème fut si violent que non seulement les veilleurs en furent atteints, mais que la veillée elle-même en ressentit le centre-coup.

Il en advint ce qui est advenu, à la même date, des danses bretonnes et des sonneurs de binious. Les veillées disparurent à peu près des habitudes. Les censeurs voulaient corriger des abus. Ils ont frappé fort et ils sont allés peut-être plus loin qu'ils ne voulaient. Un mal a été remplacé par un pire, les veillées par des distractions plus licencieuses, et les Mathurine qui courent le risque d'être enlevées par le cavalier infernal sont aujourd'hui légion.

De nos jours, heureusement, les Bretons ont su reconquérir leur patrimoine culturel. Danses et musiques bretonnes sont plus vivantes que jamais.

La ronde des Damnés

Auprès du village de Kerguh, à faible distance du bourg de Pluméliau, il existe deux croix de pierres qui portent dans le pays le nom justement mérité de Croix des revenants.

L'endroit est solitaire, au milieu d'un carrefour, ceint de hauts talus, à l'ombre d'un bouquet de châtaigners. Le jour, malgré sa situation à l'entrecroisement de quatre routes, il y passe peu de voyageurs. La nuit, il n'y vient, dit-on, que des morts.

Telle est en effet la croyance universellement répandue dans la paroisse, ce lieu est hanté. Qu'il fasse mauvais temps ou ciel clair, dès que tombent les premières ténèbres, les revenants s'y rassemblent des quatre points cardinaux. Sous leurs longs habits de deuil qui dissimulent leurs formes, ils s'avancent, rasant le sol, en procession, et bientôt au pied des deux croix, on aperçoit une multitude d'ombres agenouillées, les bras levés vers le Christ de granit, on entend une prière lamentable, une supplication ardente qui ressemble au *Miserere* de nos jours de deuil.

Maint laboureur rentrant tard des champs, maint commerçant retenu au marché jusqu'à une heure avancée, des jeunes gens qui avaient attendu la fermeture de la dernière auberge, un jour de pardon, furent témoins de l'étrange spectacle. Ils n'étaient pas encore au carrefour que leurs chevaux s'arrêtaient net. Ils avaient beau les frapper, ils se cabraient, la crinière hérissée, les naseaux fumants. Il leur fallait retourner sur leurs pas, bon gré, malgré, pour éviter un malheur.

Evidemment une puissance surnaturelle garde ces lieux, écartant les indiscrets. Le diable lui-même rôde autour. Tandis que la psalmodie des morts monte au ciel, et que Christ de granit penche la tête pour écouter la plainte de la multitude, le Malin se livre à ses ébats coutumiers. Derrière lui il traîne une légion d'esprits infernaux. Leur cavalcade passe dans les airs avec un bruit d'ouragan, et l'on perçoit des cris affreux de bêtes féroces ou des appels déchirants d'homme qu'on égorge. Malheur à celui que la nécessité appelle du côté des Croix des revenants, lorsque la nuit est avancée. A plus d'un esprit fort il advint fâcheuse aventure, mais à personne, de façon plus terrible, qu'au pauvre Nicodème Kergarec.

Nicodème Kergarec, du village de Kergoet, était le premier tailleur de Pluméliau. Il ne craignait aucun rival pour l'habileté des doigts. Nul ne confectionnait mieux que lui les beaux gilets blancs agrémentés de boutons de métal, les robes de fin drap bordées de velours.

Aiguille laborieuse et diligente, il était au travail avec le lever du soleil. Aussi tout le monde s'adressait à lui, et la veille des fêtes, il ne pouvait plus suffire à la tâche.

Il avait bien sans doute les mains légèrement crochues, et de temps à autre, il s'oubliait à rogner les étoffes d'autrui, mais après tout, chacun ses défauts :

Pep hini 'n deus e si,
An hini 'n deus ket daou, 'n deus tri.

Chacun a son défaut,
Celui qui n'en a pas deux, en a trois.

Le métier voulait cela et il avait six enfants. Cela coûte cher d'habiller les marmots.

Ce soir-là, Nicodème avait veillé tard chez le fermier de Kermonseh. On était à la veille d'un mariage, et il fallait que le costume de noce fût à point pour le lendemain. Il s'était surpassé.

Il ne put s'empêcher de se dire :

— Un tel travail mériterait salaire double, si les gens étaient justes. Tu n'auras cependant pas salaire double, crois-le bien mon ami. Il est plus simple que tu te payes, toi-même.

De ses forts ciseaux, il avait découpé dans l'étoffe une large pièce qu'il avait cachée avec l'intention de l'emporter.

Onze heures sonnaient, quand il quitta Kermonseh :

— Veux-tu que je t'accompagne un bout de chemin ? lui proposa le fermier. On n'est jamais trop de deux pour traverser le carrefour des Croix des revenants.

Mais Nicodème avait sa fierté et il craignait que son larcin fût découvert.

— Je vous suis très obligé, notre maître, répondit-il. Je ne crois ni au diable ni aux morts de ce carrefour. Contes de bonnes femmes que cela, et puis je n'ai jamais eu peur de ma vie.

Nicodème Kergarec en effet n'était pas un poltron, et néanmoins, à mesure qu'il approchait des croix, il sentait son assurance l'abandonner. Une crainte vague envahissait son âme, et il éprouvait d'autant plus d'inquiétude qu'il n'avait pas la conscience tranquille. Ne venait-il pas de donner à l'instant un gage au diable par son vol ?

Un vent violent soufflait au visage, et son sifflement lugubre passait à travers les arbres qu'il secouait à les briser. Pas une étoile au firmament. Le ciel était d'un noir d'encre. A deux pas devant soi, l'on ne distinguait que des formes vagues, les châtaigniers de la route prenaient des airs de fantômes. Il n'avançait qu'à tâtons, et de plus en plus la peur le gagnait.

Un bruit étrange qui partait du carrefour le cloua soudain sur place. Ça ne ressemblait à rien d'humain, c'était un concert de gémissements, de plaintes, de malédictions, de blasphèmes tels qu'on en doit entendre en enfer. Une flamme verdâtre et blafarde, semblable à un feu-follet, éclaira la scène et l'infortuné tailleur aperçut à l'entrecroisement des chemins, un personnage effrayant qui devait être le chef de cet orchestre de damnés. Sa bouche était encadrée de poils longs et, hirsutes et sur sa tête, se dressaient deux cornes d'un noir d'ébène. Un immense manteau rouge-sang enveloppait son corps osseux, et ses pieds fourchus, à travers de vagues chaussures, rappelaient ceux du bouc quand il marchait, cela faisait un bruit de ferraille, comme s'il avait tiré une chaîne et des boulets derrière lui.

Glacé de terreur Nicodème pensa :

— Pour sûr, ça doit être Satan lui-même.

Il n'eut pas le temps d'ailleurs ni de fuir ni de se livrer à de longues réflexions. L'apparition s'avançait en bonds désordonnés, aussi vive que le vent. Elle s'arrêta devant lui, ses yeux de braise brûlant les siens, et d'une voix caverneuse :

— Voleur s'écria-t-elle, pourquoi as-tu emporté ce qui n'est pas à toi ? La place de tes semblables est dans l'enfer. Avant l'aube matinale, tu y seras, si tu n'as pas retrouvé la route qui conduit chez toi.

Elle dit, et vers lui elle tendit ses mains velues armées de griffes terribles et sur son visage il sentait son haleine empuantée. Il crut sa dernière heure sonnée.

Ses jambes se dérobaient sous lui et son regard effaré cherchait le Christ de granit au sommet des croix :

— Mon Dieu, murmurait-il, pardon, miséricorde ! Sainte Anne, ma douce mère, au secours ! Saint Nicodème, mon vrai patron, sauvez-moi et je mettrai à brûler dans votre chapelle un cierge de cire aussi gros que mon bras. Vierge bénie, montrez-moi mon chemin et je ferai réciter des chapelets en votre honneur une année durant par ma femme, la pieuse Matoche.

Mais il avait beau pleurer, prier, appeler à l'aide, le Christ de granit demeurait silencieux et immobile sur la croix et ni sainte Anne, ni saint Nicodème, ni la sainte Vierge ne paraissaient l'écouter.

Le diable continuait ses menaces et ses gestes terribles. A son appel, une troupe de damnés étaient accourus, tous plus affreux les uns que les autres, et se tenant par la main, ils dansaient autour du malheureux une gavotte infernale, en allongeant vers lui leurs mains crochues et en chantant à tue-tête, sans rime ni mesure :

— Rends le drap ! Rends le drap ! Tailleur, voleur ! Tailleur, voleur !

Le jour allait bientôt poindre, et le pauvre homme, plus mort que vif, le visage inondé d'une sueur froide, n'avait pas encore retrouvé sa route. Il la cherchait à tâtons aux quatre coins du carrefour, en tournant autour des deux calvaires, et il ne voyait toujours rien que le cortège diabolique qui le suivait et il n'entendait que le terrifiant refrain qui lui remplissait les oreilles :

— Tailleur, voleur ! Tailleur, voleur !

Il continuait à prier avec une ferveur capable d'attendrir les pierres.

— Mon Dieu, sauvez-moi ! gémissait-il.

Un éclatant cocorico qui retentit tout-à-coup à sa droite, lui permit enfin de s'orienter. Il avait reconnu la voix du coq de Kerguh saluant les premières lueurs de l'aurore, et, par la même occasion, il avait aperçu son chemin. Juste ciel ! Il en était temps car la danse venait de s'arrêter et les damnés s'apprêtaient à le saisir.

Il n'attendit pas son reste. Tandis que le chœur des esprits infernaux poussait des cris de rage et le menaçait de vengeance, il se mit à courir, à courir, plus rapide que le cerf poursuivi par la meute, persuadé qu'il avait sur ses talons le diable et ses compagnons. Il sautait les ruisseaux, bondissait par-dessus les fossés, traversait les champs en une minute, hors d'haleine, ne songeant même pas à regarder derrière lui. Il croyait toujours ouïr l'injurieux « Tailleur, voleur ! Tailleur, voleur ! ».

Enfin, à travers les arbres, il reconnut sa maison. Il en était temps, car il était à bout de forces. D'un élan il fut à la porte, il l'ouvrit d'une poussée d'épaule et la referma aussitôt, craignant que ses ennemis n'entrassent avec lui. Le mouvement fut si brusque que le coin de son gilet demeura engagé. Pour sûr, ce devait être le diable qui, de l'autre côté le retenait.

— Ah ! Tu le veux ! s'écria-t-il, eh bien ! Prends-le. Tu auras l'habit, mais tu n'auras pas Nicodème Kergarec !

Et saisissant ses larges ciseaux :

— Voila mes ciseaux de tailleur qui taillent la toile, qui taillent le drap, qui tailleront le diable par la moitié !

Il en donna un coup sec qui le dégagea. Le gilet était sacrifié. Mais qu'importait, puisque lui-même il était sauvé ! Presque mort de frayeur il alla choir auprès du foyer. Il y resta, attendant le jour, tremblant de fièvre, tandis que sa femme Matoche, réveillée en sursaut, priait à mains jointes sur son lit, et répétait avec les accents d'une réelle douleur :

— Jezuz ! Maria ! Santez Anna ! Il est fou, mon homme, il a dû voir son intersigne.

Il y avait déjà longtemps que le soleil brillait au firmament, lorsque revenu de son émoi il osa entrebâiller sa porte. Il eut un cri de surprise. Le premier objet qu'il aperçut fut, de l'autre côté, le morceau de son gilet :

— Ah ! Le coquin ! s'exclama-t-il, il n'a pas jugé à propos de l'emporter. Il préférait sans doute emmener le possesseur. Il n'est pas près de le rencontrer en chemin.

Il ne l'a pas rencontré en effet, cela n'empêche qu'à Pluméliau on se raconta souvent ce qui advint cette nuit-là à Nicodème Kergarec.

Le pauvre homme est mort depuis longtemps, mais jusqu'à son dernier soupir il n'a pas oublié le terrible refrain que le diable lui clamait aux oreilles :

— Tailleur, voleur !

Quant aux croix, elles sont toujours debout. Elles se dressent dans le carrefour solitaire, à l'ombre des châtaigniers. Chaque nuit les morts exhalent auprès leurs plaintes, les démons dansent autour leurs sarabandes effrénées, mais personne ne songe plus à venir les écouter. L'aventure de Nicodème Kergarec a guéri les plus braves.

François Cadic

COMMENTAIRE EXPLICATIF

Une des surprises de l'étranger qui visite la Bretagne est de voir le nombre considérable de calvaires dont elle est peuplée. On ne saurait rencontrer une route, un carrefour ou une place qui n'aient le sien. En vain les barbares iconoclastes de Paris pendant la Révolution se sont-ils efforcés de les déraciner, les calvaires ont redressé la tête, plus nombreux que jamais.

Fidèles à la tradition de leurs ancêtres, les Bretons ont gardé l'habitude d'ériger des croix aux lieux qui furent témoins de quelque triste fait. Champ de bataille ou solitude souillée par un meurtre, on est sûr d'y rencontrer un Christ qui veille et qui, de ses bras étendus, dessine un geste de pardon.

Aussi bien n'ôtera-t-on pas cette idée de la tête des gens du peuple, qu'une terre qui a bu le sang chrétien est particulièrement maudite et que la présence du Souverain Maître est indispensable pour la garder contre les mauvais esprits. Le diable y rôde, les korrigans y prennent leurs ébats et il arrive que les victimes, dont l'existence y fut sacrifiée, y reviennent pleurer leurs fautes jusqu'à ce que leur temps de purgatoire soit accompli. A certaines heures de la nuit, l'accès en est interdit aux vivants. Malheur à qui s'y aventure ! Il sera châtié de sa témérité par les plus effrayantes visions, Il n'y a pas de paroisses qui n'ait ainsi ses croix hantées, il n'est voyageur nocturne qui ne raconte son apparition :

— La chose est singulière, répétera l'homme le moins crédule, cela n'est pas possible, je ne veux pas y croire et pourtant j'ai vu les morts en linceul blanc réunis près de cette croix. J'ai aperçu un soir une femme vêtue de noir pleurer au pied de ce calvaire et j'ai été saisi d'une impression telle qu'on doit en ressentir, lorsque l'on est en présence du surnaturel.

Plumeliau, vieille commune entre Evel et Blavet, demeurée d'autant plus attachée aux anciens usages et aux traditions de jadis qu'elle est plus éloignée des villes, est une des localités qui ont le mieux conservé la croyance aux revenants et qui comptent le plus de croix hantées. Les croix Kerguh y sont les plus redoutées. Il n'y a pas si longtemps, une voiture à cheval, en y passant, se renversait sur son conducteur et l'écrasait.

— Que voulez-vous, disent les braves gens, la terre de ce carrefour est maudite et Dieu n'y peut rien. Le diable en est le maître et il y fait des siennes. Nicodème Kergerac n'est pas le premier à qui fâcheuse mésaventure arrive, et il ne sera pas le dernier.

Le pêcheur qui vendit son âme au diable

Il y avait autrefois, au Dourduff, près de Morlaix, un pêcheur nommé Kaour Gorvan, qui avait une femme et trois enfants en bas âge. Ses enfants se nommaient Rohart, l'aîné, Fañch, le second, et le troisième, le plus jeune, Mabig[1], ainsi appelé parce que c'était l'enfant chéri de son père.

Ils vivaient assez misérablement, car, soit maladresse ou mauvaise chance, ou toute autre cause, le pauvre homme rentrait souvent sans avoir rien pris, ou si peu que c'était à peine assez pour nourrir sa famille, et très maigrement encore. Quant à aller au marché aux poissons, il ne fallait pas y songer, de telle sorte qu'il n'y avait presque jamais le sou à la maison. La femme, voyant rentrer les autres pêcheurs avec leurs barques pleines, se dépitait et malmenait souvent son mari, l'appelant maladroit, paresseux, imbécile, et le reste. Le pauvre homme en était bien malheureux et redoutait tous les jours le moment de paraître devant elle.

Un jour, qu'il était en mer, comme à l'ordinaire, le soleil allait se coucher et il n'avait encore rien pris. Il déplorait son sort et n'osait rentrer. Tout à coup, il entendit un grand bruit, et, levant la tête, il vit venir du côté du soleil couchant, un cavalier

1. Signifie fiston en breton.

tout habillé de rouge et monté sur un beau cheval noir, faisant jaillir le feu de ses quatre pieds et de ses narines et qui marchait sur la mer comme sur une route bien solide. Cela l'étonna fort. Il n'avait jamais vu pareille chose. Le cavalier vint droit à la barque et parla ainsi au pêcheur :

— Et bien compère ! La pêche est-elle bonne ?

— Non, sûrement, monseigneur.

— Et vous craignez d'être grondé par votre femme, en rentrant, n'est-ce pas ?

— Hélas ! Il n'y a plus un morceau de pain à la maison, le boulanger refuse de nous en donner à crédit, et je ne sais comment nous ferons pour souper, ce soir.

— Je puis te tirer d'embarras, si tu veux m'obéir, il ne te manquera rien à toi et à ta famille, non seulement ce soir, mais pendant sept années de suite.

— Je suis prêt à vous obéir, mon Seigneur, quelles sont vos conditions ?

— Donne-toi à moi, dans sept ans d'ici, et tu prendras du poisson autant que tu voudras, et nul autre pêcheur de tout le pays de Léon n'en pourra prendre un seul, pendant tout ce temps-là, de sorte que tu deviendras facilement riche.

— Jésus, mon Dieu ! Que dites-vous là ? Vous êtes donc le Malin-Esprit ! Non, jamais je ne ferai cela.

— A ton aise, mais, je te préviens, alors, qu'aujourd'hui et demain et tous les autres jours de ta vie, il n'y aura pas de poissons pour toi dans la mer, et que tu seras battu par ta femme, et que vous finirez par mourir tous de faim.

Le pauvre homme réfléchit, se gratta le côté de la tête, puis il dit :

— Et bien, j'accepte le marché !

Le cavalier lui présenta alors un parchemin en lui disant :

— Signe ceci avec ton sang.

— Je ne sais pas écrire, dit Kaour.

— Une seule goutte de ton sang sur le parchemin suffira.

Et avec la pointe de son couteau, le pêcheur se piqua le bras et laissa tomber une goutte de sang sur le parchemin.

— C'est bien, dans sept ans, jour pour jour, trouve-toi sur ce rocher que voilà, et je viendrai t'y prendre, et n'y manque pas, car en quelque lieu que tu sois, une fois les sept ans expirés, je saurai bien te trouver, et malheur à toi, s'il me faut aller te chercher. Maintenant, tu peux jeter tes filets à l'eau quand tu voudras.

Le cavalier partit alors au grand galop emportant le parchemin.

Kaour Gorvan, impatient de vérifier ses promesses, jeta ses filets à l'eau, et les en retira chargés à se rompre. Il les jeta une seconde, une troisième fois, et toujours il amenait en abondance les plus beaux poissons. Sa barque en fut vite pleine et il retourna à la maison, tout joyeux, ce qui ne lui était pas arrivé depuis bien longtemps, et ne songeant plus au sombre pacte qu'il venait de signer. Il sifflait et chantait, en se dirigeant vers sa pauvre cabane, située sur le rivage, et sa femme et ses enfants, en l'entendant, vinrent à sa rencontre, en se disant :

— Il faut que le père ait fait une bonne pêche, aujourd'hui !

— Allons, femme, allons, enfants, à l'ouvrage ! Aidez-moi à décharger le bateau, vous voyez qu'il est plein à couler, cria Kaour, en abordant.

Et la femme et les enfants sautèrent dans le bateau, en poussant des cris de joie.

— Voyez mère, comme il y en a et comme ils sont beaux ! s'écriaient les enfants.

Ce soir-là, on soupa bien dans la cabane du pêcheur, et il n'y eut ni plaintes, ni larmes comme d'habitude.

Le lendemain matin, Kaour Gorvan partit en mer de bonne heure, pendant que sa femme et ses enfants allaient en ville, pour vendre le poisson de la veille. Ceux-ci s'en revinrent, le soir, les poches lourdes de gros sous et apportant du pain blanc, un peu de viande et une bouteille de vin, toutes choses qu'on n'avait pas vues depuis longtemps dans leur cabane. Kaour arriva aussi avec son bateau, encore rempli à couler bas, comme la veille.

Tous les matins, à présent, le vieux pêcheur allait en mer avec son fils aîné, et la femme et les deux autres enfants allaient vendre le poisson à Morlaix, et tous les soirs, ils rentraient, les uns avec le bateau plein de poissons, et les autres avec leurs poches pleines d'argent. De cette façon, Kaour se trouva être à l'aise, et même riche, en peu de temps. Et ce qui paraissait extraordinaire à tout le monde, c'est que les autres pêcheurs du pays ne prenaient plus rien. L'on en causait partout et l'on croyait communément que Kaour avait quelque secret magique pour attirer le poisson dans ses filets et les éloigner de ceux des autres. Quelques-uns disaient même qu'il fallait qu'il ait vendu son âme au diable pour avoir tant de chance. Enfin, il n'y avait pas de supposition qu'on ne fît.

Les trois fils, qui avaient alors de douze à quinze ans, furent envoyés à l'école, avec les enfants des bourgeois et des riches marchands de Morlaix. Un jour, l'aîné, voulant jouer à la toupie avec d'autres écoliers, fut repoussé par eux, et, comme il en demandait la raison, on lui répondit :

— Nous ne voulons pas jouer avec toi, parce que tu n'es que le fils d'un pêcheur, et si ton père est riche, c'est qu'il a vendu son âme au diable, pour avoir de l'argent.

Les trois frères furent bien étonnés de cette réponse, et, le soir, en arrivant à la maison, Rohart dit à son père :

— Vous ne savez pas ce que m'a dit un camarade de l'école, mon père ?

— Que t'a-t-il dit, mon fils ?

— Il m'a dit comme ça, que si vous êtes riche, c'est que vous avez vendu votre âme au diable, pour avoir de l'argent. N'est-ce pas ce n'est pas vrai cela, mon père ?

— Non, mes enfants, ce n'est pas vrai, répondit le vieux pêcheur.

Mais, cette question parut le troubler, et il en devint triste et rêveur. Les deux aînés ne s'en inquiétèrent pas davantage, mais le plus jeune devint aussi pensif, à partir de ce moment. A quelques jours de là, il dit à son père :

— Je vous ai entendu dire quelquefois, mon père, que vous avez un frère ermite.

— Oui, mon fils, il habite dans la forêt du Krannou, où il est occupé nuit et jour à prier Dieu.

— Je voudrais bien connaître mon oncle l'ermite, mon père et, si vous le permettez j'irai le voir.

— Qu'irais-tu faire là, mon fils ? Mon frère, d'ailleurs, ne pourrait te recevoir convenablement. Tu n'as pas idée, à ce que je vois, de ce que c'est qu'un ermite. C'est un homme retiré du monde, qui passe toute sa vie à prier et à se mortifier, qui n'a pour toute nourriture que des racines d'herbes et quelques fruits sauvages à l'automne, et qui couche sur la terre nue, avec une pierre pour oreiller. Vois, si ce genre de vie te conviendrait, car mon frère ne pourrait guère te traiter mieux que lui-même.

— Tout cela ne m'effraye pas, mon père, et je vous supplie de me permettre d'aller voir mon oncle, à son ermitage.

Le père ne put résister aux instances de son fils, et Mabig partit, un beau matin, pour la forêt du Krannou. Arrivé dans le bois, il le parcourut en tous sens et découvrit enfin une hutte construite avec des branches d'arbres, contre le tronc d'un vieux chêne. Sur le seuil était agenouillé un vieillard à longue barbe blanche, les mains jointes et les yeux tournés vers le ciel. L'enfant, à cette vue, s'arrêta, frappé d'admiration et, comme le vieillard ne paraissait pas le voir, il s'agenouilla comme lui et pria aussi. La prière de l'ermite fut longue. Quand il se releva, Mabig s'avança vers lui, son bonnet à la main, et lui dit :

— Bonjour, mon oncle l'ermite.

— Bonjour, mon enfant, mais suis-je bien ton oncle ?

— Oui ! N'avez-vous pas, à Morlaix, un frère pêcheur nommé Kaour Gorvan ?

— C'est vrai, mon enfant, j'ai à Morlaix un frère pêcheur nommé Kaour Gorvan.

— Je suis son plus jeune fils, et je lui ai demandé la permission de venir vous faire visite.

L'ermite l'embrassa, en pleurant de joie, puis il lui demanda :

— Comment se porte mon frère Kaour ? Est-il heureux et aimé de Dieu ?

— Mon père se porte assez bien, mais, depuis quelque temps, il paraît avoir beaucoup de chagrin. Je ne sais pas bien qu'elle en est la cause, mais, je suis venu, mon oncle, vous prier de me garder auprès de vous quelque temps, pour m'instruire dans l'art de soulager les afflictions du corps et celles de l'âme, afin de pouvoir consoler mon pauvre père.

— Hélas ! Mon pauvre enfant, la vie que je mène ici n'est pas faite pour toi. Jette un regard dans ma hutte et vois comme elle diffère des habitations ordinaires des hommes, même les plus pauvres.

— Mon père m'a déjà prévenu à ce sujet et n'a pu me retenir. Prier constamment, n'avoir pour toute nourriture que des racines d'herbes et quelques fruits sauvages, coucher sur la terre nue, tout cela ne m'effraye pas, mon oncle.

— Puisqu'il en est ainsi, mon enfant, tu peux rester.

Mabig resta donc auprès de son oncle l'ermite. Celui-ci, quand ils se promenaient ensemble, dans le bois, lui apprenait les vertus secrètes des herbes et des plantes, ainsi que maintes oraisons propres à guérir les maladies du corps et les infirmités morales. Quand le vieillard restait trop longtemps en prière, l'enfant s'amusait à aiguiser sur un galet qui était à la porte de l'ermitage un vieux couteau tout rouillé qu'il avait trouvé sur la route, en venant à la forêt.

Mais retournons un peu chez Kaoar Gorvan, et voyons ce qui s'y passait, pendant ce temps.

Le terme fatal approchait, le jour où devaient s'accomplir les sept ans, et le vieux pêcheur devenait de jour en jour plus triste et finit par tomber malade. Mais, sa maladie était d'un genre tout particulier. Il criait et se démenait dans son lit comme un véritable possédé. Ses cris et ses hurlements troublaient et effrayaient tout le voisinage. On avait fait venir tour à tour tous les médecins de la ville, puis ceux de Brest, et aucun d'eux ne connaissait rien à sa maladie. Un jour, le vieillard appela auprès de lui son fils aîné Rohart, et lui dit :

— Mon fils, vous pouvez mettre un terme à un mal qui est terrible, comme vous le voyez, seriez-vous disposé à faire ce qu'il faut pour cela ?

— Oui, mon père, je suis prêt à faire tout ce qu'il me sera possible, pour vous soulager.

Et il lui donna le parchemin fatal signé de son sang. Rohart le lut avec effroi, et le vieillard lui demanda encore :

— Voulez-vous faire ce voyage pour moi, mon fils ?

— Mon père, répondit Rohart, je suis prêt à donner ma vie pour vous, mais pas mon âme.

Kaour Gorvan poussa un profond soupir et dit :

— Descendez et dites à votre frère Fañch de venir auprès de moi.

Fañch monta à la chambre de son père, lut le parchemin et fit la même réponse que son frère.

— Au moins, lui dit le vieillard, ne refuseras-tu pas d'aller trouver Mabig, qui est auprès de son oncle l'ermite, dans la forêt du Krannou, pour lui dire de venir me voir. Peut être celui-là m'apportera-t-il quelque soulagement ?

— Oui, mon père, je ferai volontiers ce voyage pour vous, et je pars à l'instant.

Fañch prit deux chevaux dans l'écurie de son père et partit aussitôt à la recherche de son oncle l'ermite et de son plus jeune frère. Un jour que Mabig aiguisait son vieux couteau, selon son habitude, sur le galet qui était à la porte de l'ermitage, il fut étonné de voir venir vers lui un cavalier, avec deux chevaux, dont il montait l'un. Quand le cavalier ne fut plus qu'à quelques pas de la hutte, il reconnut son frère Fañch. Il s'avança vers lui, et dit :

— Est-ce toi, mon frère Fañch ?

— Oui, mon frère Mabig, c'est bien moi.

— Qu'est-ce qui t'amène ici, mon frère ? Comment est notre père ?

— Hélas ! Bien mal, mon frère.

Et Fañch lui conta tout.

— Te sens-tu le courage de faire ce voyage pour notre pauvre père, Mabig ?

— Oui, frère, je ferai volontiers ce voyage pour notre pauvre père, si notre oncle l'ermite consent à m'y accompagner.

— Où est notre oncle l'ermite ?

— Il prie, en ce moment, dans sa hutte. Il faut attendre qu'il ait fini.

Quand l'ermite eut fini de prier, ses deux neveux allèrent à lui, et Mabig lui présenta Fañch et lui fit connaître le sujet de son voyage, il ajouta :

— Je suis prêt à faire ce que me demande mon père, si vous consentez à m'accompagner, mon oncle ?

Le vieillard, en apprenant la terrible nouvelle, poussa un profond soupir, leva les yeux et les mains au ciel, avec douleur, puis, il dit :

— J'ai besoin de consulter le ciel avant de prendre une décision, dans une si grave affaire... Demain matin, je vous donnerai ma réponse.

L'ermite passa toute la nuit en prières et dit à Mabig :

— Oui, mon enfant, je ferai avec toi ce redoutable voyage et, si tu veux m'obéir en tout point, avec l'aide de Dieu, j'ai bon espoir que nous réussirons à sauver ton pauvre père, mais partons immédiatement, car il n'y a pas de temps à perdre.

L'ermite monta sur un des deux chevaux et prit Mabig en croupe derrière lui. Fañch était seul sur l'autre cheval.

Comme ils cheminaient ainsi, à travers la forêt, le vieillard demanda à Fañch :

— Regarde autour de toi, mon fils, ne vois-tu rien d'extraordinaire ?

— Non, sûrement, mon oncle, répondit Fañch.

— C'est qu'alors tu ne marches pas dans la même voie que nous. Et toi, Mabig, ne vois-tu rien d'extraordinaire ? Regarde bien autour de toi.

— Je vois bien quelque chose, mon oncle, qui ne me paraît pas ordinaire.

— Que vois-tu, mon enfant ?

— Au milieu d'un buisson de coudrier, je vois une branche qui, différemment des autres, est dénudée de son écorce et s'élève, blanche et droite, comme un cierge.

— Tu es dans la bonne voie, mon enfant. Ton couteau coupe-t-il bien ?

— Je le crois, car je l'ai assez aiguisé pour cela.

— Et bien, descends de cheval et va me couper cette branche, mais il faut la couper d'un seul coup net.

Mabig descendit de cheval, se dirigea vers le buisson et coupa facilement la branche désignée, d'un seul coup de couteau puis, il la présenta à l'ermite.

— C'est bien, mon enfant, lui dit celui-ci, maintenant, coupe encore cette baguette en deux parties égales et conserve les sous ton bras, car nous en aurons besoin, plus tard.

Mabig fit ce que lui demandait son oncle, puis, ils continuèrent leur route.

Quand ils furent à environ une demi-lieue de Morlaix, l'ermite demanda encore à Fañch, qui marchait devant :

— N'entends-tu rien d'extraordinaire, mon enfant ?

— Non sûrement, mon oncle.

— C'est qu'alors tu ne marches pas dans la même voie que nous. Et toi, Mabig, n'entends-tu rien d'extraordinaire ?

— Si, mon oncle, répondit- il, d'un air triste.

— Qu'entends-tu, mon enfant ?

— J'entends les cris de mon père, sur son lit de douleur.

— Pressons le pas, pour lui porter quelque soulagement.

Ils mirent alors leurs chevaux au galop et ne tardèrent pas à arriver au Dourduff.

L'ermite dit à son frère, en arrivant près de sont lit :

— Hélas... mon pauvre frère, dans quel état je vous trouve, et dans quelle société !

La chambre était toute pleine de diables hideux, qui tourmentaient le vieux pêcheur.

— Qu'on m'apporte, vite, un baquet d'eau et tout ce qu'il y a d'eau bénite dans la maison.

On apporta un baquet plein d'eau. L'ermite y versa une bouteille d'eau bénite, puis, prenant un balai, il le plongea dans le baquet et en aspergea toute la chambre. On entendit alors des cris étouffés et comme des bruits d'ailes, dans la cheminée, c'étaient les démons qui se sauvaient par là.

Aussitôt, le malade se trouva soulagé, et il cessa de gémir et de crier. Le lendemain, au coucher du soleil, finissaient les sept ans et, aux termes du pacte fatal, Kaour Gorvan devait se trouver au rendez-vous assigné pour se livrer au diable. Cette pensée l'effrayait et le rendait malade. L'ermite le rassura et lui dit que, grâce à ses prières et au dévouement de son fils Mabig, il

était encore possible d'éviter un si grand malheur. Le saint homme donna alors ses instructions à Mabig et lui dit :

— Tu te rendras, seul, sur une barque, jusqu'au rocher désigné. Tu emporteras les deux baguettes de coudrier que tu as coupées dans la forêt du Krannou, ainsi qu'une pierre à feu (silex), de l'amadou et un briquet. Arrivé au rocher, tu en feras trois fois le tour, sur ta barque, en traçant trois cercles sur sa base, avec une de tes baguettes. A chaque tour, il s'y produira une marche dans la pierre. Alors, tu monteras au sommet du rocher, tu t'y assoiras et, prenant le silex, l'amadou et le briquet, tu tireras du feu et en approcheras tes deux baguettes qui s'allumeront aussitôt comme deux cierges. Tu les poseras debout sur le rocher, une de chaque côté de toi, puis, tu attendras tranquillement. Bientôt après, tu entendras un grand bruit, et tu verras arriver du côté du couchant, un cavalier tout habillé de rouge et monté sur un beau cheval noir, qui marchera sur l'eau comme sur la route la plus solide. Le cavalier s'approchera de toi et t'invitera à descendre et à monter en croupe derrière lui. Tu lui répondras que, s'il veut t'avoir, il vienne te prendre. Il descendra de son cheval et voudra gravir le rocher. Mais, dès qu'il aura mis le pied sur la première marche, il poussera un cri terrible et il remontera sur son cheval et partira au grand galop. Un instant après, arrivera un autre cavalier, avec deux chevaux. Il te priera aussi de descendre du rocher et de monter sur le beau cheval qu'il aura amené exprès pour toi. Tu lui diras, comme au premier, de venir te prendre. Il montera jusqu'à la seconde marche. Mais, il ressentira aussi une telle douleur que, renonçant à monter plus haut, il s'en retournera, comme le premier. Enfin, viendra un beau carrosse, attelé de deux chevaux superbes. Le cocher te priera, le plus poliment du monde, de descendre et d'entrer dans ce carrosse que t'envoie son maître. Tu lui répondras, comme aux deux autres, que tu es prêt à le suivre, mais qu'il faut qu'il vienne te prendre sur ton rocher. Il montera jusqu'à la troisième marche, mais, ne pouvant aller plus loin, il s'en retournera aussi avec son carrosse, en poussant des cris épouvantables. Alors, tu seras sauvé. Tu pourras descendre de ton rocher. Tu me retrouveras sur le rivage où je resterai en prière jusqu'à ton retour. Fais exactement tout ce que je viens de te dire, aie confiance en Dieu qui sera avec toi et tu délivreras ainsi ton père de la damnation éternelle.

Mabig prit de l'eau bénite et se signa, comme doit le faire tout bon chrétien en se mettant en voyage, puis il se dirigea vers le rivage de la mer, accompagné de son oncle l'ermite qui, dans le trajet, lui faisait répéter ses recommandations pour qu'il n'oubliât rien. Ils s'embrassèrent, avant de se quitter, puis le jeune homme (il avait à présent 17 ans) monta sur la barque et se dirigea vers le fatal rocher, pendant que le vieillard, à genoux sur la grève, priait les mains jointes, les yeux tournés vers le ciel, immobile comme une statue de pierre.

Mabig arrive au rocher, il en fait trois fois le tour, en traçant trois cercles à sa base avec une de ses baguettes, et les trois marches s'y dessinent aussitôt. Il monte ensuite sur le sommet, allume ses deux baguettes, les place debout sur la pierre, une de chaque côté de lui, comme deux cierges, puis, il attend avec confiance en voyant que tout se passait jusqu'alors comme lui avait prédit le vieil ermite.

Bientôt, il entend le bruit des pieds d'un cheval lancé au grand galop, et il voit venir à lui, du côté du couchant, un cavalier tout rouge et qui paraissait être au milieu des flammes,

peut-être par l'effet du soleil couchant. Le cheval s'arrête au pied du rocher et le cavalier, ayant examiné Mabig, lui dit :

— Il me semble que tu n'es pas celui que je croyais trouver là ?

— Je suis venu à la place de mon père, si cela vous est égal ?

— Après tout, le père ou le fils, peu m'importe, et une âme en vaut une autre. Allons, descends, vite, de là, viens ici en croupe et partons, car on t'attend là-bas.

— Je vous appartiens, je le reconnais, mais vous viendrez bien me prendre ici, si vous tenez à m'avoir.

Le diable, qui se doutait qu'on voulait lui jouer quelque tour, en voyant les trois marches dans le rocher et surtout les deux cierges allumés, ne se souciait pas de descendre de son cheval et, le prenant sur un autre ton :

— Il y a là-bas une grande fête, festin magnifique, musique, danses, le tout en ton honneur, et mon maître t'attend avec impatience. Hâte-toi donc de venir ici, et partons vite.

— Je suis vraiment touché de tout ce que vous me dites, mais, je vous le répète, si vous tenez à m'avoir à votre fête, vous viendrez bien me chercher jusqu'ici.

Le cavalier rouge, impatienté, sauta sur la première marche, poussa un cri de douleur, et ne pouvant aller plus loin, il remonta à cheval et partit en faisant un vacarme de diable. Pour abréger, il en fut de même pour le second diable, à cheval comme le premier et le troisième avec son beau carrosse attelé de deux chevaux superbes (c'était, dit-on, le diable boueux, le plus malin de tous les diables), n'eut pas plus de succès que les deux autres. Il alla jusqu'à la troisième marche, mais, ne pouvant monter plus haut, il s'en retourna aussi, furieux et tempêtant.

Dès lors, Mabig était sauvé. Il descendit du haut du rocher, posa ses deux baguettes de coudrier sur l'avant du bateau en guise de cierges, pour l'éclairer (car la nuit était venue), et se dirigea tout joyeux vers le rivage, où l'attendaient l'ermite, son père, sa mère et ses deux frères. Comme il allait ainsi tranquillement, poussé par une bonne brise et désormais libre de tout souci, le géant Pharaüs, qui passait au-dessus de lui, dans un nuage, l'aperçut.

— Quel beau garçon ! s'écria-t-il. Et, s'abaissant jusqu'au jeune homme, il l'enleva et l'emporta à son château, situé dans une île, au milieu de la Mer Rouge.

Cependant, le bateau aborda au rivage. Quand on vit que Mabig n'y était pas, son père, sa mère et ses frères se mirent à pleurer et à pousser des cris de détresse.

— Ne vous désolez pas tant, leur dit l'ermite, car je puis vous assurer que le diable ne le tient pas. Je sais où il est, et je retourne à mon ermitage, pour prier Dieu, afin qu'il se tire heureusement des épreuves qui l'attendent. Et le vieillard prit son bâton et se remit en marche vers la forêt du Krannou.

En arrivant au château de Pharaüs, Mabig fut émerveillé de tout ce qu'il y vit. Il soupa avec le géant, qui ne lui parut pas un méchant géant, de sorte qu'il s'enhardit et lui demanda :

— Qu'aurai-je à faire ici, tous les jours ?

— Soupons d'abord, lui répondit Pharaüs, puis, nous irons nous coucher, et demain matin je te dirai cela. Mais, sois tranquille à ce sujet, ton travail ne sera pas bien pénible.

Le lendemain matin, comme ils déjeunaient ensemble, Mabig demanda encore au géant :

— Qu'aurai-je à faire ici, maître ?

— Rien. Tu n'auras qu'à te promener, boire, manger, dormir à ton gré. Rien ne te manquera dans ce château, il te suffira de former un désir, quel qu'il puisse être, pour qu'il soit aussitôt accompli. Seulement, je te recommande de ne toucher ni aux

statues de marbre, ni aux animaux de pierre que tu verras en grand nombre dans la cour du château, ni à une ânesse qui est dans l'avenue, autrement, tu serais toi-même changé, à l'instant, en statue de marbre ou en âne de pierre, et cela pour l'éternité. C'est la seule défense que j'aie à te faire. Promène-toi partout, dans le château, dans les jardins et dans le bois, jusqu'à la mer, tu verras partout des choses merveilleuses. Je vais m'absenter, pour un long voyage que j'ai à faire, et tu resteras seul, pendant un an et un jour.

— C'est bien long, un an et un jour, pour être toujours seul !

— Tu trouveras ici tant de belles choses et de merveilles de toutes sortes, que le temps ne te paraîtra pas long, mais, je te le répète, ne touche à aucune des choses que je t'ai désignées, autrement, j'arriverai à l'instant, quelqu'éloigné que je sois d'ici, et alors, malheur à toi !

Le géant fit signe à un nuage, qui descendit aussitôt dans la cour du château, il monta dessus et partit.

Mabig, resté seul, regarda les statues de marbre et les animaux de pierre dont Pharaüs lui avait parlé. Il y en avait un très grand nombre, dans des niches, autour du château et autour de la cour. Il voulut commencer par vérifier si ce que le géant lui avait dit relativement aux désirs qu'il formerait n'était pas pour se moquer de lui. Il souhaita avoir du lard, des saucisses, du boudin, du bon cidre et du café. Et tout cela lui fut servi sur le champ, par des mains invisibles.

— C'est bien, se dit-il, je crois que je ne m'ennuierai pas vite, si cela continue ainsi.

Quand il eut mangé et bu à discrétion, il alla se promener dans l'avenue de grands chênes qui était devant le château. Il poussa jusqu'au bout de l'avenue et y vit une ânesse maigre, décharnée, couverte de boue desséchée, comme si elle avait été roulée dans une mare. Devant elle était un fagot d'épines, en guise de foin. Il s'approcha et ne put s'empêcher de dire :

— Pauvre bête ! A peine si tu peux te tenir sur tes jambes. Quelle faute si grande as-tu donc commise, pour être traitée de la sorte ?

Et, oubliant la recommandation du géant, il se mit à la caresser et à la débarrasser de la boue qui la souillait. Il remarqua que ses deux oreilles se touchaient par les extrémités et, regardant de plus près, il vit qu'elles étaient traversées par une grosse épingle. Il retira l'épingle et aussitôt l'ânesse devint une belle princesse, qui lui dit :

— Malheureux, qu'as-tu fait ? As-tu donc oublié si vite la recommandation du géant Pharaüs ? Il va arriver, dans un moment, et tu seras changé en bête, comme moi, en chien de pierre, ou en statue de marbre. Cependant, comme c'est la première fois que tu lui désobéis, et qu'il t'aime beaucoup, peut-être te pardonnera-t-il. Mets-moi vite l'épingle dans les oreilles, comme avant, puis cours te mettre à genoux sur le seuil de la cour, et quand le géant arrivera, demande lui pardon, pleure, supplie et promets de ne plus lui désobéir. Je suis fille du roi d'Ecosse et j'ai été enlevée, comme toi, par Pharaüs et changée en ânesse pour lui avoir désobéi. S'il te pardonne, peut-être parviendrons-nous à sortir d'ici, et alors, je t'emmènerai à Edimbourg en Ecosse, à la cour de mon père et nous serons mariés. Mais replace, vite, l'épingle dans mes oreilles, car le géant arrive. Ne vois-tu pas ce nuage noir qui s'avance vers nous ? il est là dedans.

Mabig remit l'épingle dans les oreilles de la princesse, qui redevint aussitôt ânesse, puis il courut au château et s'agenouilla sur le seuil de la porte de la cour. Pharaüs descendit, au même moment de son nuage.

— Pardon, maître, j'ai manqué ! dit le jeune homme, en tendant vers lui ses mains suppliantes.

— Oui, tu as manqué et tu sais ce qui t'attend.

— Pardon, mon bon maître, pour la première fois. Je ne vous désobéirai plus jamais !

— Je n'ai pas l'habitude de pardonner quand on me désobéit, mais comme tu es un joli garçon et que tu me plais, je te pardonne pour cette fois.

— Merci, maître, merci !

— Tu as interrompu mon voyage, mais j'y retourne à l'instant.

— Pour combien de temps, maître ? Revenez le plus vite possible.

— Pour six mois.

— C'est bien long, six mois ! Donnez-moi au moins quelqu'un, homme ou femme, ou même un animal, pour me tenir compagnie pendant votre absence car autrement je mourrai d'ennui ici, ou ne pourrai observer vos recommandations.

— Je le veux bien. Tu trouveras, à l'extrémité de l'avenue des chênes, une ânesse maigre et décharnée et dont les oreilles sont traversées par une épingle, qui les réunit par les pointes. Tu retireras cette épingle, et aussitôt l'ânesse deviendra une belle princesse. C'est la fille du roi d'Ecosse qui a été punie ainsi de sa désobéissance. Tu pourras te promener et converser avec elle à loisir, mais sans jamais la toucher, même du bout des doigts, autrement, j'arriverai à l'instant et alors, plus de pardon pour toi, vous seriez changés tous les deux en deux chiens de pierre, un de chaque côté de la porte de la cour.

Le géant remonta alors sur son nuage et partit. Mabig, de son côté, courut à l'ânesse. Il retira l'épingle de ses oreilles et la belle princesse reparut, et lui dit :

— Cela va bien ! Cherchons à présent les moyens de fuir d'ici, et ne perdons pas de temps. Allons au cabinet de Pharaüs pour consulter ses livres de magie, peut-être y trouverons-nous quelque part où réside sa vie, car c'est un corps sans âme, et sa vie ne réside pas dans son corps. Et les voilà de courir au cabinet du géant et de feuilleter avec ardeur les gros et les petits livres qui s'y trouvaient en grand nombre. Ils y voyaient des choses et apprenaient des secrets qui les faisaient trembler d'effroi et pâlir d'horreur. Mais ils ne trouvaient pas le livre qui renfermait le secret de la vie de Pharaüs. Après plusieurs jours de recherches vaines, ils finirent pas découvrir un petit livre rouge, sous un tas d'autres livres. C'était celui-là !

— Nous sommes sauvés ! s'écrièrent-ils aussitôt.

Ils apprirent, dans ce petit livre, que la vie du géant résidait dans un vieil arbre de buis qui était dans le jardin du château. Pour le tuer, il fallait abattre cet arbre et en couper la principale racine, d'un seul coup de cognée, sans écorcher ni froisser trop rudement aucune des autres racines plus petites, sans quoi Pharaüs arriverait aussitôt, et tout serait perdu.

— C'est bien, se dirent-ils. La chose est difficile, mais, nous avons six mois, moins quelques jours, pour dégager les racines de l'arbre de la terre qui les recouvre, et il faut espérer que cela nous suffira. Ne perdons pas de temps, toutefois.

Et ils se rendirent au jardin et reconnurent facilement l'arbre désigné dans le petit livre rouge. C'était un buis magnifique. Pelles et pioches ! souhaita Mabig, et deux pelles et deux pioches furent rendues sur-le-champ auprès d'eux. Ils se mirent alors au travail, avec ardeur. Ils commencèrent par ouvrir une tranchée profonde autour de l'arbre, assez loin du tronc, pour ne point rencontrer de racines courantes. Quand ils eurent pra-

tiqué cette tranchée, ils se rendirent, suivant les instructions du petit livre rouge, à un grand étang qui était au bas du jardin, et dont les bords étaient parsemés de plumes d'oies et de cygnes. Ils en revinrent tous les deux chargés de plumes et c'est avec elles qu'ils se mirent à défaire la terre peu à peu, en avançant lentement vers le tronc de l'arbre, et en évitant d'écorcher les petites racines. Travail long et ennuyeux, mais leur vie en dépendait.

La veille du jour où finissaient les six mois, et où le géant devait revenir, le travail était terminé et, après avoir enlevé toute la terre qui recouvrait les racines, ils en découvrirent une bien plus grosse que les autres et qui plongeait en terre profondément et en droite ligne, sous le tronc. C'était là la maîtresse racine où résidait la vie de Pharaüs.

— Une bonne cognée, bien aiguisée ! souhaita Mabig

Et la cognée arriva sur-le-champ. Otant alors sa veste, et retroussant les manches de sa chemise jusqu'aux coudes, Mabig réunit toutes ses forces et déchargea un coup vigoureux sur la racine. Il la trancha net, et l'arbre tomba avec fracas.

Au même moment, on entendit un bruit épouvantable dans l'air. Un grand nuage noir rasa le château, en renversa une aile et alla tomber dans la mer, en faisant bouillonner l'eau. C'était le géant qui tombait dans le gouffre, pour ne plus en ressortir. Il était mort ! Alors, les statues de marbre, qui étaient autour du château, descendirent de leurs piédestaux et devinrent autant de princes, de princesses, de ducs, de barons, qui vinrent remercier Mabig et la princesse d'Ecosse, puis, ils partirent, dans toutes les directions. De même des animaux de pierre qui étaient dans la cour, et des oies et des cygnes qui étaient sur l'étang. C'étaient autant de personnages enchantés.

La princesse d'Ecosse, qui avait étudié les livres de magie du géant, dit alors à Mabig :

— Ne perdons pas de temps, et partons tout de suite pour votre pays, afin de sauver votre père et votre mère, que le roi de Bretagne a condamnés à mourir sur l'échafaud, demain matin, parce qu'ils sont accusés de vous avoir vendu au diable.

Ils s'élevèrent tous les deux en l'air, en se tenant par la taille, et arrivèrent vite par ce chemin à Morlaix. Il était temps ! L'échafaud était dressé sur la grande place et le père et la mère de Mabig montaient déjà à l'échelle, quand nos deux voyageurs descendirent du ciel, au milieu de la foule ébahie.

— Arrêtez ! cria aussitôt la princesse, en s'adressant au bourreau et aux juges, arrêtez, vous allez faire mourir deux innocents. Voici leur fils, que le diable ne tient pas encore, et qui sera bientôt mon mari.

Les deux vieillards furent remis en liberté et ils se jetèrent dans les bras de leur fils, en pleurant de joie. Tous les spectateurs en étaient émus.

— Allons à présent en Ecosse, à la cour de mon père, pour nous marier, dit alors la princesse à Mabig, votre père, votre mère et vos frères viendront aussi avec nous.

Ils montèrent tous dans un beau carrosse, qui s'éleva en l'air et se dirigea vers l'Ecosse, au grand étonnement des habitants de Morlaix. Mabig et la princesse furent mariés, et il y eut, à cette occasion, des festins et des fêtes magnifiques, pendant un mois entier. Le vieil ermite, averti par un ange que Mabig était de retour dans son pays, sain et sauf, cessa alors seulement de prier et mourut de joie, à cette nouvelle. Son âme alla tout droit au paradis.

Puissions-nous y aller tous la rejoindre, un jour !

François-Marie Luzel

La Roche-aux-Fées

Dans la commune d'Essé, dans le Comté de Rennes, se trouve le plus grand monument mégalithique après Stonehenge. Jugez en vous-même ! Une allée couverte de 14 mètres de long. A l'intérieur de cette allée, si l'entrée a une hauteur de 1 mètre 25, une fois franchi le « vestibule », on peut y tenir debout puisque le plafond est à 2 mètres de hauteur. Huit dalles de 40 tonnes chacune, recouvrent les dolmens de cette allée couverte. Pas moins de quarante-deux pierres constituent l'édifice et il est probable que ce soient les vestiges de la construction d'origine. Pour les Bretons, aucun doute, un tel monument ne peut être que l'œuvre des fées. Pour preuve, le schiste rouge des dolmens a été extrait à 4 kilomètres de là. Ce ne sont quand même pas des Bretons, si robustes qu'ils soient, qui auraient pu transporter ces pierres de 40 tonnes. Allons donc ![1]

Les fées peuvent changer de taille comme elles le désirent, ce sont même les premiers exercices qu'elles apprennent à l'école. C'est le B.A.-BA de la vie de fée.

1. Malgré le célèbre dicton tiré de l'hymne national le *Bro gozh ma zadoù* : « Ar Vretoned a zo tud kalet ha kreñv ! » (Les Bretons sont des gens durs et forts !).

Pour construire ce type d'ouvrage, elles devaient se répartir en deux groupes. La première équipe portait les roches dans leur tablier, comme de vulgaires cailloux, et la seconde, les ouvrières, les plaçaient les unes sur les autres pour construire leur maison. Le monument fut achevé plus vite que prévu, alors que les fées pourvoyeuses étaient encore en route avec de nouveaux matériaux. Averties, elles les abandonnèrent sur place. C'est ainsi, que l'on retrouve toutes ces roches dans la lande Marie, près de Rétiers, dans la forêt du Theil et à la Roche-aux-Fées.

Les fées, bienfaisantes par nature, ont cette particularité, elles n'aiment pas être dérangées. Si, par mégarde, l'on passait trop près de leurs demeures, elles ensorcelaient les gens. Les filles, notamment, étaient prises d'un appétit sexuel incontrôlable. Gare aux gars qui tombaient entre leurs mains ! Seules épargnées, les filles portant sur elles un objet béni ou un chapelet. Il est permis de ne pas envier ces dernières… Il faut bien l'avouer, les fées bretonnes ont un côté un tantinet coquin.

Il est dit aussi que les fées ont bâti ces grottes indestructibles pour honorer, après leur mort, les Bretons et les Bretonnes qui avaient fait le bien pendant leur vie. Elles mettaient ainsi les cendres des trépassés à l'abri de la malveillance et de la destruction du temps. Elles venaient ainsi, la nuit, causer avec les morts. Et si, aux heures les plus sombres, vous percevez des plaintes, n'ayez crainte, ce sont les morts, reposant là, qui appellent leurs protectrices. Ces plaintes se renouvelleront jusqu'au retour des fées.

Et l'on dit que leur influence bienfaitrice répandait dans la contrée un charme indéfinissable en même temps que l'abon-

dance et la prospérité. Un monument aussi remarquable que la Roche-aux-fées ne pouvait que susciter croyances et superstitions. Ainsi à la nouvelle lune, les gars et les filles pensant l'heure du mariage proche, pratiquaient ce rite étrange : chacun devait faire le tour de l'allée couverte pour y compter les pierres, le gars par la droite et la jeune fille par la gauche. Si tous deux obtenaient le même compte, soit quarante-deux pierres au total (mais chut... c'est un secret...), le mariage s'annonçait sous les meilleurs auspices. Une différence de deux était tolérée, au-delà les tourtereaux couraient à la catastrophe.

On ne peut qu'être admiratif, en effet, les jeunes d'Essé ont compris avant tout le monde qu'un divorce, ça revenait cher... on s'y marie, dame oui, mais avec risque zéro ![1]

Témoignage recueilli auprès de Jérôme Cretté
conteur à la Dominelais le 25 avril 2012.

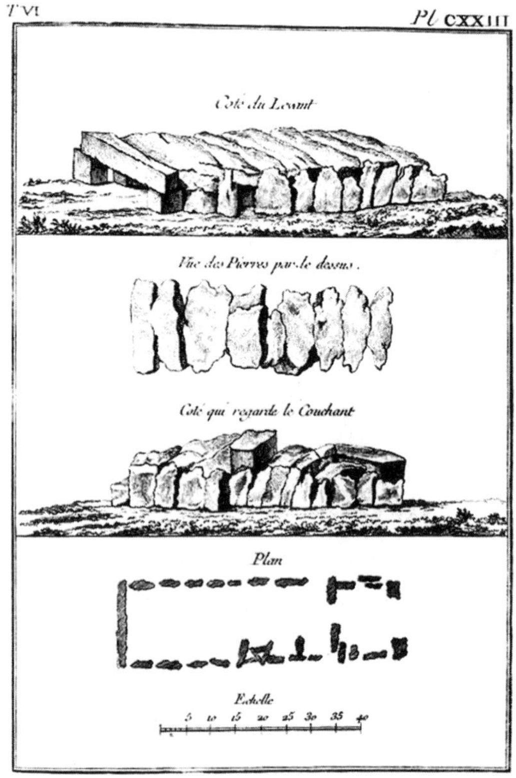

1. D'après les statistiques officielles de ce début du XXIe siècle, c'est dans ce canton que le taux de divorces par couple est le plus faible de toute la Bretagne. 0,82% pour être précis.

La fée Carabosse

Il était une fois, du temps où la Bretagne était un pays libre, une vieille femme bossue, ridée et acariâtre qui terrorisait les gens de la région de Guéméné-Penfao. On eût pu croire qu'elle trouvait mille plaisirs à empoisonner la vie les gens, et avec sa baguette, elle semait mille maléfices. Appuyée sur une canne de fortune elle allait de-ci, de-là dans la vallée du Don et sur les collines entourant la Chapelle L'essaim.

Parfois lors de ses pérégrinations, on entendait de loin retentir son rire. Les gens du pays alors prenaient peur et les femmes se signaient, craignant quelque mauvais sort. Ne dit-on pas que, ici et là, des enfants avaient mystérieusement disparu. Ne raconte-t-on pas que, dans certains villages, les vaches refusent de manger, que leurs mamelles tarissent et qu'elles restent vautrées au sol, meuglant sans cesse comme si une douleur les clouait au sol. Ne dit-on pas qu'un jour, un habitant du Tahun, pour avoir refusé un morceau de galette à cette vieille, vit son enfant pris de convulsions après qu'elle l'avait caressé de sa baguette. L'enfant ne fit plus que pleurer, se vidant de toute vie et l'on avait craint qu'il ne passât de vie à trépas. L'enfant survécut, mais aussi dur que cela fût, il fallait l'admettre, l'enfant avait perdu à jamais la raison. Parfois aussi, le feu prenait mystérieusement, et emportait dans ses flammes maisons et récoltes.

Mais cette vieille dont on parle, cette vieille qu'on craint, n'est autre que la fée Carabosse.

Et on raconte encore nombres d'histoires sur elle, les unes plus macabres, malfaisantes et démoniaques que les autres.

On disait par exemple, que Carabosse avait ce pouvoir diabolique de marcher sur l'eau.

Aussi, un jour, René Malary et Fañch Bideault, deux bûcherons qui travaillaient près de l'endroit où le Don devient large et profond, virent arriver la fée, prête à passer l'eau. N'écoutant que leur curiosité, ils se cachent et épient.

La fée disparut à leurs yeux, puis réapparut plus loin, de l'autre côté de l'eau. Elle les invectiva ainsi :

— Votre curiosité sera punie sous peu !

Les deux bûcherons frémirent de peur. Ils ne bougèrent plus, attendant on se sait quel maléfice, mais rien ne se passa sur le moment.

Midi sonnant au loin, ils s'assirent dans l'herbe pour déjeuner. Ils enlevèrent leurs sabots et, pieds-nus, se mirent à leur aise, déballant leurs casse-croûte. Soudain, voilà que surgit une vipère ! Elle se faufile et les mord aux mollets. La vive douleur et la vue des plaies qui enflaient, les affolèrent. Ils crièrent à s'époumoner quand enfin plusieurs personnes arrivèrent près d'eux.

On ne put que constater les vilaines blessures qui gonflaient et suintaient.

— C'est un coup de la Maudite ! crièrent les deux bûcherons.

Rien ne soulagea leurs douleurs. Ils gémirent une semaine durant sans aucun répit, quand, à l'heure exacte où la vipère les avait piqués, le calme s'installa, les douleurs disparurent, les plaies se fermèrent comme par enchantement.

La vie reprit son cours, et comme toutes choses, on oublia peu à peu cet événement. Mais les sortilèges ne s'arrêtent jamais tout à fait.

A cette époque, on cultivait le lin dans la vallée du Don. Il faut dire que cette plante poussait bien dans les champs près de l'eau. La terre était bonne et à la floraison, les champs couverts de bleu, annonçaient l'abondance. Un jour de printemps, les jeunes gens et les jeunes filles des villages voisins se trouvaient là pour les semailles quand ils virent passer, courbée et bossue, une vieille femme. On s'interpella, on lança des blagues, on entendait l'un haranguer :

— Regardez ! On dirait un tas de hanoches (fagots).

— Vous avez vu son dos ? C'est-y une bosse ou son sac d'écus ? cria un autre.

Cependant, quand ils virent la vieille venir à eux, tous les rires se turent. Elle se planta devant eux et leur tint ces propos :

— Je suis la fée Carabosse ! Alors, écoutez-moi bande d'insolents. Sachez donc que si vous semez du lin à tout autre moment que celui-là même, jamais vous ne ferez moisson. Ainsi donc vous vous rappellerez à jamais l'heure et le jour où vous vous êtes moqués de moi !

Elle leur tourna le dos et s'en retourna par là où elle était venue. Les rires fusèrent de plus belle et quelques téméraires osèrent même lui jeter des pierres, sans pourtant l'atteindre. Elle se retourna et leur cria une dernière fois :

— On ne se moque pas impunément de la fée Carabosse ! Rappelez-vous le jour et l'heure !

Lentement, les jeunes paysans se remirent à l'ouvrage… mais le lin ne poussa pas cette année-là, dès lors, il ne poussa plus jamais et la malédiction de Carabosse dure encore de nos jours.

Face à ces calamités quelques-uns tentèrent bien de conjurer le sort. On vit monsieur le Recteur (curé) courir les sentiers de la vieille et les asperger d'eau bénite. Le soir, une fois couché, il ne put dormir tant des hurlements résonnaient dans ses oreilles. Il passa une nuit blanche et le matin, plus tôt que d'habitude, il s'en fut à l'église pour prier. Mais quel spectacle de désolation ! La statue de saint Korneli et toutes les autres statuettes de l'église étaient pendues au plafond, la tête en bas. Il en resta pétrifié, ne retrouvant son calme que bien plus tard.

Mais là ne s'arrêtent pas les méfaits de la vieille. Aussi un jour le seigneur de Bruc décida-t-il de capturer la fée. Il mit des hommes aux aguets afin de la surprendre. Cela arriva et les valets déjà s'apprêtaient à la saisir quand, comme par enchantement elle disparut. Une odeur nauséabonde flottait dans l'air.

Survint le maître, Olivier de Bruc. Sans doute est-ce cette odeur qui incommoda son cheval, en tout cas, celui-ci fit un tel écart que son maître fut désarçonné et jeté dans les ajoncs. Quant au cheval, sa tête heurta si violemment un tronc d'arbre qu'il en tomba raide mort.

Toutes les tentatives échouèrent et la fée Carabosse continua de sévir quand cela lui chantait. Les gens prirent peur et l'on raconta mille et mille histoires. On disait ainsi que la nuit, passé minuit, elle se transformait en belle jeune fille et dansait avec les korrigans. On disait l'avoir vue se jeter du haut d'une falaise et arriver au sol sans encombre, comme portée par une main invisible. La seule chose qui trahissait la vieille, c'était les cris stridents qui perçaient les oreilles des gens d'alentour.

Mais le monde est régi par des cycles, et tôt ou tard tout a une fin.

Notre fée donc se promenait un soir sur un des sentiers qui furent naguère aspergés d'eau bénite. Elle se blessa au talon.

Du sang coula. Les jours succédèrent aux jours et la plaie, de bénigne qu'elle était, devint grosse et purulente. Rien ne put la guérir. Souffrant comme une bête, la fée alla trouver un vieux rebouteux de Redon.

Exténuée elle exposa son souci. Le guérisseur écouta avec attention, puis alla dans son laboratoire. Les alambics chantèrent, des feux crépitèrent, des liqueurs coulèrent dans des cols de cygne, des incantations magiques montèrent... cela dura un long moment. Enfin il revint et fit boire à la vieille une potion qui, immédiatement, la soulagea. Elle empocha un flacon entier, et dès qu'elle sentait une quelconque douleur, elle en buvait une gorgée.

Elle but et rebut de cette mixture, quand enfin elle comprit...

Petit à petit ses talons durcirent et devinrent pierre, puis ses mollets, ses jambes et enfin tout son corps. Le supplice dura cinq jours et cinq nuits.

Ainsi mourut la fée Carabosse, transformée en roche, seule et abandonnée de tous. Sa statue de pierre laisse deviner pourtant un rictus qui n'augure rien de bon. Aussi, craignons qu'un jour elle renaisse, ce qui ne serait pas impossible.

C'est le triste sort d'une fée qui se veut fée et humaine au gré de sa fantaisie.

Témoignage recueilli
auprès de Christiane Culo-Orain
le 25 septembre 1972.

Marc'harid al leur gêr

La vieille Marc'harid descend tous les soirs de la montagne. Elle descend tous les soirs pour aller chercher les enfants qui ne sont pas sages. Pour aller chercher les enfants qui ne veulent pas manger leur soupe et aussi ceux qui ne veulent pas aller se coucher alors qu'il est l'heure d'aller au lit.

Oh ! Elle fait peur à voir la vieille Marc'harid, avec le vent qui souffle dans ses cheveux gris en désordre.

— Ah ! Les enfants ! On vous a pourtant bien dit de ne pas aller jouer au bord de l'étang, mais vous désobéissez tout le temps ! Alors, ce qui va arriver un jour, c'est que vous serez au bord de l'étang, après avoir désobéi, et bien la vieille Marc'harid arrivera par derrière et elle vous prendra et elle vous jettera dans l'eau noire de l'étang !

— Non !

— Si ! C'est comme ça ! La vieille Marc'harid, il paraît que parfois, les nuits de pleine lune, elle se transforme, alors elle a une grande, grande bouche comme ça !

— Et elle n'a pas de dents dans sa bouche ?

— Si ! Elle a des dents énormes et pointues pour croquer les enfants qui ne sont pas sages. On raconte aussi que, lorsqu'elle se transforme, elle a un ventre rond et jaune comme un « buzug », comme un ver de terre.

— Non !

— Si !

L'autre jour, on a été dans la montagne avec grand-père et on a vu de grandes traces dans la terre brune, et on a demandé à grand-père :

— Et grand-père ! Qu'est-ce que c'est ces traces ?

Et grand-père a répondu :

— Ça ? C'est Marc'harid al leur gêr ! Des grandes traces, grandes ! Faites par des pieds crochus et griffus. C'est une sorcière ! Une diablesse ! Elle habite là-haut dans les montagnes d'Arrée, dans une caverne noire, noire et profonde, profonde... Et les nuits de pleine lune, on l'entend parfois gémir :

— GRAHOUHOU, GRAHOUHOU...

Parfois, quand le mois de novembre arrive, on reste sur le pas de la porte avec notre maman une fois la nuit tombée, et là on regarde les étoiles dans le ciel ou les grands nuages gris qui courent poussés par les vents d'Ouest et, au bout d'un moment, les mamans disent aux enfants :

— Vite les enfants ! Rentrez vite chez vous et fermez votre porte à double tour et surtout ne sortez pas, parce que la vieille Marc'harid pourrait vous attraper et vous amener là-haut dans sa caverne noire, noire et profonde, pour vous dévorer tout crus.

Marc'harid, ah Marc'harid... Pauvre vieille Marc'harid que l'on trouva un matin, raide et froide sur la troisième marche du calvaire, serrant contre son cœur, son dernier morceau de pain noir...

...Marc'harid ! Etais-tu vraiment une sorcière... ?

Légende collectée par Yvonnig Picard (1859-1925) de la Feuillée. Retrouvée et traduite par Patrik Ewen (CD *Berceuses pour les vieux enfants*).

La houle de la Corbière

Au temps où les grands-pères des plus âgés de la paroisse n'étaient pas encore en culottes, Agnès Depais demeurait avec son mari dans une maison isolée, sur la route de la pointe de la Corbière[1], et c'était celle qui était la plus voisine de la Houle aux fées dont l'entrée se voit de la mer. Souvent, pendant le silence de la nuit, elle entendait le bruit d'un rouet à filer de la laine, et le son assourdi semblait venir de sous la pierre de son foyer. D'autres fois, un coq chantait sous la terre, un enfant pleurait, ou il semblait à Agnès ouïr le pilon d'une baratte qui battait le lait pour faire du beurre. Mais ni elle ni son mari n'avaient peur de ces bruits souterrains, car ils pensaient que les fées de la Houle de la Corbière étaient cause de tout cela ; elles passaient pour n'être point méchantes, et personne n'avait jamais eu rien à leur reprocher.

Une nuit, un pêcheur de Lancieux vint chercher le mari d'Agnès pour aller pêcher le lançon dans la grève de la Mare. Pendant que son homme s'habillait, Agnès, qui était couchée, dit au pêcheur :

---

1. La Houle de la Corbière, qui s'appelle aussi le Nitou Corbin ou le Nid aux Corbeaux, est située dans la commune de Saint-Cast, canton de Matignon (Penthièvre).

— Sais-tu quelle heure il est ?

— Non, répondit-il, je ne sais pas au juste. A peine avait-il prononcé ces mots qu'une voix sortit de dessous terre et cria :

— Il est deux heures après minuit.

Loin de s'effrayer, les gens qui étaient là se mirent à rire, parce qu'ils avaient l'habitude d'entendre du bruit sous la pierre du foyer. Ils pensèrent que c'étaient les fées qui avaient répondu, et ils dirent haute voix : « Merci ! »

A quelque temps de là, l'enfant d'Agnès tomba malade, si malade qu'il semblait prêt à trépasser, et sa mère se désolait, ne sachant que faire pour le secourir.

— Ah ! mon Dieu, s'écriait-elle en pleurant, mon pauvre petit gars va mourir !

Elle entendit un bruit sourd qui venait de la cheminée, comme si quelqu'un heurtait par en dessous les pierres du foyer, et en même temps une voix disait :

— Ton enfant a une bronchite ; lève-toi, et viens ici ; je vais te donner quelque chose pour le guérir.

Cette fois Agnès eut peur, et son premier mouvement fut de se blottir sous ses couvertures, mais elle pensa à son enfant qui souffrait et elle reprit courage. Elle sauta au bas de son lit et, ayant allumée une chandelle, elle vit remuer une des pierres du foyer, qui se leva lentement. Elle aida à la soulever, et quand la pierre ne toucha plus la terre que par un côté, une main passa par le trou béant, et elle présenta à Agnes une petite bouteille :

— Frotte ton enfant à la gorge et à la poitrine avec cette liqueur, dit une voix qui venait de dessous terre, et conserve soigneusement cette bouteille.

La pierre du foyer retomba et, à la voir, on n'aurait pas cru qu'elle eut jamais été bougée de place. Agnès se hâta de frotter son petit gars, qui aussitôt cessa de se plaindre, et ne tarda pas à être guéri. Elle était si contente qu'elle ne put s'empêcher de tout raconter à ses voisines : la nouvelle se répandit d'oreille en oreille jusque dans les villages, et Agnès, qui était obligeante, prêtait la bouteille à ceux qui avaient des enfants malades, et ils revenaient rapidement à la santé.

Longtemps après cela, la colique prit le mari d'Agnès, et il se tordait, tant la douleur était violente.

Agnès alla chez sa voisine chercher la bouteille, qui contenait encore un reste de liqueur, mais la voisine la laissa tomber et elle se brisa en mille morceaux. La pauvre femme revint chez elle bien désolée, car son mari allait de mal en pis et semblait prêt à trépasser. Elle s'assit près du foyer, et tout en pleurant elle disait :

— Main bienfaisante, qui avez donné la bouteille qui a guéri mon petit gars et tant d'autres personnes, est-ce que vous allez laisser mon homme mourir ?

Elle ne reçut aucune réponse ; alors elle souleva avec un outil la pierre qui se levait, et elle cria au bord du trou en demandant du secours. A la fin, la fée allongea la main et lui donna une bouteille en disant :

— Prends bien garde, Agnès ; voici la dernière bouteille que je puis te donner ; fais bien attention à ne la prêter à personne, et n'en parle à âme qui vive.

Dès qu'Agnès eut frotté son mari avec la liqueur, il se trouva guéri, et cette fois elle conserva soigneusement la bouteille dans son armoire.

A quelque temps de là, Agnès entendit la nuit un chant qui sortait de sous terre ; il était si doux et si mélodieux que rien qu'à l'écouter elle tombait en extase ; il y avait bien trois ou quatre voix qui chantaient à l'unisson, et elle alla chercher sa voisine pour l'entendre. La nuit suivante, un violon joua plusieurs airs.

Tous ces prodiges donnaient à penser à Agnès, qui se disait :

— A quelque jour, ils monteront tous ici, et arriveront dans ma maison par le trou du foyer.

Toutefois elle reprenait de l'assurance en songeant que les habitants de la Houle ne lui avaient jamais fait que du bien. Et elle pensait à sa vache et à ses deux moutons qu'on lui avait volés pendant qu'ils paissaient dans les champs.

— Il faudra, se disait-elle, qu'à la première occasion je demande aux fées qui me les a dérobés ; sûrement elles me le diront bien si elles veulent.

Une autre nuit, elle entendit une voix qui disait :

— Commère, as-tu du feu ?

— Oui, répondit Agnès, à votre service.

Et voilà la pierre du foyer qui se soulève ; Agnès prit un tison allumé et l'approcha du trou : à sa lueur, elle vit une belle main de femme qui s'en empara et à chacun de ses doigts il y avait des anneaux brillants.

— Ah ! madame, dit Agnès, si vous vouliez me dire où je pourrais retrouver ma vache et mes moutons, je vous serais bien obligée, moi qui n'ai rien à donner à mes pauvres enfants.

— Tiens, répondit la fée, voici une petite boîte qui contient un onguent fait avec des cornes de vache et de moutons ; graisse les cordes qui attachaient tes bestiaux, et tu auras une vache et des moutons.

La pierre retomba, et le lendemain, dès qu'il fit jour, la bonne femme alla frotter la nâche qui lui avait servi à attacher la vache volée, et aussitôt elle vit une vache superbe ; elle frotta le tiers[2] qui servait à mener ses deux moutons à la pâture, et elle eut deux moutons plus beaux que ceux qu'elle avait perdus.

Agnès était bien contente ; toutefois elle regrettait de ne pas avoir demandé du pain. Elle y pensait à chaque instant et disait :

— Comment ferais-je bien pour prier la fée de me donner du pain pour moi et ma famille, du pain des fées qui ne diminue pas ?

Une nuit qu'il ne restait pas une miette de pain à la maison, l'enfant d'Agnès eut faim et pleurait pour en avoir un morceau ; elle entendit du bruit sous terre, et mit un marteau dans la main de son petit gars, en lui disant :

2. En Haute-Bretagne, on appelle nâche (du breton *nask*) la corde qui attache les vaches, et tiers la corde qui sert mener deux moutons au lieu où ils doivent pâturer.

— Frappe fort sur la pierre du foyer, et demande du pain à la bonne dame qui nous a déjà fait tant de bien.

Elle parlait haut, pensant que sa voix serait entendue. Le petit garçon prit le marteau et frappa de toute sa force sur la pierre, en disant d'une voix câline :

— Bonne dame, donnez-moi du pain, j'ai faim.

Ils entendirent cogner : pan ! pan ! sous la pierre qui se leva, et une main déposa sur le foyer un tourteau de pain, pendant qu'une voix disait :

— Tiens, mon petit, voilà de quoi manger toute ta vie, si tu sais conserver mon présent et n'en donner à personne qu'à tes parents.

Le tourteau de pain ne diminuait point et, malgré qu'on en coupât, il restait toujours frais et entier, et cela dura plus de dix ans. Mais un soir que le mari d'Agnès était en « jaille », il amena avec lui un de ses amis ; il tira du buffet la tourte des fées et en coupa un morceau pour son camarade. Mais aussitôt le pain des fées disparut, et quoique Agnès et ses enfants aient supplié maintes lois les dames de la Houle de leur donner un autre pain, elles sont restées sourdes à leurs prières.

Paul Sébillot

La tête du mort

Il y a bien près de cent ans, une jeune femme vint s'offrir comme domestique dans une auberge de Pont-Péan, qui servait de pension a des employés de la Mine. Elle semblait honnête et fut acceptée.

Cette femme était française et fort belle, mais d'une beauté étrange : ses yeux noirs, durs et brillants, semblaient lire jusqu'au fond de l'âme de ceux qu'elle regardait. Jamais elle ne riait ni ne plaisantait avec qui que ce soit, et semblait même sous l'empire de souvenirs pénibles.

Elle produisit une vive impression sur l'esprit d'un comptable de la Mine, qui en devint éperdument amoureux.

Il demanda sa main qu'elle refusa d'abord, bien que ce fût un parti avantageux pour une servante. Le jeune bomme ne se découragea pas, il redoubla d'attentions pour elle, et s'y prit de telle façon qu'il finit par vaincre sa résistance et la décida à l'épouser.

Le jour de la noce ayant été fixé, le fiancé alla, selon l'usage, inviter ses parents et amis à son mariage.

L'idée d'épouser cette belle fille, qu'il aimait de tout son cœur, le rendait fou de joie et, dans chaque maison où il entra, il accepta de boire et de trinquer à la santé de la nouvelle mariée ; aussi, en s'en revenant, était-il d'une gaîté extraordinaire.

En passant par un chemin creux, il mit le pied sur un gros caillou rond qui le fit trébucher.

— Toi aussi, dit-il au caillou, en éclatant de rire, je t'invite à ma noce.

A son grand étonnement, il entendit le caillou lui répondre :

— J'accepte ton invitation et tu peux être certain que j'assisterai à ton mariage.

Le jeune homme cessa de rire, se baissa et au lieu d'un caillou vit une tête de mort.

Ses cheveux se dressèrent sur sa tête, une peur effroyable s'empara de lui, et il se sauva à toutes jambes jusqu'à Pont-Péan.

Quand il arriva dans le village il était tard, et tout le monde dormait. Il rentra seul dans sa chambre où son sommeil fut agité jusqu'au lendemain matin ; mais lorsqu'il vit le jour pénétrer chez lui, il crut avoir fait un mauvais rêve et attribua à l'ivresse l'histoire de la tête de mort qu'il finit par oublier complètement.

La messe de mariage eut lieu à Bruz. Après la cérémonie, on alla manger des galettes au beurre dans les divers cabarets du bourg et l'on ne revint à Pont-Péan que pour le repas.

C'était en octobre ; la nuit vient de bonne heure et, lorsque les invités entrèrent dans la grange où le festin devait avoir lieu, il faisait quasiment nuit. On alluma quelques quinquets fumeux apposés aux poutres.

Les servantes apportèrent les soupières pleines de soupe.

Lorsqu'on enleva le couvercle de celle qui avait été placée devant la mariée, il en sortit une tête de mort qui se mit à sauter sur la table autour des assiettes et des plats.

Les femmes jetèrent des cris perçants et se sauvèrent. La mariée eut une crise de nerfs, perdit connaissance, et l'on fut obligé de l'emporter chez elle. Aussitôt qu'on l'eut enlevée, la tête de mort disparut et les hommes, se rassurant les uns les autres, se remirent à table où ils furent rejoints par les bonnes femmes alléchées par l'odeur des mets qui parvenait jusqu'à elles.

Bientôt les têtes s'échauffèrent, car les mineurs boivent ferme, et les chants commencèrent.

Lorsque, vers dix heures, le marié put, sans contrarier ses amis, aller rejoindre sa femme, il rentra chez lui.

La pièce était dans l'obscurité la plus complète. Il avança doucement vers le lit, et appela sa bien-aimée par les noms les plus tendres. Personne ne lui répondit. Il approcha davantage et mit la main sur l'oreiller où il supposait que devait reposer une tête fraîche et charmante.

Il recula d'horreur, ses doigts s'étaient posés sur le crâne froid et glacé de la tête de mort.

— Ne crains rien, lui dit celle-ci, il vaut mieux pour toi, que tu me trouves ici que celle que tu cherches, qui est possédée du démon. Elle est partie au loin sans même songer au chagrin qu'elle allait te causer... Elle a fui pour m'éviter, mais je saurai la rejoindre. Je l'ai aimée plus que toi peut-être, cette misérable sans cœur et sans entrailles qui, après s'être donnée à moi, a voulu recouvrer sa liberté. Elle n'a pas hésité, pendant que je dormais à côté d'elle, à me trancher la tête à coups de hache... Par d'habiles mensonges, elle a pu faire croire à son innocence et éviter le châtiment de son crime ; mais ma tête qu'elle a coupée la poursuivra jusqu'à sa dernière heure.

Adolphe Orain

Le rebelle

Le jeune homme campait dans la vallée de la Croix-Hamon. Son visage était presque enfantin avec ses boucles de cheveux noirs et ses grands yeux clairs. Il s'installait avec des gestes lents, comme s'il calculait le mouvement de ses bras, l'équilibre de ses jambes. Au milieu des arbres, il n'avait pas cette allure conquérante et frénétique qu'ont les touristes trop pressés. Il ne dépendait d'aucun horaire et son séjour dans la forêt n'avait pas été calculé comme une campagne militaire.

Il respirait à pleins poumons l'air de Brocéliande. Il caressait les troncs des arbres et éprouvait la stabilité des pierres. Etait-ce un doux ermite ou un amoureux de la nature ? On aurait pu le croire. Toutefois, sa barbe naissante et ses traits tirés corrigeaient cette première idée.

Le jeune homme était un fugitif. La police le recherchait pour quelque attentat à la dynamite. Il avait dû faire sauter un monument public ou peut-<être une œuvre d'art d'intérêt général, comme il en existe dans toutes les villes... Oh ! il n'avait pas les pieds fourchus, ni le mauvais œil ! Nul n'aurait pu, sur sa seule apparence, le soupçonner d'un quelconque forfait. Il était sociable, travailleur, gai comme un pinson. Sans raison, une voix s'était élevée un jour dans son âme. Cette voix était profonde comme celle d'un dieu, et étrangement familière comme celle d'un père.

Elle lui avait dicté des actes qu'il n'aurait pas pu justifier lui-même. Tout au plus pouvait-il se remémorer la fière et terrible maxime des Bretons : Ret eo... Il le faut...

Il avait eu le temps d'entasser quelques affaires dans un sac, d'embrasser sa fiancée et de filer. Il avait d'abord voulu prendre le chemin de l'Irlande. Dans cette île, tout est déroutant, ce qui est une aubaine pour ceux qui veulent brouiller les pistes. Les esprits trop rigides et les organisations trop informatisées s'empêtrent dans un réseau subtil de fantaisies et de négligences. L'Irlande n'est pas une mécanique bien huilée, ce n'est pas la machine rutilante qu'admirent les techniciens.

Elle reste, malgré les clinquants de la modernité, un pays inexplicablement humain.

Notre jeune proscrit chercha donc à s'embarquer. Il imagina mille traquenards sur sa route, la trahison à l'œuvre, des armées en embuscade. Quand il parvint au port de Roscoff, son regard s'était embrumé dans la chaleur de la fuite. Les deux marins qui buvaient leur bière sans rien dire, cela ne lui disait rien qui vaille. Et ce grand-père taquinant un petit enfant, était-ce bien convaincant ? Tous ces gens ne semblaient pas à leur aise. Allaient-ils bloquer toutes les issues, et se jeter sur lui en hurlant ? Allaient-ils l'encercler et lui pointer un revolver dans le dos ? Allaient-ils tirer ?

Il rebroussa chemin.

Désormais, il ne lui restait qu'une seule issue. Il lui fallait emprunter les transports publics jusqu'à Ploërmel, ce qui lui prendrait une bonne journée. Et, à partir de là, marcher, marcher toute la nuit. Au matin, sa trace se serait perdue dans les ornières des chemins forestiers.

Dans la vallée de la Croix-Hamon, loin des regards indiscrets, le jeune homme avait aménagé une cabane sommaire contre un rocher. Cet abri le préservait de la pluie. Bien sûr, ce n'était pas très confortable. Mais il ne s'en désolait pas. Au contraire, il éprouvait devant son modeste abri un frisson d'orgueil. C'était l'orgueil de l'insoumis, de celui qui porte son audace sur le front, comme une lueur lunaire.

A cette heure, son nom devait circuler sur les lèvres des uns et des autres. Les uns, dans les tavernes, levaient leurs verres à sa chance, en frémissant délicieusement de leur témérité. La témérité se vit bien quand elle se vit par procuration. Les autres flétrissaient le lâche attentat, et cherchaient un moyen de débusquer le coupable. Dénoncer la lâcheté est très bon pour le moral. C'est une forme élaborée de témérité par procuration.

L'eau du ruisseau était fraîche et pure. Tout allait bien.

La première nuit, un lièvre vint le voir et lui murmura :

— Gaelig, petit Gaël, bienvenue en Brocéliande ! Bienvenue dans la grande vie, dans la vraie vie ! Bienvenue parmi les clandestins. Tu apprendras l'art de voir sans être vu. Ainsi accède-t-on à la vérité des choses et de soi-même. En passant inaperçu, nous saisissons les confidences, nous soulevons le voile des apparences. Nous lisons le chiffre des mystères, et nous débrouillons les énigmes. Le corps devient souple et malléable, tandis que l'esprit s'affûte.

Le médiocre nous maudit et nous traite de peureux. Avec ses gros doigts et son cerveau épais, il ne peut nous saisir. Nos gestes sont calculés et notre conscience contrôle toutes nos paroles. Il n'existe pas un seul être aussi conscient de lui-même et de ce qui l'entoure que nous ne le sommes, nous les clandestins…

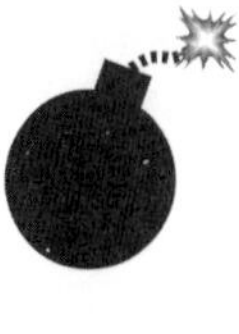

Avant que Gaël ait pu faire un seul geste, le lièvre avait disparu. Durant la journée suivante, le jeune homme médita les paroles du lièvre. Il les trouva justes. Il ne s'était jamais senti aussi vivant, aussi éveillé. La clandestinité, toutefois, se mérite. Il lui faut des actes. Il lui faut une cause. La sienne était celle de la Bretagne. Une cause au-delà de la raison. Une folie. Gaël en souriait. Les folies véritables ont ceci de particulier qu'elles sont étrangères à la mesquinerie. C'est sans doute pourquoi elles sont si fascinantes.

Etendu au milieu de ses pensées jusqu'à une heure avancée de la nuit, il vit venir à lui un sanglier solitaire, à l'air farouche et au crin blanchi par l'âge. Et celui-ci lui dit :

— Gaelig, petit Gaël, bienvenue en Brocéliande ! Bienvenue parmi les combattants. Celui qui connaît les frontières de la mort connaît aussi les limites de la vie. Il explore les frontières. Les contours des êtres et des choses lui apparaissent avec précision. Il goûte à la chaleur et au froid, à l'éblouissement et à l'obscurité. Il reconnaît son chemin en flairant la trace des hommes passionnés. Il perce le vent de son regard.

Le combattant sème à pleines mains, sur la pierre et sur la terre, afin que se lèvent de nouvelles moissons. Il va son chemin, sans se soucier de ses ennemis ni de ses partisans…

Le lendemain, le jeune homme resta tranquillement assis près de son abri. Il regardait les nuages au-dessus de lui, qui jouaient entre les cimes des arbres. Il pensa à son travail perdu, à sa fiancée, à sa mère inquiète. Il pensa au filet qui se resserrait autour de lui. Il pensa à la prison.

La nuit tombait lorsqu'une chouette vola sans bruit, et se percha sur une branche basse. Et voici ce qu'elle raconta :

— Gaelig, petit Gaël, bienvenue en Brocéliande ! Bienvenue au nom des miens tués à coups de pierres, crucifiés sur les portes des étables. Bienvenue au pays des sacrifiés. Car tel est ton destin petit Gaël. Tu as voulu la gloire pour ton pays ? Et bien, il te faudra donner en échange ce que tu as de plus précieux.

Tu aimes la liberté ? Tu seras emprisonné. On te passera les menottes et on entravera tes pieds. A travers les vitres sales de ta cellule, les rayons du soleil seront souillés. Le silence sera violé par le bruit des serrures, le son des radios et les éclats de voix grossières.

Tu tiens à ta réputation ? Tu seras calomnié. Les juges te montreront du doigt et t'accuseront. Ils parleront d'honnêteté, à toi le sincère. Ils parleront de stabilité, à toi le fidèle. Ils parleront de sécurité, à toi le confiant. Tu les entendras discourir et tu en auras doublement honte, pour toi et pour eux.

Tu veux vivre ? Peut être vivras-tu... Mais tu garderas au cœur le spectre d'une guerre inconnue. L'Ankou hantera tes rêves. Il désignera du doigt ceux que tu aimes, et il rira...

Le jeune homme se révolta. Il ne pouvait admettre de telles paroles.

— Soit ! Je sais ce que je perds. Je l'accepte même... Mais rien n'est achevé.Tout commence, au contraire !

L'oiseau resta silencieux et le regarda sévèrement. Puis il reprit :

— Oui, quelque chose commence, en effet. C'est là le grand mystère. Parfois, la mort de milliers d'êtres ne change rien. Et parfois le sacrifice d'un seul change tout. Les vrais sacrifices nécessitent, dit-on, le sang des plus nobles. Le salut de l'humanité aurait même nécessité le sang d'un dieu. Portés par les mille flammes de leurs bûchers, les sacrifiés entament une

aventure dont les survivants ne savent rien. Nul n'en connaît l'issue. Ton voyage commence Gaelig, petit Gaël. Porteras-tu ton étrange message jusqu'à son terme ?

Le jeune homme pleura amèrement.

Au-dessus de lui, la chouette attendait.

Dans son immobilité, il y avait de la bienveillance.

Jean-Pierre Le Mat